D1678668

शमशेर का संसार

शमशेर का संसार

रमण सिन्हा

वाणी प्रकाशन

वाणी प्रकाशन

4695, 21-ए, दरियागंज, नयी दिल्ली 110 002

शाखा

अशोक राजपथ, पटना 800 004

फ़ोनः +91 11 23273167 फ़ैक्सः +91 11 23275710

www.vaniprakashan.in

vaniprakashan@gmail.com

SHAMSHER KA SANSAR

by Raman Sinha

ISBN : 978-93-5072-563-4

Criticism

© 2013 रमण सिन्हा

प्रथम संस्करण

मूल्य : ₹ 375

इस पुस्तक के किसी भी अंश को किसी भी माध्यम में प्रयोग करने के लिए प्रकाशक से लिखित अनुमति लेना अनिवार्य है।

न्यू कृष्णा ऑफ़सेट, दिल्ली-110093 में मुद्रित

वाणी प्रकाशन का लोगो मक़बूल फ़िदा हुसेन की कूची से

शमशेर जी
और रंजना जी
के साथ
सुरेंद्रनगर की स्मृति में

अनुक्रम

आमुख

शमशेर कवि हैं, गद्यकार हैं, अनुवादक भी हैं और चित्रकार भी, फिर भी वे अपने किसी माध्यम से संतुष्ट नहीं; अपनी एक कविता में वे कहते हैं : "ओ माध्यम! / क्षमा करना / कि मैं तुम्हारे पार जाना चाहता रहा हूँ।" माध्यम के पार जाने की यह आकांक्षा क्या कला– रूपों की संरचनात्मक असमर्थताओं के बोध से उत्पन्न हुआ है या यह रचनाकार के विशिष्ट अवबोध (पर्सेप्सन) का परिणाम है? कहा जाता है कि रचनाकार की विशिष्टता उसके अवबोध की विशिष्टता है तो क्या कई कला-रूपों में काम करने वाले कलाकार की विशिष्टता सभी माध्यमों में एक ही प्रकृति की होगी? कलाकार का अवबोध क्या उसके विचार को प्रभावित करता है या उससे प्रभावित होता है? किसी भी प्रकार के पूर्वाग्रह से मुक्त होकर क्या शुद्ध अवबोध सम्भव है? शमशेर की रचनाओं की तथाकथित जटिलता और अनोखेपन का सूत्र क्या उनके अवबोध की प्रकृति में ढूँढा जा सकता है? पहले अध्याय में इन्हीं सवालों के आलोक में शमशेर के अवबोध पर विचार किया गया है। यह प्रयास कुछ-कुछ ऐसा है जैसे किसी फोटोग्राफ को समझने के पहले उसको खींचने वाले लैंस को जान लिया जाय।

दूसरे अध्याय में शमशेर के काव्य संसार को समझने का प्रयास किया गया है। शमशेर की काव्य-संवेदना को प्रेम और सौंदर्य, मानव और प्रकृति-प्रेम, सामाजिक और यथार्थ चेतना की कोटि के अंतर्गत विवेचित किया गया है। शमशेर के यहाँ जिस प्रकार प्रेम और सौन्दर्य का अद्वैत है उसी प्रकार मानव-प्रेम और प्रकृति-प्रेम में भी कोई भेद नहीं किया गया है। यही नहीं बल्कि उनकी सामाजिक चेतना ऐसी है कि सामाजिकता के अनिवार्यतःविरोधी के रूप में आत्मनिष्ठता की रूढ़ छवि का भी वे प्रत्याख्यान करते जान पड़ते हैं।इसी प्रकार शिल्प के क्षेत्र में भी काव्य-भाषा, काव्य-लय, प्रतीक-योजना, बिम्ब-विधान के सहारे वे जिस टूटी हुई बिखरी हुई व बिम्बात्मक काव्य-संरचना और मुक्त आसंग व चेतना-प्रवाह शैली का अन्वेषण करते हैं, वह हिन्दी कविता की पारम्परिक शैली से कुछ भिन्न जान पड़ता है।क्या यह भिन्नता रचना की आंतरिक जरूरतों की वजह से उत्पन्न हुआ है या यह महज प्रयोग के लिए प्रयोग का परिणाम है? क्या शमशेर के प्रयोग सिर्फ शिल्प के प्रयोग हैं और

क्या यही कारण है कि उनकी रचना कुछ दुर्बोध लगने लगती है ?आलोचकों ने शमशेर की रचना पर अक्सर कठिनता और दुरूहता का आरोप लगाया है लेकिन इस दुरूहता का कारण, ऐसा जान पड़ता है कि यह सम्प्रेषण की असफलता नहीं है बल्कि रचनाकार के विशिष्ट अवबोध की प्रामाणिकता का परिणाम है। शमशेर किसी भी कीमत पर अपने अवबोध की प्रामाणिक अभिव्यंजना से समझौता नहीं करते। वे अपनी रचना को सहज सम्प्रेषणीय बनाने के नाम पर अपने अनुभवों की विशिष्टता को तज कर सामान्यीकरण का कभी सहारा नहीं लेते। उनकी कविताएँ संभवतः कला का यह दायित्व मानती हैं कि वह पाठकों को अखबारी तथ्य मुहैया कराने के बजाय अनुभव के गहरे, बहुरूपी सार-सत्य का दर्शन कराये।

शमशेर एक अनोखे गद्यकार भी हैं और उन्होंने गद्य की प्रायः सभी विधाओं में लिखा है – कहानियाँ, आलोचनात्मक लेख, पुस्तक-समीक्षाएँ, डायरी, पत्र, रेखाचित्र, निबन्ध। उन्होंने 'दो बहनें' शीर्षक से एक उपन्यास भी आरम्भ किया था जो किसी कारणवश पूरा न हो सका। इसके अतिरिक्तभग चालीस गद्य रचनाएँ हैं जो अब 'कुछ गद्य रचनाएँ' और 'कुछ और गद्य रचनाएँ' में संकलित हैं।शमशेर की गद्य-रचनाओं को मोटे तौर पर दो भागों में बाँटा गया है – एक आलोचनात्मक गद्य का वर्ग जिसमें विभिन्न रचनाकारों एवं पुस्तकों का विवेचन है तथा दूसरा वर्ग कहानियों, रेखाचित्रों, पत्र-डायरी जैसे सृजनात्मक कहे जाने वाले भावात्मक गद्य का है। शमशेर के आलोचनात्मक गद्य- कृतियों को मुख्यतः दो तरीकों से विश्लेषित करने की कोशिश की गई हैः पहले इन कृतियों में अभिव्यंजित आलोचनात्मक प्रतिमानों को उजागर करके और दूसरे इसकी गद्य-शैली की विवेचना करके।शमशेर के भावात्मक गद्य को कथा और कथेतर गद्य में बाँटकर देखा गया है।शमशेर के गद्य को खड़ी-बोली के दोनों रूपों– हिन्दी और उर्दू का दोआब मानते हुए इस अध्याय में गद्यकार के निजी स्वर की पहचान की कोशिश की गई है।

शमशेर के साहित्यिक जीवन की शुरूआत अनुवाद की पुस्तक से हुई थी और वह कोई काव्यानुवाद न था बल्कि संसार की प्रसिद्ध कहानियों के अनुवाद का एक संग्रह थाः आगे भी चलकर उन्होंने कुछ छिटपुट कविताओं के अनुवाद के अलावे अधिकतर अनुवाद गद्य के ही किए– कहना मुश्किल है कि यह परम्परा में गद्य को कवियों का निकष मानने का परिणाम था या हिन्दी लेखक के आर्थिक मजबूरी का एक प्रतिनिधि प्रकरण! जो भी हो 1938 से 1961 के बीच शमशेर ने आठ गद्य की पुस्तकें अँग्रेजी और उर्दू से अनूदित कीं– अनुवाद की ये पुस्तकें अनुवादक के विचारधारात्मक आग्रहों के अलाबे एक अनूठे गद्यकार के शिल्प-निर्माण की कथा भी सामने ले आते हैं।चौथे अध्याय में अनुवादक शमशेर के विश्लेषण और मूल्यांकन

का प्रयास किया गया है।

अंतिम अध्याय चित्रकार शमशेर पर केन्द्रित है– यूँ तो हिन्दी में महादेवी वर्मा से लेकर जगदीश गुप्त व तेजी ग्रोवर तक चित्रकार लेखक की एक परम्परा-सी ही रही है लेकिन शमशेर इन सबों से इस मामले में अलग हैं कि चित्र-कला से इनका सम्बन्ध शौकिया न होकर पेशेवर किस्म का रहा है– न सिर्फ उन्होंने अपने जमाने के एक पेशेवर स्कूल से चित्रकला का प्रशिक्षण प्राप्त किया था बल्कि उनका चित्र-संसार अपने समय के कला-परिदृश्य से सम्वाद करता दिखाई देता है।इसलिए इनके बारे में यह नहीं कहा जा सकता कि ये मूलतः कवि हैं जिन्होंने कुछ चित्र भी बनाए और न इनके चित्रों को इनकी कविता का क्षेपक मानते हुए काव्यनुमा प्रतिमानों से इसकी व्याख्या या मूल्यांकन सम्भव है। यहाँ शमशेर के चित्रों को तत्कालीन कला-परिदृश्य का एक अविभाज्य अंग के रूप में देखते हुए उसकी अर्थवत्ता व मूल्यवत्ता निर्धारित करने का प्रयत्न किया गया है।

रचनाकार शमशेर के साथ-साथ व्यक्ति शमशेर से परिचय प्राप्त करने के लिए इस पुस्तक में दो परिशिष्ट भी शामिल कर लिए गए हैं– परिशिष्ट एक में उनकी जीवन-यात्रा के कुछ प्रमुख पड़ावों को उनके सहयात्रियों के संस्मरणों से चिह्नित किया गया है तथा परिशिष्ट दो में, वर्षों पहले सुरेन्द्रनगर में उनसे लिए गए मेरे साक्षात्कार में आप उन्हें जीवन, कला और स्मृति के जटिल ताने बाने से उलझते देख सकते हैं। आज इसे पढ़ते हुए उस दिन के शमशेर जी की सारी मुद्राएँ और चेहरे की रेखाएँ और उनकी मद्धम आवाज के आरोह-अवरोह और थरथराहट और वह क्षण, जब वे किशोरी अमोणकर के राग भूपाली सुनकर हिचकते हुए रोने लगे थे, पुनर्जीवित हो उठा है। मुझे बिल्कुल कल की तरह, तेईस साल पहले का वह दिन याद आता है जब रंजना जी ने पुराने बंडलों से उनके चित्रों की पोटली निकालकर मुझे दिखलाई थी और फिर उन चित्रों के फ्रेम करवाने एवं चित्रकार से उसपर शीर्षक लिखवाने की एक लम्बी लेकिन सुखद जद्दोजहद की शुरूआत हुई थी।यह पुस्तक उन्हीं दिनों की स्मृति को समर्पित है।

रमण सिन्हा

भारतीय भाषा केन्द्र

जवाहरलाल नेहरू विश्वविद्यालय, नई दिल्ली

शमशेर जन्म-शताब्दी वर्ष

2011

प्रथम अध्याय

शमशेर का अवबोध

...अवबोध का उससे कुछ भी लेना-देना नहीं है जिसे हम अन्य तरीकों से जानते हैं—संसार के बारे में, उद्दीपक के बारे में, जिसका वर्णन भौतिक-विज्ञान करता है या इन्द्रियों के बारे में, जिसका जीव-विज्ञान वर्णन करता है।यह प्रथमतया स्वयं को संसार की एक ऐसी घटना के रूप में प्रस्तुत नहीं करता जहाँ कार्य-कारण का नियम लागू किया जा सके बल्कि हर पल वह संसार की पुनर्रचना या पुनर्गठन के रूप में प्रस्तुत होता है।

मारिस मार्लो-पोंती[1]

वालेस स्टीवेंस ने अपने एक प्रसिद्ध लेख में चित्रकार लियो स्टेन के एक प्रयोग का उल्लेख किया है। चित्रकार का अनुस्मरण हैः "मैंने मेज पर...एक मृद्‌भांड रखा.. .और इसे हर दिन कुछ घड़ी या कुछ घंटे देखना शुरू किया। मेरी मंशा इसे एक चित्र की तरह देखने की थी और मैं इसकी प्रतीक्षा करने लगा। समय पर यह घटित हुआ। लेकिन यह परिवर्तन आकस्मिक रूप से घटित हुआ जब एक वस्तु के रूप में वह मृद्‌भांड...उसका आकार-विशेष, रंग-विशेष एक रचना में बदल चुका था। मृद्‌भांड का उकेरा गया चित्र एवं अन्य तत्व अनुपस्थित होकर उस बड़ी रचना का हिस्सा बन चुके थे, जो कि सम्पूर्णता में वह मृद्‌भांड था। यह मेरे लिए चित्रात्मक ढंग से देखने की शुरुआत थी।

"इस शुरूआत को हमने चारों दिशाओं में फैलाना शुरू किया। मैं हर चीज को एक रचना के रूप में देख पाने लायक बनाना चाहता था और मुझे लगा यह मुमकिन है।"[2]

शमशेर मलयज से एक बातचीत के दौरान कहते हैं : "मेरी चेतना इतनी कह लो कि कंडीशंड हो चुकी है, कि हर चीज में मुझे एक अंतःसौंदर्य दिखाई देता है, बिना किसी अतिरिक्त कांशस प्रयत्न के, सौंदर्य का पूरा एक कम्पोजीशन...दृश्य जगत पहले मेरी नजर में सौंदर्य के एक कम्पोजीशन के रूप में ही आता है..."[3] जो लियो स्टेन के लिए प्रयत्नसाध्य था, शमशेर के लिए वह सहज उपलभ्य है। शमशेर सम्भवतः अपनी प्रकृति से ही चित्रकार थे और उनके लिए यह निर्णय लेना आसान नहीं रहा कि वे कवि बनें या चित्रकार। उन्होंने स्वयं लिखा हैः "बचपन

से मुझे शौक था चित्रकारी का। एक मर्तबा ये इतिहास की पुस्तक में जो तस्वीरें बनी हुई थीं - छोटी-छोटी रजिया बेगम की है, अलाउद्दीन की है, या अकबर की है, या शाहजहाँ की है, उसको हू-ब-हू मैं उसी तरह से उतार लेता था। फ्री-हैंड। मेरे मामा आर्टिस्ट थे, वो एक चित्र खींच रहे थे– सामने का दृश्य। वो किसी काम से नीचे गये, मैंने एक कागज लिया और उसी तरह का चित्र बना दिया। कुछ देर तक वह समझ न सके कि कौन सा उनका है। तो यह शौक मुझे था और आप यकीन मानिए कि मैं यह फैसला नहीं कर सका मुद्दतों तक और आज भी मेरे मन में यह सवाल उठता आया है कि मैं साहित्य में रहूँ, साहित्य-रचना ही करूँ, कविता ही लिखूँ या चित्र बनाऊँ, चित्रकार हो जाऊँ।''[4] शमशेर के इस अनिर्णय का, उनके अवबोध पर एक गहरा असर लक्षित किया जा सकता है।

सन् 1934 से 37 तक शमशेर ने उकील बंधुओं से दिल्ली एवं देहरादून में चित्रकला का प्रशिक्षण प्राप्त किया। शारदाचरण उकील अवनीन्द्रनाथ ठाकुर के शिष्य थे अतः स्पष्ट था कि उनके प्रशिक्षण का आधार बंगाल स्कूल की मान्यताओं के अनुरूप होता। शमशेर के आरम्भिक कुछ चित्रों पर बंगाल स्कूल का वैसा ही प्रभाव है जैसा कि उनकी आरम्भिक कुछ रचनाओं पर छायावाद का है। नाक-नक्श, सुकेशिनी, उधारपन जैसे चित्र एवं 'दोआब' के कुछ निबन्धों का गद्य तथा सजल स्नेह का भूषण केवल (34) सहन-सहन बहता है वायु (32) कवि कला का फूल हूँ मैं (37) जैसी कविताएँ समान अवबोध की उपज है। छायावादी अवबोध चीजों को प्रत्यक्ष देखने के बजाय उसके सार की आत्मनिष्ठ व्याख्या-सी प्रस्तुत करता है; इसलिए आश्चर्य नहीं कि विशेषणों, रूपकों और अप्रस्तुत-विधानों की इसमें इतनी अधिकता है और एक प्रकार की 'प्रगीतात्मकता' इसकी अनिवार्य परिणति! शमशेर इस दौर में सुमित्रानंदन पंत से प्रभावित थे और पंत या पूरा छायावाद एक स्तर पर रवीन्द्रनाथ ठाकुर से प्रभावित था। यहाँ यह उल्लेख करना प्रासंगिक होगा कि प्रख्यात समाजशास्त्री **धूर्जटि प्रसाद मुखर्जी** ने बंगाल स्कूल के चित्रों को रवीन्द्रनाथ ठाकुर की रचनाओं का रूपंकर प्रतिरूप कहा था।[5]

शमशेर अपने आरम्भिक दौर में छायावाद और बंगाल स्कूल से प्रभावित तो नजर आते हैं लेकिन बहुत जल्द ही वे उसके प्रभामन्डल से उबरकर प्रभाववाद और अतियथार्थ के संसार में सांस लेने लगते हैं।[6] आश्चर्य नहीं कि यही वह समय है जब शमशेर की कविता का रूप (फोर्म) कुछ बदला हुआ नजर आने लगता है। *फिर भी क्यों* (38) का तेवर और उसका रूप देखिए– यहाँ नायिका को ऐसे ताल के रूप में देखा गया है कि जिसके सीने पर ठहर कर शाम उसके अन्दर – अपना अँधियारा, साँसों का कमरा, पहचानी सी धड़कन का सुख ही नहीं बल्कि जीवन की

आने वाली भूल को भी देख लेती है! कविता का यह रूप कवि के परिवर्तित– प्रभाववादी अवबोध का परिचायक है।

बंगाल स्कूल से प्रभावित चित्र

प्रभाववादी अवबोध को संक्षेप में समझने के लिए मार्सेल प्रूस्त के *रिमेम्ब्रेंस आफ थिंग्स पास्ट* से एक उद्धरण लिया जा सकता है। इस उपन्यास (या उपन्यास श्रृंखला) में एलस्तीर एक प्रभाववादी चित्रकार है, जिसके चित्रकला के बारे में एक स्थल पर उपन्यास का कथावाचक (नेरेटर) एम. लिखता है, जिन नामों से हम वस्तुओं को जानते हैं वे एक निश्चित धारणा से बंधी होती हैं, जो हमारी जीवित छापों के लिए अजनबी सी होती हैं। लेकिन वे निश्चित धारणाएँ हमें बाध्य करती हैं कि हम अपनी सजीव छापों में से हर उस चीज को निकाल दें जो उस धारणा में नहीं अंटता। बालबेक के होटल में कई बार ऐसा होता था कि सुबह जब फ्रांसुआवा खिड़की से पर्दे हटाती या शाम को जब मैं सेन-लू के साथ कहीं घूमने जाने के लिए खिड़की के पास खड़ा उसका इंतजार कर रहा होता तो प्रकाश के विशेष प्रभाव के कारण सागर का अंधकार में डूबता भाग मुझे दूरवर्ती तट प्रतीत होता, या फिर मैं क्षितिज पार फैली थिरकती हुई नीली पट्टी को हर्ष विभोर हो एकटक देखता जाता और निश्चय न कर पाता कि वह सागर का अंश है या आकाश का। शीघ्र ही मेरी बुद्धि सागर और आकाश के बीच वह भेद पुनः स्थापित कर देती जो मेरे प्रत्यक्ष बोध में मिट गया था।... वे विरले क्षण, जिनमें हम प्रकृति को वैसे देखते हैं जैसी कि वह काव्यात्मकतः हैं– ऐसे क्षणों का ही एलस्तीर की रचनाओं में आभास होता था।... एलस्तीर की

चेष्टा यह होती थी कि वस्तुओं का जो रूप उसकी चेतना में बना हुआ है उस रूप में उन्हें चित्रित न करे बल्कि उन्हें हमारे दृष्टिबोध के अनुरूप चित्रित करे। यथार्थ के सम्मुख एलस्तीर अपनी तर्कबुद्धि की सभी धारणाओं से मुक्त होने का प्रयत्न करता था, तूलिका संभालने से पहले वह जानबूझकर पूरी तरह अनजान, अबोध और नादान बन जाता था। प्रभाववादी आंदोलन के नेता क्लाद मोने भी कहते थे कि अगर वे जन्मतः अंधे होते व उनको अचानक दृष्टि प्राप्त होती तो कितना अच्छा होता। तब वे वस्तुओं के बारे में जरा सा भी पूर्वज्ञान न होने के कारण उसे विशुद्ध रूप से चित्रित कर सकते।[8] शमशेर बहादुर सिंह ने दूसरा सप्तक के वक्तव्य में अपनी इच्छा व्यक्त की थी कि हर भावना की जो एक अपनी भाषा होती है जिससे वह कलाकार से बातें करती है, उसी को सीखूं। अपनी एक कविता में वे कहते हैं:

वहाँ सचमुच
किसी कैमरे को यकीन न आएगा
वहाँ सब कुछ सब कुछ निरावरण है
जो जो कुछ है वही है।
(गोया वो.....)

यह वही दृष्टिबोध है जिसकी वकालत प्रभाववादी चित्रकार करते रहे हैं: जो जो कुछ है वही है: यानी किसी भी पूर्वग्रह से रहित शुद्ध अवबोध। प्रभाववादी चित्रकारों ने अपने घोषणा पत्र में लिखा था: अगर हम लोग अपनी आंख पर भरोसा करें, इस बात पर नहीं कि इस वस्तु के बारे में हमारी पूर्वधारणा क्या है और हमारे कला-आचार्यों के अनुसार इसे कैसा दिखना चाहिए तो हम लोग बड़ी ही उत्तेजक खोज कर सकते हैं।[9]

प्रभाववादी चित्र

प्रभाववादी चित्रकार अपने से पहले के चित्रों को अवास्तविक मानते थे क्योंकि उनके अनुसार वे चित्र क्रमबद्ध दृष्टि के परिणाम थे। *क्रमबद्ध दृष्टि* यानी चीजों को क्रम से देखना-नख से शिख तक। प्रभाववादी चित्रकार इसे देखने की एक गलत अवधारणा पर टिकी हुई रूढ़िबद्ध एवं पूर्वाग्रहपूर्ण दृष्टि मानते थे। इनके अनुसार क्योंकि जब हम किसी वस्तु को देखते हैं तो उसके सभी अंगों-उपांगों को अलग-अलग नहीं देखते हैं बल्कि हमारे नेत्रपटल पर उसकी संपूर्णता का ही एक आभासीय चित्र अंकित होता है। दृष्टिजन्य यथार्थवाद का नारा देते हुए चित्रकार गोया का कहना था किः मैं व्यक्ति के सिर के बालों को नहीं गिन सकता न उसके कोट के बटनों को। मुझे जो दिखाई नहीं देता वह देखने का मेरी कूची को कोई अधिकार नहीं।[10] इसे प्रभाववादी चित्रकार समपात दृष्टि कहते थे। काव्य के धरातल पर इस *समपात दृष्टि* की स्वाभाविक परिणति हुईः कविता का बिम्ब में तब्दील हो जाना, क्योंकि बिम्ब का भी मुख्य जोर संश्लेषण पर होता है न कि विश्लेषण पर। एक दूसरे स्तर पर कविताएँ अमूर्त भी हो गईं, क्योंकि प्रभाववादी अवबोध चीजों को अजनबी आंखों से देखती है। वस्तुओं का जिन नामों से, जिन धारणाओं से संज्ञापन होता है उसको तिलांजलि देने का एक नतीजा यह हुआ कि कविता में शब्द भी अपने परिभाषाबद्ध एवं आनुषंगिक अर्थ से मुक्त हो गये अब शब्द किसी वस्तु को जानने का पारम्परिक संकेत चिन्ह् नहीं रहा बल्कि स्वयं एक अनुभव में तब्दील हो गया। अपनी एक कविता में शमशेर कहते हैंः

उसने मुझसे पूछा, तुम्हारी कविताओं का क्या मतलब है?
मैंने कहा, कुछ नहीं।
उसने मुझसे पूछा, इन शब्दों का क्या
मतलब है? मैंने कहाः शब्द
कहाँ है? (राग)

अपनी कविताओं के बारे में एक जगह शमशेर ने लिखा हैः इन खाकों में कुछ है जो महज इशारे हैं जिनमें व्यंजना की परोक्षता ही केवल व्यक्त हुई है। जैसे रेखागणित की शक्लें होती हैं। उनका शाब्दिक अर्थ कुछ नहीं है।[11] कविता में शाब्दिक अर्थ की अनुपस्थिति की मुख्य वजह वही प्रभाववादी अवबोध है जिसे खुद शमशेर ने यू स्वीकार किया है— मैंने चीजों को अक्सर पेटिंग की शक्ल में ग्रहण किया है, भले ही उनका कोई बाह्य रूपाकार न हो, रंग न हो, पर रंगों के प्रभाव उनमें हैं- रंगों के भावात्मक रूप। मेरी कविताओं में जो इम्प्रेशनिज्म की बात कही गयी है वह यही है- मैंने मन पर पड़ने वाले प्रथम प्रभाव को ज्यों का त्यों यत्नपूर्वक शब्दों में ट्रांसफर करने की कोशिश की है।[12]

शमशेर की कविताओं में जो बिम्ब है, जो अमूर्तन है वह कवि के इसी प्रभाववादी अवबोध की वजह से ही हैं। इस कविता को देखें:

शाम का बहता हुआ दरिया कहाँ ठहरा।
सांवली पलकें नशीली नींद में जैसे झुकें
चांदनी से भरी भारी बदलियाँ हैं
ख्वाब में गीत पेंग लेते हैं
प्रेम की गुइयाँ झुलाती हैं उन्हें:
उस तरह का गीत, वैसी नींद वैसी शाम- सा है

वह सलोना जिस्म।

(वह सलोना जिस्म)

इस कविता में *वह सलोना जिस्म* का जो बिम्ब उभरता है वह पाठक की संवेदना के धरातल पर यूं घटित होता है जैसे कोई प्रभाववादी चित्र दर्शक के नेत्रपटल पर उतर आया हो। बावजूद इसके कि *गीत नींद और शाम* के साथ जिस्म का कोई चाक्षुष स्तर पर पूर्व निर्धारित अनुषंग नहीं है, जिस्म का बहुत ही ऐन्द्रिय प्रभाव पाठक की संवेदना पर पड़ता है। गीत नींद और शाम जैसे अमूर्त भावों के सहारे जिस्म की मूर्तता को उभार सकना वस्तुतः उस प्रभाववादी कौशल का नतीजा है जो वस्तुगत सैद्धांतिक ज्ञान के बजाय सीधे चाक्षुष अनुभूतियों पर ज्यादा जोर देती है.... पूरे चित्र देने के बदले उस जमीन का चित्रण करती है जिस पर उस अनुभूति का निर्माण हुआ था।[13] इसलिए कवि जिस्म के सलोनेपन को उभारने के लिए जिस्म का कोई चित्र नहीं बनाता बल्कि सलोनेपन के तत्वों को उभार सकने वाले ऐन्द्रिय अनुभवों की जमीन का बिम्ब निर्मित करता है– वैसा गीत, वैसी शाम, वैसी नींद के सहारे। शमशेर की गद्य-रचनाओं में भी कई टुकड़े ऐसे मिल जाते हैं, विशेषकर उनकी डायरी में, जिसे प्रभाववादी अवबोध का परिणाम कहा जा सकता है, जैसे 12/7/55 की डायरी का यह अंश देखें :

"शाम सेन्दुर या गेरु या टेसू के रंग से गहरी धुली हुई शाम यानी शाम के बादल। बादलों का एक लम्बा ढाल।हलकी ढलुवाँ हँसती हुई पहाड़ियाँ– और हँसता हुआ खुश-खुश कुछ गहरा-सा ऊदा नीला आसमान।

–छतों के उपर आड़ी-तिरछी, कई सिम्तों में जाती हुई खपरैली या पुख्ता छतें 12-2, 3-3 मंजिलों की छतें।छोटी-छोटी, गुंजान। शाम के आसमान की तरफ अपने बरसात से छुले सर उठाए हुए।

मैं अपनी छत से श्रीकांत के साथ इस सीन को देख रहा हूँ।

शायद। जरा सोचिए, साढ़े नौ का वक्त रात का; मगर वहाँ बड़े इत्मीनान से वह बैठे थे। जैसे कोई किस्सा कह रहे, या जरूरी बहस में हिस्सा ले रहे हों।

वह गर्दन जो आहिस्ता से घूम कर अपने बाँये कन्धे की तरफ जरा झुक जाती हो। चिकने, पीले जवान गालों का चमकता हल्का रुज। न बहुत छोटी न बहुत बड़ी आँखों का हसीन सुर्मा। छरेर बदन की कुछ बनावटी-सी नजाकत। बाजार पर वह नजर।उस नजर के पीछे उसकी जिंस है...बाजार में रखी हुई – और जिंसों की तरह।वह एक डिबिया है, जिस पर दियासलाई बार बार रगड़ती है धुआँ सुलगाने के लिए। वह एक जिन्दा डिबिया है।''[14]

अतियथार्थवाद का आंदोलन (1919–39) कविता में पहले आया था चित्रकला में उसके बाद आया। इसी प्रकार शमशेर की घोषित अतियथार्थवादी कवित 'सींग और नाखून' तथा 'शिला का खून पीती थी' सन् 42 में लिखी गयी जबकि उनके चित्र-संसार में 'पागल कलाकार' (49) 'विक्षिप्त कवि' (49) 'एक सुर्रियलिस्ट चेहरा' (59) 'पिंजड़े के अंदर तोता रानी' (59) 'रक्षक और तोता' (50) 'बंदीगृह में एक जोड़ा गोरे वक्ष' (50--51) जैसी अतियथार्थवादी कृतियों का प्रवेश 49-51 के समय में हुआ। शमशेर अतियथार्थवादी कृतियों से परिचित एवं प्रभावित थे, विशेषकर पाल एलुआ (1895-1952) एवं लुई अरागां (1887-1982) की रचनाओं से। इन्होंने न सिर्फ लुई अरागां पर एक प्रदीर्घ निबंध 'लुई अरागांः नये योरोपियन साहित्य का एक व्यक्तित्व' लिखा, बल्कि उनकी कुछ कविताओं का अनुवाद भी किया।

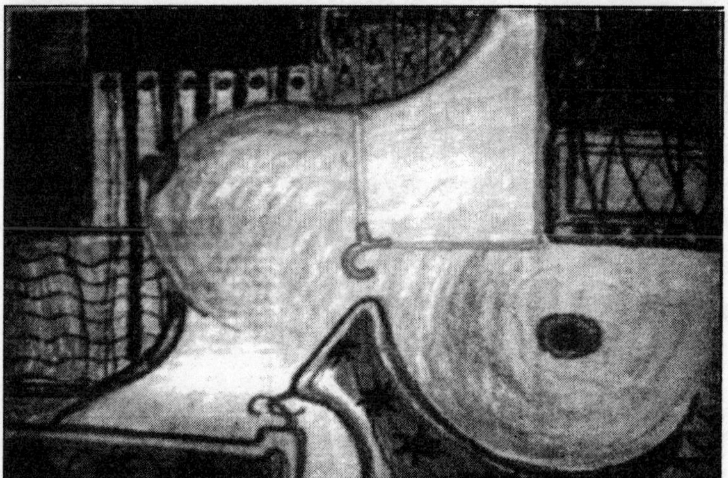

बंदीगृह में एक जोड़ा गोरे वक्ष

अतियथार्थवाद का उद्देश्य जैसा कि मैक्स अर्नस्ट के हवाले से हर्बट रीड ने लिखा है, "अचेतन में प्रवेश कर उसकी अन्तर्वस्तु को यथार्थवादी तरीके से ब्यौरेवार चित्रण करना नहीं है और न अचेतन से बहुत सारी सामग्री लेकर एक अलग फैंसी दुनिया का निमार्ण करना है बल्कि उनका उद्देश्य चेतन और अचेतन के बीच शारीरिक एवं मानसिक दीवारों को तोड़कर, बाह्र एवं आंतरिक दुनिया जैसे विभाजन को ध्वस्त कर, ऐसे अतियथार्थ का निर्माण करना है; जहाँ यथार्थ और अयथार्थ, ध्यान एवं क्रिया एकरूप होकर संपूर्ण जीवन को आच्छादित कर ले।"[15]

अतियथार्थवादी कलाकार यथार्थ को कला के लिए नाकाफी मानते थे। फ्रायड से संकेत ग्रहण करते हुए वे अचेतन को मनुष्य की आत्मा के इतिहास एवं भूगोल का ज्यादा प्रामाणिक कोश मानते थे। उनके अनुसार कोई भी प्रामाणिक बिंब अचेतन में ही धारण किया जा सकता है, क्योंकि यहीं एक दूसरे से बहुत दूर बिछुड़ गयी दुनियाएँ जुड़ जाती हैं और बिम्ब भावोत्तेजक शक्ति प्राप्त करते हैं।[16] यही कारण है कि आन्द्रे ब्रेतां ने दो वस्तुओं की अधिक से अधिक विपरीत एवं दूरस्थ वस्तुओं से तुलना एवं उसकी उत्तेजक एवं विस्मयकारी संयोजन को ही सर्वोत्तम कविता का आधार माना था।[17] इस संदर्भ में ब्रेतां की यह कविता उदाहरण है: "एक स्थितप्रज्ञ तितली/उतरती है किसी गुलाबी नक्षत्र पर/खुल जाता है एक गवाक्ष नर्क में, जिससे एक निर्वस्त्र स्त्री के सम्मुख खड़ा रहता है शाश्वत एक नकाबपोश पुरुष..."[18]

साल्वोदार दाली के उन चित्रों को अतियथार्थवादी कला का प्रतिनिधि नमूना माना गया जिसमें आपरेशन टेबुल पर सिलाई मशीन एवं छतरी, पियानो पर गधे का कंकाल तथा निर्वस्त्र नारी-देह में दराजों की तरह खुलने वाली छाती दर्शाया गया है।

शमशेर की कई ऐसी कविताएँ एवं चित्र हैं जिसे अतियथार्थवाद की इस पृष्ठभूमि के बगैर नहीं समझा जा सकता। *रक्षक और तोता* तथा *बंदीगृह में एक जोड़ा गोरे वक्ष* का बिम्ब अचेतन की ही सृष्टि है। कविताओं में *सींग और नाखून* तथा *शिला का खून पीती थी वह जड़ के अलावा मकई से वे लाल गेहुँए तलवे, योग, एक आदर्श/लहरों के पार, असंभव, सूर्यास्त, टूटी हुई, बिखरी* हुई जैसी रचनाओं के कई बिम्ब अतियथार्थवादी अवबोध की उपज हैं। द्रष्टव्य हैं कुछ बिम्ब:

सीने में सुराख हड्डी का।
आंखों में: घास काई की नमी

(सींग और नाखून)

सीढ़ियाँ थीं बादलों की झूलती
टहनियों सी।

(शिला का खून पीती थी)

नदियों में अनुभव का ताप खिला हुआ है
उस पर मुर्दों की छाया-सी
कोई चील उतर रही है

(एक आदर्श/लहरों के पार)

सूर्य मेरी अस्थियों के मौन में डूबा
गुट्ठल जड़े
प्रस्तरों में सघन पंजर में
मुड़ गयी।

(सूर्यास्त)

मकई-से वे लाल गेहुँए तलवे
मालिश से चिकने हैं।...
सूखी भूरी झाड़ियों में व्यस्त
चलती-फिरती पिंडलियाँ।
(मोटी डालें, जांघों से न अड़े!)

(मकई से वे लाल गेहुँए तलवे)

सूर्य मेरी पुतलियों में स्नान करता
केश-वन में झिलमिलाकर डूब जाता
स्वप्न-सा निस्तेज गतचेतन कुमार।

(योग)

कठिन प्रस्तर में अगिन सूराख
मौन पर्तों में हिला मैं कीट।

(कठिन प्रस्तर में)

लिंग; मानस। लिंग; अर्वाचीन।
लिंग; शिव; भविष्य।
योनि मात्र शून्य, सदैव-सदैव।

(कथा-मूल)

दोपहर बाद की धूप छांव में खड़ी इंतजार की ठेलेगाड़ियाँ
जैसे मेरी पसलियाँ....
खाली बोरे सूजों से रफू किये जा रहे हैं....जो
मेरी आंखों का सूनापन है

(टूटी हुई, बिखरी हुई)

इन बिम्बों का उद्देश्य हर्बट रीड के पद में कहें तो वही **विस्मय का पुनर्जागरण**[19]

है जिसे उन्होंने अतियथार्थवाद के संदर्भ में घोषित किया था।

लेकिन यही वह चौथे दशक का दौर है जब शमशेर ने सबसे ज्यादा वैसी कविताएँ लिखीं जिसे व्यापक अर्थ में सामाजिक और संकुचित अर्थ में राजनैतिक कहा जाता है। फिर एक हिलोर उठी (40) लेकर सीधा नारा (41) जीवन की कमान (41) दुख नहीं मिटा (43) अकाल (43) य शाम है (43) कुछ मुक्तक (भाव थे जो शक्ति-साधन के लिए) (43) शाम होने को हुई (45) बात बोलेगी (45) वाम वाम वाम (45) माई (45) बम्बई में वर्ली के 60 किसानों को देखकर (46) कश्मीर (46) शशि बकाया की याद में (46) हैवां ही सही (46) धर्म और मजहब वाले (47) हम नये इतिहास का पहला वरक हैं खुला (47) राजनीतिक करवटें (48) निजामशाही (48) शहीद कामरेड नगेन्द्र सकलानी के प्रति (49) जैसी रचनाएँ इसी दौर की हैं। इन कविताओं पर प्रगतिवाद का स्पष्ट प्रभाव है। कवि का आह्वान है:

फिर वह एक हिलोर उठी
गाओ!
वह मजदूर किसानों के स्वर कठिन हठी!
कवि हे, उनमें अपना हृदय मिलाओ!
उनके मिट्टी के तन में है अधिक आग,
है अधिक ताप:
उसमें कवि हे
अपने विरह-मिलन के पाप जलाओ!
काट बूर्जुआ भावों की गुमठी को—
गाओ!

(फिर एक हिलोर उठी)

दूसरा सप्तक में शमशेर का वक्तव्य है: "सुन्दरता का अवतार हमारे सामने पल-छिन होता रहता है। अब यह हम पर है, खासतौर से कवियों पर, कि हम अपने सामने और चारों ओर की इस अनन्त और अपार लीला को कितना अपने अन्दर घुला सकते हैं।

"इसका सीधा-सादा मतलब हुआ अपने चारों तरफ की जिंदगी में दिलचस्पी लेना, उसकी ठीक-ठीक यानी वैज्ञानिक आधार पर (मेरे नजदीक यह वैज्ञानिक आधार मार्क्सवाद है) समझना और अनुभूति और अपने अनुभव को इसी समझ और जानकारी से सुलझाकर, स्पष्ट करके, पुष्ट करके अपनी कला-भावना को जगाना। यह आधार इस युग के हर सच्चे और ईमानदार कलाकार के लिए बेहद जरूरी है।"[20]

शैली के संबंध में कुछ बातें अपने दिल में याद रखने के लिए, सन् 1945 की

डायरी में शमशेर ने नोट की थीः "(1) कोई समास न हो। (2) जिसको समझ लें, एकदम, आसानी से, आंख पड़ते ही। (3) जो पढ़कर भुलाया न जा सके। (4) जिसे कोई भी पढ़े बगैर न रहे। (5) जो एक बार पढ़ने पर ही याद हो जाए। (6) जिसको पढ़कर कहें, कि बात सोलहों आने खरी हैं। (7) जो हर बार पढ़ने पर ताजा लगे। (8) जो एक अपढ़ तक भी पहुँच जाए जल्दी। (9) जो विदेशियों को भी झुमा दे। (10) जो समय को आगे बढ़ाए यानी आदमी को बड़ा भी बनाए - चाहे जिस तरह। (11) जिसको बार-बार पढ़ने- याद करने की हर आदमी की इच्छा हो।"[21]

स्पष्ट ही ऊपर के उद्धरणों में शमशेर का आग्रह यथार्थवाद पर या कहें समाजवादी यथार्थवाद पर है – भावबोध एवं शिल्प दोनों ही दृष्टियों से। शमशेर की छह दशक (1932-92) की काव्य-यात्रा में करीब साढ़े तीन सौ कविताएँ प्रकाशित हुई हैं जिसमें आधी करीब इसी आदर्श पर रची गयी हैं, इसके बावजूद आलोचकों ने कभी इन कविताओं को शमशेर का असली रंग नहीं माना।यही नहीं बल्कि आलोचकों का तो यहाँ तक कहना है कि वक्तव्य उन्होंने सारे प्रगतिवाद के पक्ष में दिए, कविताएँ उन्होंने बराबर वह लिखीं जो प्रगतिवाद की कसौटी पर खरी न उतरतीं।[22] किसी ने कहा : "वह प्रगतिवादी आंदोलन के साथ रहे लेकिन उनके सिद्धांतों का प्रतिपादन करने वाले कभी नहीं रहे। उन सिद्धांतों में उनका पूरा विश्वास भी कभी नहीं रहा। उन्होंने मान लिया कि हम इस आंदोलन के साथ हैं और स्वयं उनकी कविता है, उसका जो बुनियादी संवेदन है, वह लगातार उसके बाहर और उसके विरुद्ध भी जाता रहा और अब भी है।"[23] अब तो यह मुद्दा हिन्दी आलोचना के लिए विवादास्पद भी नहीं माना जाता क्योंकि शमशेर का अंतर्विरोध एक स्थापित वस्तु बन चुका है– उनके अंतर्विरोध का हर रग-रेशा अतिपरिचित हो चुका है। उसमें अप्रत्याशितता नहीं रही-पीछे से आकर औचक आंख मूंदकर चौंका देने जैसी अप्रत्याशितता।

"हमें मालूम है कि उनकी अमुक-अमुक प्रतिक्रिया का कारण उनका अन्तर्विरोध है– हम अब उस प्रतिक्रिया में जाकर कुछ टटोलने और उसका उत्स खोज निकालने को प्रेरित नहीं होते। वह अन्तर्विरोध स्थापित हो चुका है – चित्रलिखित जैसे किसी की व्याकुल मुद्रा।"[24]

क्या सचमुच शमशेर का अन्तर्विरोध स्थापित हो चुका है और यह अन्तर्विरोध प्रगतिवादी आदर्श और प्रयोगवादी रचना के बीच या कवि के घोषित आदर्श एवं उनकी रचना की मूल्य-दृष्टि के बीच स्पष्ट रूप से मौजूद है; क्या यही आरोप गद्यकार शमशेर और चित्रकार शमशेर पर भी लगाया जा सकता है या साहित्यकार शमशेर और चित्रकार शमशेर अलग-अलग हैं? या यह सही है जैसा कि मुक्तिबोध ने लिखा

है. कवि को चित्रकार का स्थानापन्न बना देने से और उस स्थानापन्न कवि के सम्मुख कार्य-क्षेत्र विस्तृत कर देने से, शमशेर की रचनात्मक प्रतिभा ने बहुत बार घोटाला कर दिया है''[25]

कवि शमशेर के **अंतर्विरोध** या तथाकथित **घोटाले** को समझने के लिए यहाँ थोड़ा रूककर कला में यथार्थ का अवबोध व यथार्थवाद से शमशेर के रिश्ते पर विचार कर लेना उपयोगी होगा। यथार्थ को लेकर दो तरह की धारणाएँ रही हैं जिसे दर्शन में सादृश्य (कॉरस्पान्डन्स) और संसक्ति (कोहिरन्स)का सिद्धांत कहा गया है। सादृश्य सिद्धांत के अनुसार इस संसार को वैज्ञानिक पद्धति से —यानी आँकड़ों को जमा करके, परिभाषित करके, दस्तावेजीकरण करके जाना जा सकता है जबकि संसक्ति सिद्धांत के अनुसार इस दुनिया को अंतर्ज्ञानात्मक अवबोध तथा अंतर्दृष्टि से ही ज्ञेय बनाया जा सकता है। जहाँ सादृश्य के लिए सन्दर्भगर्भी(रेफरन्सियल) भाषा की जरूरत होती है जो वस्तुनिष्ठ दृष्टिकोण की माँग करता है वहीं संसक्ति संवेगगर्भी(इमोटिव) भाषा के सहारे काम करती है और इसलिए आत्मनिष्ठ दृष्टिकोण अपेक्षित होता है।[26] कामरेड रुद्रदत्त भारद्वाज की शहादत की पहली बरसी पर लिखी कविता का आरम्भ शमशेर यूं करते हैं :

वह हंसी का फूल-
ऊषा का हृदय
बस गया है याद में: मानो
अहिर्निश
सांस में एक सूर्योदय हो!

(बात बोलेगी, पृ.66)

और सम्प्रति कविता, कवि और इतिहास का आरम्भिक अंश है: "कविता तो

किरणों की धार में वेगमयी सविता है
जहाँ से कि
राग, उत्तप्त हो...
अंततः निस्तब्ध होते हैं!
रह-रह जहाँ से कि दिव्य रंग
रक्त ऊर्जा
उभरती।

(बात बोलेगी, पृ.108)

स्पष्ट ही यहाँ शमशेर यथार्थ का कोई सादृश्य या उसका भ्रम उपस्थित नहीं करना चाह रहे हैं— नाजिम हिकमत, ब्रेख्त, मायकोवयस्की, नाजार्गुन, केदारनाथ

अग्रवाल जैसे कवियों की राजनैतिक-सामाजिक कविताएँ सामान्यतः व्यंग्य, रिटारिक, आख्यान, नाटकीयता का सहारा लेकर जिस सन्दर्भगर्भी भाषा का आश्रय ग्रहण करती हैं, उसका यहाँ नितांत अभाव है। शमशेर के आत्मनिष्ठ अवबोध के अनुरूप यहाँ संवेगगर्भी भाषा का प्रयोग हुआ है– कामरेड रुद्रदत्त भारद्वाज की शहादत को ऊषा के हृदय में हंसी का फूल तथा जिसके याद में बसने को अहिर्निश सांस में एक सूर्योदय हो! कहकर कवि ने सामाजिक सन्दर्भ को अपने निजी सन्दर्भ से पदस्थापित कर दिया है। उसी प्रकार पुरुषोत्तम दास पार्क में 23.3.54 को आयोजित 'राममनोहर लोहिया की मीटिंग' शीर्षक चित्र हो या 'फिराक साहब की 50वीं वर्षगांठ पर मुबारकबादी' जैसे चित्र; इसमें शीर्षक का 'यथार्थ' से जो सम्बन्ध बनता है उसे 'संवेगगर्भी' ही कहा जा सकता है।''[27]

फिराक साहब की पच्चासवीं वर्षगाँठ पर मुबारकबादी

गद्य जैसी विधा में भी शमशेर की 'संवेगगर्भी' प्राथमिकता को पहचाना जा सकता हैः मुक्तिबोध पर विचार करते हुए उनका यह गद्यांश देखेंः "मगर मुक्तिबोध बरगद नहीं, चट्टान था, एक उंची सीधी चट्टान ...जैसे शिलाओं पर शिलाएं। झरने कहीं विरले हों। केवल गहरी बावलियां, सूखे कुएं, झाड़ झंखाड़ उंची-नीची अनंत पगडन्डियां ...जैसे मालवा का पठार और मध्यप्रदेश की उबड खाबड धरती, और इस धरती के आतंकमय-रहस्यमय इतिहास और उनके बीच लहू-लुहान मानव...

मुक्तिबोध हमेशा एक विशाल केनवास लेता है जो समतल नहीं होता, जो सामाजिक जीवन के 'धर्मक्षेत्र और व्यक्ति की युग चेतना की रंगभूमि को निरन्तर जोड़ते हुए समग्र के कई कालक्षणों को प्रायः एक साथ आयोजित करता है।''[28]

राममनोहर लोहिया की मीटिंगें

वैसे भी एक प्रविधि के रूप में यथार्थवाद एक रूढ़ि की तरह रहा है – एक माध्यम विशेष में औपचारिक प्रतिरूपण (रेप्रजेन्टैशन)का एक ढाँचा जिसके हम अभ्यस्त होते हैं। चीजें सचमुच यथार्थ जैसी नहीं होती बल्कि रूढि और दुहराव उसे वैसा उपस्थित करती हैं।[28] यूँ भी साहित्य में यथार्थवाद की अवधारणा यूरोप में उन्नीसवीं शताब्दी के फ्रांसीसी उपन्यासों के आधार पर विकसित हुई जो यथार्थ के सादृश्यत्व पर आधारित था। यथार्थ का यह प्रतिमान कविता पर लागू करना नितांत भ्रामक है।

प्रभाववाद अतियथार्थवाद-यथार्थवाद के बाद या साथ-साथ शमशेर ने आगे के दशकों में कविता और चित्र दोनों ही क्षेत्रों में कई प्रकार के प्रयोग किये। ये प्रयोग विशेषकर शबीह कला एवं अमूर्तन के क्षेत्र में किये गये हैं। शमशेर संभवतः हिन्दी के पहले कवि हैं जिन्होंने व्यक्ति के अलावा कविता, चित्र एवं संगीत पर भी कविताएँ लिखीं। अगर एक ओर शमशेर ने नरेश मेहता (49) सिरोही साहब (49) निगम (49) नरेश मेहता, अश्क (50) भैरव प्रसाद गुप्त (50) माया-सम्पादक राजेश्वर प्रसाद सिंह (59) नागार्जुन (82) रंजना अरगड़े (84) तथा खुद का शबीह (जिनकी संख्या बारह है) क्रियोन, पेंसिल, जलरंग स्याही से बनाया तो दूसरी ओर

निराला (39) शोभा (38-39) बच्चन (38) त्रिलोचन (41) महादेवी (43) कल्याणी बाई सैयद (45) कामरेड रुद्रदत्त भारद्वाज (49) सुभद्रा कुमारी चौहान (48) शशि बकाया (46) कामरेड नगेन्द्र सकलानी (49) नागार्जुन गिन्सबर्ग (62) मुक्तिबोध (64) भुवनेश्वर (58) अज्ञेय (58) रघुवीर सहाय, रजिया सज्जाद जहीर, प्रभाकर माचवे (71) नेरूदा, जगदीश चन्द्र माथुर (78) एजाज हुसैन, मदर टेरेसा (83) जैसे व्यक्तियों पर कविताएँ लिखीं। इसी प्रकार गद्य के क्षेत्र में उन्होंने पन्त, बच्चन, नरेन्द्र शर्मा, शुभद्रा कुमारी चौहान, नागार्जुन, केदारनाथ अग्रवाल, त्रिलोचन, शील, प्रभाकर माचवे, नेमिचन्द्र जैन, मुक्तिबोध, रामविलास शर्मा, गिरिधर कविराय आदि के व्यक्तित्व और कृतित्व पर लिखा।

व्यक्ति-चित्र नरेश मेहता, उपेन्द्रनाथ अश्क, भैरव प्रसाद गुप्त, प्रेमलता वर्मा

जिस प्रकार शमशेर के सबीह चित्रों में व्यक्ति के बाह्‌ -रूपाकारों पर उतना जोर नहीं है– जिसका वैसे भी कोई मूल्य कैमरे के आविष्कार के कारण नहीं रह गया था, उसी प्रकार व्यक्तियों पर लिखी गई उनकी कविताएँ एवं गद्य-रचनाएं, पेन-पोर्ट्रेट्स नहीं हैं और न पारम्परिक श्रद्धांजलियाँ ही हैं बल्कि व्यक्ति यहाँ एक ऐसा दर्पण है जिसमें वे अपना और अपनी भावनाओं की सच्चाई का चेहरा देखते हैं। साही के शब्दों में कहें तो यहाँ चित और अचित एक दूसरे को निषेध नहीं करते बल्कि एक-दूसरे को प्रतिबिम्बित करते हैं।[29]

चित्र, संगीत एवं काव्य रचना पर कविता लिखने की परिपाटी का तो आरम्भ ही शमशेर से हुआ। इस संदर्भ में रेडियो पर एक योरपीय संगीत सुनकर (43) लिपटी संगीत में सब चीजें और कैना के फूल (56) चित्त प्रसाद की बहार शीर्षक कविता सुनकर (49)

जय की कविताएँ तथा विजय सोनी के चित्र, अनिल चौधरी के चित्र, वान गौग का एक चित्र, रावल गोस्वामी के चित्र, एक स्टिल लाइफ जैसी कविताएँ ऐतिहासिक महत्त्व रखती हैं। इन कविताओं में एक प्रकार की भाषेत्तर भाषा का प्रयोग हुआ हैः

जीवन की तुला में
प्राणों का संयमन
सहजतम एक अदभुत व्यापार
सरलता का हमारी ही तरह
कैसा दुरूहतम स्पष्टतम....
रेखाएँ तनों का तनावों का लिबास
लिबास रंग प्रतिबिम्ब आत्यन्तिक
तालमेल निरपेक्ष नाटकीय
स्थिरतरीय रेखाएँ और रंग
कसा हुआ मंच
सिरजन और संयमन
होने-होने को जो क्षण-क्षण
उसी अनागत का
स्वागत निरन्तर
पिकासोई कला।

(पिकासोई कला)

पोयेट्स आन पेंटर्स की भूमिका में मैकक्लेसी ने लिखा है कि चित्रकला पर जो कविताएँ लिखी जाती हैं उसके कई उद्देश्य होते हैं। यह अनुकरण करने एवं सीखने का एक तरीका भी हो सकता है। युवा देलाक्रा चित्र बनाने का अभ्यास अपने गुरु पुसीन के चित्रों की नकल कर किया करता था। इसी प्रकार किसी चित्र का वर्णन करते हुए कोई कवि सौन्दर्य-शास्त्र की समस्याओं - विषय-वस्तु, रंग और पद का रचना विधान आदि का अध्ययन कर सकता है। चित्रण एक किस्म की श्रद्धांजलि भी है, प्रेयसी का नख-शिख चित्रण पारम्परिक रूप से काव्यात्मक करतब माना जाता है, और एक चित्र भी उतना ही मोहक हो सकता है जितना कि एक अनिन्ध होंठ या सुरमयी पलकें। किसी समकालीन चित्र पर लिखते हुए एक कवि को हो सकता है एक ऐसा मार्ग दिख जाए जहाँ कविता स्वयं बोलती है। किसी पुराने चित्र पर लिखना अतीत के बारे में— कुछ ऐसी चीज के बारे में जो व्यतीत भी हो गई हो और सतत वर्तमान भी हो— लिखने का प्रायः सबसे बढ़िया तरीका साबित होता है।[30] चित्र के अतिरिक्त संगीत एवं काव्य पर शमशेर की लिखी गई रचनाओं से

उपर्युक्त तथ्य की पुष्टि की जा सकती है।

अवबोध की दृष्टि से सन् 50 के बाद शमशेर तेजी से अमूर्तन की ओर बढ़ते दिखाई देते हैं। चित्रों में पूजा का एक सम्भव रेखागणित (50) एक आंसू की अगवानी में (51) कोंपल और कलियाँ (50-51) गोधूलि की वेला में दूर देहात का एक रेलवे स्टेशन (48-50) चांद की आंख और रक्तिम अधर (52) शकुन्तला के परीलोक में (48-50) तपती चट्टानों को बांधती एक कोमल जल-धारा (52)एक बहुमंजली इमारत चांद और धावक (55) जैसी कृतियों में सिर्फ शीर्षक ही दर्शक को किसी प्राकृतिक वस्तु के प्रत्यय या अवबोध से जोड़ सकता है नहीं तो इस दौर में शमशेर के अधिकांश ऐसे चित्र हैं जिनमें न कोई शीर्षक है और न पहचानने योग्य कोई प्राकृतिक वस्तु का आभास।शमशेर की लगभग आधी कविताएँ एवं चित्र अमूर्त हैं। अर्मूतन की प्रवृत्ति शमशेर के यहाँ आरम्भ से ही देखने को मिलती है लेकिन सन् 50 के बाद सत्तर प्रतिशत रचनाएँ अमूर्त हो गईं

सन् 38 की लिखी कविता है सूर्य-अपोलो स्तुति, जिसकी आरम्भिक पंक्तियाँ हैं:

हे स्वर!
एक राग-जागरण
दिवा-निशि! तुम साक्षात्
मौन प्रवर्तन! रति मति लय के
छवि नर्तन की शक्ति! अजात
जीवन गति अनुपात।

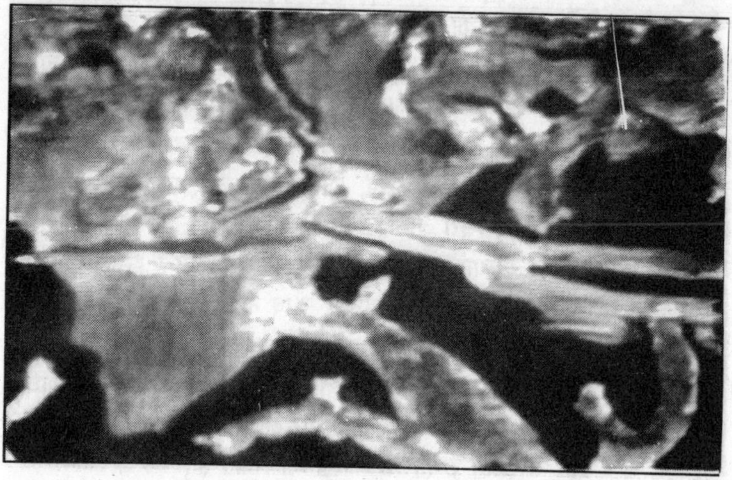

अमूर्त चित्र

1958 की लिखी **होलीः रंग और दिशाएँ** तो घोषित एब्स्ट्रैक्ट पेंटिंग हैं:

जंगले जालियाँ
स्तंभ
धूप के संगमरमर के,
ठोसतम के।
कंटीले तार हैं
गुलाब बाड़ियाँ।
दूर से आती हुई
एक चौपड़ की सड़क
अंतस में
खोई जा रही है।

हर्बट रीड का यह कहना ध्यान देने योग्य है कि यथार्थवाद अभिव्यक्ति का स्वीकारात्मक रूप है जिसमें जीवन के त्रासदी तत्व के प्रति एक प्रकार का स्वीकार भी सन्निहित होता है लेकिन अमूर्तन एक ऐसे व्यक्ति की प्रतिक्रिया है जो शून्यता के नरक से लड़ रहा है यह तीव्र व्यथा की ऐसी अभिव्यक्ति है जो आवयविक सिद्धांत पर अविश्वास करती है और मानव मन की सृजनात्मक स्वतंत्रता को स्वीकार करती है। ऐसी स्थिति में अमूर्त कला और अस्तित्ववादी दर्शन के विकास के बीच एक दिलचस्प समानान्तरता देखी जा सकती है।[31]

अमूर्त अवबोध के कई सूत्र शमशेर की जीवन-स्थितियों में भी ढूंढे जा सकते हैं लेकिन सच्चाई यह है कि शमशेर की कम ही ऐसी साहित्यिक रचनाएँ या चित्र हैं जिसे शुद्ध यथार्थवादी या शुद्ध अमूर्त कृति कहा जा सके। उनकी अधिकांश चर्चित रचनाएँ ऐसी हैं जिसमें यथार्थ एवं अमूर्त के मेल की अदभुत कीमियागिरी है। प्रसिद्ध घनवादी चित्रकार जुआं ग्री कहा करते थे कि मेरे लिए चित्रकारी एक वस्त्र की तरह है: भिन्न-भिन्न सूतों से बना हुआ पर एकरूप, जिसमें एक ओर प्रतिरूपात्मक एवं सौंदर्यगत तत्वों वाला सूत है तो दूसरी ओर तकनीकी, स्थापत्य या अमूर्त तत्वों का सूत है। दोनों ओर के ये सूत अन्योन्याश्रित एवं एक दूसरे के पूरक होते हैं इसलिए अगर एक ओर के भी सूत की कमी हुई तो वस्त्र बनना संभव नहीं।[32] शमशेर इस सच्चाई को जानते थे, तभी तो उन्होंने कहा: ''हमारे ही यहाँ की सांस्कृतिक परम्परा में देखिए– सत्य या यथार्थ की व्यंजना जिस रूप में पायी जाती है– उसमें यथार्थ और अयथार्थ मूर्त और अमूर्त का मिश्रण मिलता है। शिवलिंगों और देवियों के ध्यान के जो रूप हैं वह अमूर्त के श्रेष्ठ और सरलतम उदाहरणों में रखे जा सकते हैं।''[33]

क्या स्वयं शमशेर की कृतियों के बारे में भी यही कहा जा सकता है?

सन्दर्भ एवं टिप्पणी

1. एम.मार्लो- पोंती, **फिनोमिनालाजी आफ पर्सेप्सन**, रूतलेज एंड कगाँ पाल, लंडन 1986, पेज 207

2. वालेस स्टिवेंस, दि रिलेशंस बिटवीन पोयट्री एंड पेंटिंग इन जे.डी. मैक्लेशी (एडि) **पोयट्स आन पेंटर्स**, यूनिवर्सिटी आफ केलिफोर्निया प्रेस, बर्कले, लास एंजिलस, लंडन, फर्स्ट पेपरबैक प्रिंटिंग 1990, पेज 112-113

3. मलयज, **बात बोलेगी, पर कब**? कविता का साक्षात्कार, सम्भावना प्रकाशन, हापुड़, प्रथम संस्करण 1972, पृ. 24

4. शमशेर बहादुर सिंह, **मैं मेरा समय और रचना-प्रक्रिया**, सापेक्ष 30, शमशेर विशेषांक, विशेष संपादकः रंजना अरगड़े, पृ. 20-21

5. विनायक पुरोहित, **आर्ट्स आफ ट्रांजिशनल इंडिया**, वोल्यूम 2, पोपुलर प्रकाशन, बोम्बे, फर्स्ट पब्लिश्ड, पेज 726

6. शमशेर ने लिखा है : योरोप के जो चित्रकार थे और जो आंदोलन अतियथार्थवाद का वहाँ पर चला था, उसने बहुत गहराई से मुझको प्रभावित किया और उन रूपों को मैने अपने ढंग से कविता में पेश करने की कोशिश की। **सापेक्ष** वही, पृ. 21-22

7. मार्सेल प्रूस्त, **रिमेम्बरेंस आफ थिंग्स पास्ट**, वोल्यूम 1, चेट्टो एंड विंडस, लंडन 1982, पेज 893-894.

8. र. वि. साखलकर, **आधुनिक चित्रकला का इतिहास**, राजस्थानी हिन्दी ग्रंथ अकादमी जयपुर, प्रथम संस्करण, 1971, पृ. 59 पर उद्धृत।

9. इ. एम. गोम्ब्रिक, **द स्टोरी आफ आर्ट**, फेदन पब्लिशर्स , न्यूयोर्क 1968, पृ.387 पर उधृत

10. र. वि. साखलकर, वही

11. शमशेर बहादुर सिंह, **उदिता**, वाणी प्रकाशन, दिल्ली, प्रथम संस्करण 1980, पृ.107

12. मलयज, वही, पृ. 29

13. आर्नल्ड होजर, **द सोशल हिस्ट्री आफ आर्ट**, वोल्यूम फोर, वेंटेज बुक्स, न्यू योर्क, 1985, पेज 170

14. मलयज (सं.) **शमशेर बहादुर सिंह की कुछ गद्य रचनाएं**, सम्भावना प्रकाशन, हापुड़, प्रथम संस्करण 1981, पृ.282

15. हर्बट रीड, **दि मीनिंग आफ आर्ट**, रूपा पेपरबैक इंडिया, फर्स्ट पब्लिश्ड 1992, पेज 240-241
16. हर्बट रीड, **दि फिलासफी आफ मोडर्न आर्ट**, रूपा एंड कम्पनी, रूपा पेपरबैक्स 1992, पेज 135
17. यूरी बोरेव, **एस्थेटिक्स**, प्रोग्रेस पब्लिशर्स, मोस्को 1985, पेज 216
18. वही पृ. 215 पर उधृत
19. हर्बट रीड वही पृ. 141
20. अज्ञेय (सं.), **दूसरा सप्तक**, भारतीय ज्ञानपीठ प्रकाशन, दिल्ली छठा संस्करण 1996 पृ. 87-88 (दूसरा सप्तक की पांडुलिपि 1949 में तैयार हुई थी और प्रकाशन 1951 में)
21. **शमशेर बहादुर सिंह की कुछ गद्य-रचनाएँ**, वही, पृ. 294
22. विजय देव नारायण साही, शमशेर की काव्यानुभूति की बनावट, **छठवां दशक**, हिन्दुस्तानी एकेडमी, इलाहाबाद 1987 पृ. 204
23. अज्ञेयः **अपने बारे में**, आकाशवाणी प्रकाशन, नई दिल्ली, प्रकाशन वर्ष का उल्लेख नहीं, पृ. 60
24. नामवर सिंह(सं.) **मलयज की डायरी**, भाग-2, राजकमल प्रकाशन, नई दिल्ली, प्रथम संस्करण 2000, पृ. 445
25. नेमिचन्द्र जैन (सं.) **मुक्तिबोध रचनावली**, भाग-5 (शमशेर मेरी दृष्टि में) राजकमल प्रकाशन, नई दिल्ली, पहला पेपरबैक संस्करण 1984, पृ. 439
26. जे.ए. कद्दन, द **पेंग्विन डिक्शनरी आफ लिटेररी टर्म्स एंड लिटेररी थियरी**, पेंग्विन बुक्स 1992, पृ. 772
27. शमशेर, **कुछ और गद्य रचनाएं**, राधाकृष्ण प्रकाशन, नयी दिल्ली, प्रथम संस्करण1992, पृ.142
28. रेमंड विलियम्स, **की वर्ड्स**, फोंटेना प्रेस 1988, पृ. 261
29. साही, वही पृ. 207-208
30. जे.डी. मैक्लेशी, वही पृ. 13
31. हर्बट रीड, वही, पेज 95
32. वही, पेज 92 पर-उद्धृत
33. शमशेर, अमूर्त कला, **कुछ और गद्य रचनाएं**, वहीं, पृ. 16

द्वितीय अध्याय

शमशेर का काव्य-संसार

कुछ प्राचीन हार्दिकताएँ/या कुछ सचित्र
अत्याधुनिक मर्म की सूचनाएँ/कुछ ग़ज़लों के टुकड़े
कुछ मुनाजातें कुछ प्रार्थनाएँ
तैरती आ रही हैं (गोया वो...)

शमशेर ने छह दशक की अपनी कला-यात्रा में करीब साढ़े तीन सौ कविताएँ, चालीस गद्य रचनाएँ तथा दो सौ चित्रों की रचना की। शमशेर कवि भी हैं, गद्यकार भी और चित्रकार भी और इनके अवबोध में एक प्रकार की समानता है। वे इस संसार को एक खास निगाह से देखते हैं। वे वस्तुओं के वाह्य रूपाकार को चित्रित करने के बजाय उसकी आत्मा, उसके सार को अभिव्यक्त करने के नये-नये तरीके ढूंढ़ने का प्रयास करते हैं। यह प्रयास कई बार इतना अपारम्परिक होता है, असमकालीन होता है कि रचना अमूर्त और अबूझ जान पड़ती हैं। आलोचकों ने शमशेर की रचना पर अक्सर कठिनता और दुरूहता का आरोप लगाया है लेकिन इस दुरूहता का कारण सम्प्रेषण की असफलता नहीं है बल्कि रचनाकार के विशिष्ट अवबोध की प्रामाणिकता है। शमशेर किसी भी कीमत पर अपने अवबोध की प्रामाणिक अभिव्यंजना से समझौता नहीं करते। वे अपनी रचना को सहज सम्प्रेषणीय बनाने के नाम पर अपने अनुभवों की विशिष्टता को तज कर सामान्यीकरण का कभी सहारा नहीं लेते। वे संभवतः रचनाकार का यह दायित्व मानते हैं कि वह पाठकों को अखबारी तथ्य मुहैया कराने के बजाय रचना के गहरे, बहुरूपी सत्य का दर्शन कराये। शमशेर की अधिकांश रचनाएँ रचनाकार के इस दायित्व का निर्वाह करती हैं। सामान्यतः शमशेर बहादुर सिंह की पहचान एक कवि के रूप में की जाती है। साठ साल लंबी (1932-92) काव्य यात्रा में करीब साढ़े तीन सौ कविताएँ उन्होंने लिखीं जो आठ काव्य संग्रहों में संकलित हुई। कुछ कविताएँ (1959) कुछ और कविताएँ (1961) चुका भी हूँ मैं नहीं (1975) उदिता (1980) बात बोलेगी (1981)

काल तुझसे होड़ है मेरी (1988) इतने पास अपने(1980) कहीं बहुत दूर से सुन रहा हूँ (1995) में संकलित तीन सौ तिरेपन (353) कविताएँ न सिर्फ कवि शमशेर की काव्य-शक्ति एवं सीमाओं की पहचान कराती हैं बल्कि आधुनिक हिन्दी कविता की प्रकृति एवं दिशा का भी संकेत करती हैं।

शमशेर ने जब कविता लिखना शुरू किया तब वह छायावाद का युग था। आश्चर्य नहीं कि शमशेर की आरम्भिक कविताओं पर इसका गहरा असर है। सन् बत्तीस की लिखी कविता **सहन सहन बहता है वायु** की आरम्भिक पंक्तियाँ हैं:

सहन-सहन बहता है वायु
मुक्त उसांसो का स्वर भर
सम्हल-सम्हल कर झुकती डालः
आकुल-उर तरू का मर्मर।

इस कविता का शब्द-चयन, छंद, विषय-वस्तु और कविता की पूरी संरचना छायावादी प्रभाव लिये हुए है। इसी प्रकार *मैं भारत गुण-गौरव गाता, (1933) नव कवि का आह्वान* (1933) *सजल स्नेह का भूषण केवल* (1934) आज हृदय भर-भर आता है (1937) कवि-कला का फूल हूँ मैं (1937) जैसी कविताओं से भी उदाहरण दिया जा सकता है। इसी प्रकार उत्तर छायावाद और प्रगतिवाद के दौर में शमशेर समकालीन काव्य प्रवृत्तियों से प्रभावित नजर आते हैं। *पागल का गीत*, नशा जैसी कविताओं में उत्तर छायावादी संवेदना को आसानी से लक्षित किया जा सकता है:

फिर वह बेकार जवानी
जो न गयी अपनी मनमानी
जो न हुई अपनी दीवानी-
अपनी अपनेपन में।

वाम-वाम वाम दिशा/समयः साम्यवादी घोषित करने वाले शमशेर पांचवें दशक के आरम्भ की अपनी कई कविताओं में प्रगतिवादी अवबोध से प्रेरित दिखाई पड़ते हैं। इस संदर्भ में फिर एक *हिलोर उठी* (1940) *लेकर सीधा नारा* (1941) *ये शाम है* (1944) *बात बोलेगी* (1945) अकाल (1945) जैसी कविताओं को याद किया जा सकता है। लेकिन शमशेर की पहचान जिन कविताओं से बनीं वे कविताएँ प्रायः प्रयोगवाद-नयी कविता के दौर में लिखी गई। *ये लहरे घेर लेती हैं* (1943) *सागर-तट* (1945) वह सलोना जिस्म (1949) आओ (1956) *एक पीली शाम* (1953) *टूटी हुई बिखरी हुई* (1954) उषा (1956) एक नीला आईना बेठोस (1956) धनीभूत पीड़ा (1956--58) जैसी कविताओं में शमशेर ने संवेदना और शिल्प के धरातल पर कई प्रयोग किए और इन प्रयोगों के चलते ही वे नयी कविता का प्रथम नागरिक

माने गये।

शमशेर की अधिकांश कविताएँ कवि की निजी दुनिया का आईना हैं। कवि की बेहद आत्मनिष्ठ ध्वनियों से निर्मित एक प्रति-संसार जिसमें बाहरी यथार्थ के अनुरूप जीवन जीने की बाध्यता के खिलाफ अपनी एक निजी एवं निष्कलुष संसार रचने की सिफारिशें हैं। आश्चर्य नहीं कि शमशेर जिस विलयनवादी काव्य को तरजीह देते हैं वहाँ कवि का बिंब ही कविता का पाठक है।

एक विलयनवादी काव्य जो कि न केवल
मैं लिखता-लिख सकता- हमेशा नहीं-
वैसा काव्य। जैसा कि इनमें ध्वनित-अध्वनित
स्वः
इसलिये उसमें अपने को खो दिया जाना गवारा करता हूँ
क्योंकि वहाँ मेरा एक महीन युग मान है।
वहीं शायद मेरे लिए मात्र। शायद
मेरे ही अनेक बिंबों के लिए मात्र
जिन्हें मेरे पाठक कहा जाए मात्र।

(एक नीला दरिया बरस रहा)

यह सच है कि शमशेर की कविताओं में कवि के ध्वनित-अध्वनित स्व में ही महीन युग-भाव है और जिसे अखबारी सच की तरह समाजशास्त्रीय ढंग से नहीं पकड़ा जा सकता। शमशेर की कविताएँ सहज सम्प्रेषण होने के बजाय पाठक को कवि की विशिष्ट अभिव्यक्ति के रहस्य से परिचित होने के लिए आमंत्रित करती है।

कलाकृतियाँ सामन्यतया कलाकार की संवेदना की उपज होती हैं कि कलाकार के मानसिक एवं सामाजिक परिवेश के आसपास लगातार घटित होने वाली घटनाओं में क्या कुछ है जिससे वह प्रभावित होता है, प्रतिश्रुत होता है या निर्लिप्त रहता है। इसी अर्थ में कलाकृतियाँ कलाकार के मूल सरोकारों का घोषणा-पत्र होती हैं। इसी संदर्भ में प्रेम और सौंदर्य, मानव और प्रकृति-प्रेम, सामाजिक और यथार्थ चेतना जैसे कवि के मूल सरोकारों के सहारे शमशेर की काव्य-संवेदना की पड़ताल सम्भव है।

काव्य-संवेदनाः प्रेम और सौन्दर्य

प्रेम का कंवल कितना विशाल हो जाता है
आकाश जितना
और केवल उसी के दूसरे अर्थ सौंदर्य हो जाते हैं
मनुष्य की आत्मा में

मनुष्य की आत्मा में प्रेम का कंवल जब आकाश जितना विशाल हो जाता है तो उसी के दूसरे अर्थ सौंदर्य हो जाते हैं। प्रेम और सौंदर्य का यह अद्वैत है जिसे शमशेर की अधिकांश कविताओं में देखा जा सकता है। शायद इसीलिए यह बात प्रसिद्ध है कि शमशेर प्रेम और सौंदर्य के कवि हैं। प्रेम और सौंदर्य का यह अद्वैत वस्तुतः शमशेर की काव्यानुभूति का पर्याय है।

मलयज से उन्होंने एक बार कहा था: "कविता के माध्यम से मैंने प्यार करना अधिक से अधिक चीजों को प्यार करना सीखा है। मैं उसके द्वारा सौंदर्य तक पहुँचा हूँ। मेरी चेतना, इतनी कह लो कि कंडीशंड हो चुकी है, कि हर चीज में मुझे एक अन्तःसौंदर्य दिखाई देता है, बिना किसी आतंरिक कांशस प्रयत्न के सौंदर्य का पूरा एक कम्पोजीशन...।"[1]

बिना किसी आंतरिक कांशस प्रयत्न के हर चीज में एक अंतःसौंदर्य तभी दिखाई पड़ सकता है जब व्यक्ति की चेतना उस अवस्था में हो जिसे कृष्णमूर्ति विकल्पहीन चैतन्यता[2] की अवस्था कहते हैं। अहं अनिवार्यतः पूर्वाग्रही होता है जबकि सहज चैतन्यता हर प्रकार के पूर्वाग्रह से मुक्त शुद्ध अवबोध का नाम है। सौंदर्य शीर्षक कविता में शमशेर की प्रार्थना है:

काश कि मैं न होउं
न होउं
तो कितना अधिक विस्तार
किसी पावन विशेष सौंदर्य का
अवतरित हो!

पावन विशेष सौंदर्य का! शमशेर को पता है कि मैं (अहं) के रहते सौंदर्य का साक्षी होना संभव नहीं इसलिए प्रकृति पर अपने अहं का आरोप करने के बजाय वे अपने को प्रकृति के अहं का हिस्सेदार बनाते हैं। ताओ के दर्शन में चेतना की इस स्थिति को अ-ज्ञान (नो-नालेज) की स्थिति कहा गया है। इस स्थिति में व्यक्ति को वन वैसा दिखाई देता है जैसा वह एक पेड़ को दिखता है।[3] कवि-कर्म के स्तर पर इस स्थिति को प्राप्त करना एक मुश्किल लक्ष्य है, लेकिन शमशेर की अधिकांश कविताएँ इस असंभव से लक्ष्य को प्राप्त करने की दिशा में प्रयत्नशील दिखाई देती हैं।

विजय देव नारायण साही ने बहुत पहले ही शमशेर की काव्यानुभूति की बनावट समझने के क्रम में यह निष्कर्ष निकाला था कि, "तात्विक रूप में शमशेर की काव्यानुभूति सौंदर्य की ही अनुभूति है। जिन लोगों का ख्याल है कि छायावाद के बाद हिन्दी कविता ने सौंदर्य का दामन छोड़ दिया है, उन्होंने शायद शमशेर की कविताओं का आस्वादन करने का कष्ट कभी नहीं किया। मैं एक कदम और आगे

बढ़कर कहना चाहूँगा कि आज तक हिन्दी में विशुद्ध सौन्दर्य का कवि यदि कोई हुआ है तो वह शमशेर है और इस आज तक में मैं हिन्दी के सब कवियों को शामिल करके कह रहा हूँ।... सच तो यह है कि शमशेर की सारी कविताएँ यदि शीर्षकहीन छपे, या उन सबका एक ही शीर्षक हो सौंदर्य, शुद्ध सौंदर्य तो कोई अंतर नहीं पड़ेगा।"[4] यह सच है कि शमशेर के लिए सौंदर्य साध्य है लेकिन देखना यह चाहिए कि वे सौंदर्य कहाँ देखते हैं। सौंदर्य को संबोधित एक कविता में वे कहते हैं:

सौंदर्य जो त्वचा में नहीं
थिरकते रक्त में नहीं
मस्तिष्क में नहीं
नहीं
कहीं इनके पार से
बरसता है अणु-अणु पल-पल में
बदन में, दृष्टि में
शब्दों में: और उनके पार से
कहीं शब्द के अर्थ में
दुखः सा मौन सा
अपरिमित सुख की चेतना में
मथता है
मथता है।

(चुका भी हूँ मैं नहीं, पृ. 98)

त्वचा, रक्त् और मस्तिष्क के पार से अणु-अणु पल-पल में बदन में दुख-सा, दृष्टि में मौन सा और शब्द में अर्थ-सा बरसने वाला यह सौंदर्य क्या कोई आध्यात्मिक रहस्यवादी अनुभव है या जीवन को बन्धनमुक्त करने वाला कोई ठोस सांसारिक अनुभव है?

रूसी साहित्यकार बोरिस पास्तरनाक ने कहीं लिखा है कि सुंदर स्त्री की प्रशंसा करते हुए उसके सौंदर्य के रहस्य को थाह पाना, जीवन की गुत्थी को सुलझाने के समान है।[5] इस प्रकार सौंदर्य का रहस्य जीवन का रहस्य है। शमशेर की **माडल और आर्टिस्ट** शीर्षक कविता में कलाकार माडल को कला में बांधने के क्रम में यह निष्कर्ष निकालता है कि

यह हो तुम
शब्द नहीं, न रूप
आकार, न चाप, न अर्थः वह सत्ता

जो होने-होने को हो मेरे अंदर
वही तुम।

(चुका भी हूँ मैं नहीं, पृ. 82-83)

शब्द, रूप, आकार, चाप और अर्थ के परे, जो सत्ता है वह वस्तुतः सौंदर्य का अनिवर्चनीय रूप हैः

वही तुम
कहाँ शरीर त्वचा केश
अधर वक्ष जंघा
ये केवल आवरण सघनतम
रूपार्थ के आवरण

(वही, 83)

शमशेर की कविता रूपार्थ के सघनतम आवरण को भेदकर उसमें निहित प्रेम और सौंदर्य के अंतःसंगीत को उद्घाटित करने की कविता है।इन कविताओं में प्रेम के सहज, आत्मीय एवं स्वतःस्फूर्त स्वभाव का चित्रण हुआ है- इसमें न रीतिकालीन प्रेम के पुरुष केन्द्रित सोच की छाया है और न छायावादी प्रेम की वायवीयता से दबी हुई भावनाएँ हैं। हिंदी में एक ओर रीतिकालीन प्रेम का पुरुष केंद्रित सामंती संसार है जहाँ

गुलगुली गिलमें, गलीचा हैं, चिक हैं, चिरागन की माला
कहे पदमाकर ज्यों गजक गिजाएँ सजीं सेज हैं सुराही हैं, सुरा है और प्याला है
सिसिर के पाला कौन व्यापत कसाला तिन्हें जिनके अधीन एते उदित मिसाला हैं
तान तुक-ताला हैं विनोद के रसाला हैं सुबाला हैं दुसाला हैं विसाला हैं चित्रसाला हैं।

जाहिर है इस दुनिया में पुरुष यही कह सकता है

सुन ले मेरी ब्याही औरत!
ऊपर से नीचे तक पूरा
अंगुल-अंगुल इस देही का
मेरा ही बस मेरा ही है।
घर के भीतर बेड़ी-बेड़ी
केवल दर्पण में मुख देखे
लम्बे से घूंघट को खींचे
केवल चूड़ी की धुन सुन ले।

खाना ले ले, कपड़ा ले ले,
आने-जाने दे यह सांसे,
पूरी कर दे पापी इच्छा
दर्जन बच्चे पैदा कर तू।

(जो शिलाएँ तोड़ते हैं, पृ. 42)

लेकिन शमशेर का काव्य-नायक कहता हैः

हाँ तुम मुझसे प्रेम करो जैसे मछलियाँ
लहरों से करती हैं
जिनमें वह फंसने नहीं आती
जैसे हवाएँ मेरे सीने से करती हैं
जिनको वह गहराई तक दबा नहीं पाती
तुम मुझसे प्रेम करो जैसे मैं तुमसे करता हूँ।

(टूटी हुई बिखरी हुई)

यहाँ प्रेम को कितना सहज रूप में कल्पित किया गया है। ऐसा प्रेम जिसमें किसी भी प्रकार की इदंममत्व की भावना नहीं है– यह रीतिकालीन प्रेम के पुरुष केन्द्रित सामंती संसार से कोसों दूर है– इसे सच्चे अर्थ में आधुनिक प्रेम का घोषणापत्र कहा जा सकता है।

अपनी डायरी में शमशेर ने कहीं लिखा हैः टैगोर ने बहुत ही प्यारी बात एक जगह कही है (उसका अर्थ पकड़ने के लिए यह जरूरी नहीं है कि हम ईश्वर में विश्वास ही करें)– वह यह किः ईश्वर से बढ़कर कोई किसी को प्यार नहीं कर सकता। (क्यों? कैसे? क्योंकि वह हमें पूरी तरह आजाद छोड़ देता है।) कभी किसी बात के लिए हम पर कोई दबाव नहीं डालता। इस पर भी नहीं कि हम माने कि वह है। इतना निःसंग, इतना बेगरज, इतना तटस्थ...और फिर भी वह हमारे रंग-रग के सुख, और दुख से वाकिफ है।[6]

हिंदी प्रेम-कविता में ऐंद्रियता का रीतिकालीन अनुषंगों से हटकर आधुनिक पीठिका पर प्रतिष्ठित होना एक विशेष घटना है और इस संदर्भ में शमशेर का नाम नेरूदा की याद दिलाता है। नेरूदा के प्रथम काव्य-संग्रह **बीस प्रेम-कविताएँ एवं एक हताश-गीत** (1924) के प्रकाशित होने पर उनके एक आलोचक ने लिखा थाः प्रेम और सेक्स कविता के पारंपरिक विषय रहे हैं। लेकिन श्रृंगारिक कथा-वस्तु की प्रकृति प्रायः रूढ़िबद्ध रही है। शरीर के उद्दाम अंगों को रूपकों के सहारे अमूर्त एवं आदर्शीकृत करने की परम्परा थी और प्रेयसी के समक्ष काव्य-नायक अपने हृदय उद्‌गारों को बड़े ही साहित्यपूर्ण तरीके से उसे एक रहस्यवादी समर्पण के रूप में

अभिव्यक्त करते थे। पाबलो नेरूदा ने अपने प्रथम काव्य-संकलन के द्वारा इस कुलीन परम्परा को छिन्न-भिन्न करते हुए आदर्शवाद की जगह ऐन्द्रियता एवं अमूर्तता की जगह पर मांसलता को प्रतिष्ठित किया। बीस प्रेम कविताएँ एवं एक हताश गीत में प्रेम पेट्राक्यिन माडल वाली भावुकता एवं विरह लिए हुए नहीं था बल्कि श्रृंगारिक भावनाओं के ऐन्द्रिय उल्लासों का खुला चित्रण किया गया था।[7]

अगर आप छायावादी-काव्य-परिदृश्य को याद करें तो ऊपर जो बात नेरूदा के बारे में कही गयी है वह शमशेर के बारे में भी कही जा सकती है। छायावादी काव्य-नायक अपनी प्रेमिका से अंतरंगता को प्रायः यूँ चिह्नित करते हैं : तुम्हारे छूने में था प्राण/संग में पावन गंगा स्नान/तुम्हारी वाणी में कल्याणि/त्रिवेणी की लहरों का गान। (पंत पल्लव) या फिर मेरी आंखों की पुतली में/तू बनकर प्राण समाज जा रे/जिससे कन-कन स्पन्दन हो/मन में मलयानिल चन्दन हो/करुणा का नव अभिनन्दन हो-वह जीवन-गीत सुना जा रे। (प्रसाद, लहर)।

लेकिन शमशेर के काव्य-नायक का एंद्रिय-बोध एवं तेवर बिल्कुल अलग हैः

एक ठोस बदन अष्टधातु का-सा
सचमुच
जंघाएँ दो ठोस दरिया
ठै रे हुए– से
मगर जानता हूँ कि वो
बराबर-बराबर बहुत तेज
रौ में हैं
ठै रा हुआ-सा मैं हूँ मेरी
दृष्टि एकटक
ठोस वा कपोल उभरे हुए चारों
निमंत्रण देते चैलेंज सा
चारों एक साथ
अपनी स्थिरता में, चल
काल की तरह
चरण
है वहीं मगर दरअसल है नहीं वहाँ
वो उस अष्टधातु की मूर्ति को
कहीं लिए जा रहे हैं
शायद

म   त्व के अदृश्य सागर की ओर।

(काल तुझसे होड़ है मेरी/105)

यह पूर
कोमल कांसे म ढला
गोलाइयों का आईना
मेरे सीने से कसकर भी
आजाद हैं।

(प्रेयसी)

वह आयी और मुझसे कहा कि मुझे कला में बांधों।
ये हैं मेरे वक्ष गोल से गोल कहीं देखें होंगे
तो कहो ऐसे,
ये-ये ही बिम्बाधर
जल रहे हैं जहाँ अंगारे,
यह कटि प्रदेश
जंघाएँ कि गोरे पारद के दो
दरिया ये केश
कि रात के जादू का प्रवेश.... यहीं होता है

(माडल और आर्टिस्ट)

यह तथाकथित **साहित्यिकता** के स्थान पर **ऐन्द्रियता** एवं अमूर्ततता के स्थान पर मांसलता की प्रतिष्ठा नहीं तो और क्या है। खुजराहो एवं कोणार्क के मंदिरों में उत्कीर्णित मूर्तियों की तरह इन पंक्तियों में ऐन्द्रिय उल्लास का जो अकुंठित रूप उभरा है, वह पूरी हिन्दी कविता में दुर्लभ है। इसे रूमानियत और रीतिवाद का संगम[8] कहना कविता के साथ अन्याय है।

राम स्वरूप चतुर्वेदी का कहना है कि शमशेर के काव्य की एक बड़ी उपलब्धि यह है कि उन्होंने प्रेम और सौंदर्य को पूर्व-निर्धारित उदात्तता के घेरे में से निकाला है। उनका आत्मविश्वास ऐसा है कि वे उसके प्रति सजग नहीं हैं, वह है तो है। वैसे ही अगर न होता तो न होता, उसका क्या गम। इसीलिए उनके सौंदर्य चित्रण या प्रणय-निवेदन में कहीं नाटकीयता नहीं।[9] यह सही है कि शमशेर ने प्रेम और सौंदर्य को पूर्व निर्धारित उदात्तता के घेरे से निकाला लेकिन यह कहना सही नहीं है कि उनके सौंदर्य-चित्रण या प्रणय निवेदन में कहीं नाटकीयता नहीं, सच्चाई तो यह है कि उनके सौंदर्य चित्रण एवं प्रणय निवेदन– दोनों में ही गहरी नाटकीयता है बल्कि उनकी कई कविताएँ मेलोड्रामा की हद को छूने वाली पंक्तियों से भरी पड़ी हैं– यहाँ दो उदाहरण दिये जा रहे हैं :

हाँ, तेरी हँसी को मैं उषा की भाप से निर्मित
गुलाब की बिखरती पंखुड़ियाँ ही समझता थाः
मगर वह मेरा हृदय भी कभी छील डालेगी,
मुझे मालूम न था।

(सौंदर्य)

आईनो, रोशनाई में घुल जाओ और आसमान में
मुझे लिखो और मुझे पढो।
आईनो, मुस्कराओ और मुझे मार डालो।
आईनो, मैं तुम्हारी जिंदगी हूँ।

(टूटी हुई , बिखरी हुई)

शमशेर के यहाँ **राग, अमन का राग, चाँद से थोड़ी-सी गप्पें, सौंदर्य,** ***टूटी हुई, बिखरी हुई*** जैसी नाटकीय कविताएँ तो हैं ही ***घिर गया है समय का रथ कहीं*** (1946) जैसी कविताएँ भी हैं जहाँ प्रकृति की गतिविधियों को बड़े अनूठे ढ़ग से नाटकीय व्यापार में ढाल दिया गया है। इस कविता का आरम्भ काली रात के आने से होता है जो सन्ध्या का टीका अर्थात चन्द्रमा को अपने साथ लेकर आई है। सामने ऊपर उठाये हाथ सा पथ बढ़ गया यानि यह संकेत है कि पहाड़ी प्रदेश है जहाँ पगडंडियाँ, ऊपर उठाये हाथ सा दिखाई देती है। अगले चरण में, चांदनी के फैलने का चित्रण है जिसके लिए बिंब निर्मित किया गया हैः अंचल विन्ध्या पर घेरने को दुर्ग की दीवार मानो पंचमी की रात की सिहरती चांदनी ने कुंडली खोली। कुंडली खुलने की क्रिया सांप के साथ सम्बद्ध है और सांप जिज्ञासा का प्रतीक है। आगे कहा गया है, घूमना उत्तर दिशा को सघन पथ/संकेत में कुछ कह गया। यह संकेत कविता के अगले चरण में स्पष्ट होता हैः

चमकते तारे लजाते हैं
प्रेरणा का दुर्ग।
पार पश्चिम के, क्षितिज के पार
अमित गंगाएँ बहाकर भी
प्राण का तन धूल-धूसित है।

चांदनी रातों में तारों का फीका पड़ना एक सामान्य अनुभव है लेकिन यहाँ कविता में प्रकृति के मानवीकरण की प्रक्रिया में चमकते तारे लजाते हैं और प्राण का तन धूल-धूसित है।अगले बंद में, उषा ने आते ही रात्रि के हृदय के अनमोल भावों के भेद खोल दिए, परिणामतः दुख उदित हुआ, सूरज के उदय के साथः

भेद उषा ने दिए सब खोल
हृदय के कुल भाव

रात्रि के अनमोल
दुख कढ़ता सजल, झलमल।
आंख मलता पूर्व स्रोत।
पुनः
पुनः जगती जोत।

लेकिन स्त्रोत के जगने के साथ सूर्योदय अबाधित नहीं हुआ बल्कि घिर गया है समय का रथ कहीं/लालिमा में मढ़ गया है राग। सूरज के (बादलों में) घिरने से आकाश का लालिमा से मढ़ जाना एक प्राकृतिक व्यापार है लेकिन यहाँ कविता में व्यंजना यह है कि समय के ठहरने, रुकने का बोध रागदीप्ति का कारण बनता है या रागदीप्ति अवस्था में समय के रुक जाने का बोध होता है। ऐसे रागदीप्त अवस्था में भावना की ऊंची (तुंग) लहरें अपना पंथ (कि लहरें ऊपर उठने के बाद नीचे ही जायेंगी) और अपना अंत जानकर मुक्ति के उद्गार को रोलती है–

भावना की तुंग लहरें
पंथ अपना, अंत अपना जान
रोलती है मुक्ति के उद्गार।

निष्कर्ष यह है कि भावनाओं की सिद्धि मुक्ति के उद्गार को अभिव्यंजित करने में है और इसमें गहरी नाटकीयता है।

हिन्दी साहित्य में यह धारणा रूढ़ हो गयी है कि प्रगतिशील चेतना से सिर्फ राजनीतिक-सामाजिक यथार्थ का ही संबंध है। सौंदर्य और प्रेम इसके घेरे से न सिर्फ बाहर माने जाते हैं बल्कि रीतिवादी तलछट कहकर इसका विरोध भी किया जाता रहा है लेकिन सौंदर्यशास्त्री कहते है कि किसी भी वस्तु में सौंदर्य देखते हुए हमें उसके वृहत्तर सामाजिक एवं व्यावहारिक महत्त्व का बोध होता है– संपूर्ण रूप से पूरी मानवता के लिए और प्रजाति के रूप में मनुष्य के लिए इसकी महत्ता का बोध होता है।[10] अपनी एक कविता में शमशेर कहते हैः

मैं तुम्हारे व्यक्तित्व के मुख में
आनन्द का स्थायी....ग्रास हूँ।

(काल तुझसे होड़ है मेरी, पृ. 103)

कहा जा सकता है कि प्रेम और सौंदर्य के व्यक्तित्व के मुख में शमशेर की कविता अगर आनन्द का स्थायी ग्रास है तो यह रीतिवाद नहीं है।

काव्य-संवेदनाः मानव और प्रकृति प्रेम

शमशेर की राग शीर्षक कविता का आरम्भिक अंश हैः

मैंने शाम से पूछाः
या शाम ने मुझसे पूछाः
इन बातों का मतलब?
मैंने कहा—
शाम ने मुझसे कहाः
राग अपना है।

यहाँ प्रकृति और मनुष्य का जो संबंध उद्घाटित हुआ है वह पारम्परिक ढंग से बिल्कुल अलग है। यहाँ प्रकृति, मनुष्य की भावनाओं का परिवेश या दर्पण भर नहीं है बल्कि दोनों एक-दूसरे में अन्तर्गुम्फित हैं। निर्मल वर्मा के शब्द उधार लेकर कहें तो यहाँ लेखक देखने वाला सबजेक्ट नहीं है और दुनिया दिखायी देने वाली आब्जेक्ट नहीं है बल्कि दोनों एक-दूसरे के बीच में है, मनुष्य दुनिया के बीच में है, प्राणियों में एक प्राणी, जीवों में एक जीव, वह दूसरों को देखता है, तो दूसरे भी उसे देखते हैं, कुछ उसी भाव में जैसे कभी पाल क्ले ने कहा था- जब कभी मैं जंगल में घूमता हूँ तो मुझे लगता है कि जहाँ मैं पेड़ों को देख रहा हूँ, वहाँ पेड़ मुझे देख रहे हैं।[11] प्रकृति और मनुष्य के अन्तर्गुम्फित संसार की कई छवियाँ शमशेर के काव्य में दर्ज हैं।

एक नीला आइना
बेठोस-सी यह चांदनी
और अंदर चल रहा हूँ मैं
उसी के महातल के मौन में।

(एक नीला आइना बेठोस)

यहाँ चांदनी के नीले आइने के अंदर चलता हुआ व्यक्ति है तो कहीं

पूरा आसमान का आसमान है
एक इन्द्रधनुषी ताल
नीला सांवला हल्का-गुलाबी
बादलों का धुला
पीला धुआ...
मेरा कक्ष, दीवारें, किताबें, मैं, सभी
इस रंग में डूबे हुए-से
मौन।

(पूरा आसमान का आसमान)

शमशेर के यहाँ प्रकृति इतने पास अपने है कि बादल अक्टूबर के/हल्के रंगीन

ऊदे/मद्धम् मद्धम् रुकते/रु क ते- से/आ जाते/इतने पास अपने!

एक-इक पव्वा सा कत्/ठैरा, सन्ध्यामा में
सुनता-सा कुछ... किसको/इतने पास अपने।

(इतने पास अपने)

अक्टूबर के बादल या शाम का यह मन्द मंथर रूप हिन्दी कविता का यह रूपः शील तन गिरि श्रेणियों के उधर/झर रही है धूप-स्वर्णिम धूल.../ओढ़ श्याम दुकूल नभ से झांकता बादलों के स्वर्णिम धूल से बचने के लिए श्याम दुकूल ओढ़े नभ से झांकता यह लोहित फूल। (इन्दु विहान) नीले पहाड़ी के पार बादलों के स्वर्णित धूल से बचने के लिए श्याम दुकूल ओढ़े नभ से झांकता यह लोहित फूल (चन्द्रमा) भी मनुष्य का अन्तरंग जान पड़ता है। इसी प्रकार उषा का यह बिंबः प्रात नभ था बहुत नीला शंख जैसे/भोर का नभ/राख से लीपा हुआ चौका/(अभी गीला पड़ा है)/बहुत काली सिल जरा से लाल केसर से/कि जैसे धुल गई हो (उषा) यहाँ प्रकृति, पर्यवेक्षक की अन्तरंगता का प्रतिबिम्ब जान पड़ता है। इसी प्रकार

धूप कोठरी के आइने में खड़ी
हँस रही है
पारदर्शी धूप के पर्दे
मुस्कराते
मौन आंगन में
मोम सा पीला
बहुत कोमल नभ
एक मधुमक्खी हिलाकर फूल को
बहुत नन्हा फूल
उड़ गई
आज बचपन का
उदास मां का मुख
याद आता है।

(धूप कोठरी के आइने में खड़ी)

इस कविता में धूप, नभ, फूल, मधुमक्खी, बचपन, मां का मुख समान संवेदनाओं से आंदोलित जान पड़ते हैं। यहाँ कोठरी के आइने में हंसती धूप या मोम सा पीला बहुत कोमल आकाश या एक नन्हें फूल को हिलाकर ही देशकाल में समानान्तर घटित होते दिखाई गई हैं। इससे प्रकृति और मनुष्य की संवेदनाएँ एक ही सूत्र से बंध गई हैं। क्या कालिदास की तरह शमशेर के लिए भी यह कहा जा

सकता है कि उनके यहाँ प्रकृति और पुरुष एकात्म हैं– समान संवेदनाओं से आंदोलित, समानभागी, समानभोगी, एक ही अभिलाषा के दो रूप, एक ही उत्कंठा, एक ही प्रेरणा, एक ही मनीषा, एक ही चेतना, एक ही सिसृक्षा की दो स्फूर्तियाँ।[12] प्रकृति के साथ मनुष्य के सम्बन्ध को एक दूसरे स्तर पर सागर तट जैसी कविताएँ सन्धान करती हैं। यह कविता वर्षा के बाद के सागर-तट का बिम्ब सामने लाती हैं। कविता के आरम्भ एवं अंत में क्रमशः तीन व चार पंक्तियाँ उद्धरण के शक्ल में रखी गई हैः

यह समंदर की पछाड़
तोड़ती है हाड़ तट का
अति कठोर पहाड़।
यह समंदर की पछाड़

समंदर की पछाड़ तट के अंतिम कठोर पहाड़ जैसे हाड़ को भी तोड़ डालती है यानि समंदर की लहरें इतनी आक्रामक है।

कविता का आरम्भ काव्य-नायक के इस वक्तव्य से होता हैः

पी गया हूँ दृश्य वर्षा काः
हर्ष बादल का
हृदय में भरकर हुआ हूँ हवा से हल्का।

वर्षा का दृश्य पीकर तथा बादल का हर्ष हृदय में भरकर काव्य-नायक हवा सा हल्का हो गया है। अब वह लहरों को देखता है जो धुन रही थी सर

व्यर्थ व्याकुल मत्त लहरें
वहीं आ आकर
जहाँ था मैं खड़ा
मौन

आगे काव्य-नायक कहता है कि ये लहरें उसी तरह अपना सर धुन रही थी मानों वे समय के आघात से जर्जर खड़ी दीवारें जैसे एक के बाद एक सहसा गिरने लगें।

अगले चरण में लहरों का एक दूसरा बिंब आता हैः चांदनी की चंचल उंगलियों द्वारा क्रोशिए से फेन का झालर एवं बेल बनने लगना। यह एक अछूता बिंब है। फिर लहरों का एक गत्यात्मक बिंब लाया गया हैः

पंक्तियों में टूटती गिरतीं
चांदनी में लोटती लहरें
मछलियों सी बिछल पड़ती तड़पती लहरें
बार-बार

और अंत में, एक और अतिविशिष्ट बिंब को नियोजित किया गया है: *स्वप्न में रोंदी हुई सी विकल सिकता/पुतलियों सी मूंद लेती/आंख।*

लहरों के गुजरने के बाद तट का चित्रण कवि यह कहकर करता है कि स्वप्न में रौंदे हुए रेत मानों पुतलियाँ है जिसे आंख मूंद लेती है। क्या यह प्रकृति का सामान्य-सदृश्य अपने प्रतीकार्थ में कालचक्र और मानव-नियति के संबंध को नहीं दर्शाता है?

आलोचक नरेन्द्र वशिष्ट ने इस कविता पर टेनीसन की प्रसिद्ध कविता ब्रेक ब्रेक, ब्रेक का स्पष्ट प्रभाव लक्षित किया है।[13] उनके अनुसार दोनों ही कविताओं के आरम्भ में चट्टान पर पछाड़ खाती हुई लहरों का बिंब है। साथ ही दोनों की विषय वस्तु समान है– आदमी की हर्ष की आकांक्षा और समय द्वारा उसे खत्म करने की कोशिश ।इस कविता की संरचना चक्राकार है– यह समंदर की पछाड़ से आरम्भ होकर यह समंदर की पछाड़ तक। आकस्मिक नहीं कि अंत में पूर्णविराम नहीं दिया गया है जिससे चक्र के गतिमान बने रहने का भाव संकेतित होता है। काल की इस शाश्वत उपस्थिति के बीच समंदर की पछाड़ और इसको देखता काव्य-नायक, प्रकृति की एक अनोखी लीला जान पड़ती है।

यह सच है कि मनुष्य का प्रकृति के साथ साहचर्य और परिणामतः पूरे विश्व से अन्तरंगता की भावना ही उसमें सौंदर्यगत आनन्द की सृष्टि करता है। एक स्थल पर शमशेर कहते हैं: हम एक साथ उषा के मधुर अधर बन उठे/सुलग उठे हैं/सब एक साथ ढाई अरब धड़कनों में बज उठे हैं/सिम्फोनिक आनन्द की तरह (अमन का राग) यह अमन का राग है जिसके मूल में शमशेर का मानव प्रेम है। यह मानव-प्रेम कोई अमूर्त या विचारधारात्मक संकल्पना नहीं है बल्कि उनके प्रकृति-प्रेम की ही स्वाभाविक फलश्रुति है। कविता का आरम्भ ही इन पंक्तियों से किया गया है:

सच्चाइयाँ
जो गंगा के गोमुख से मोती की तरह बिखरती रहती हैं
हिमालय की बर्फीली चोटी पर चांदनी के उन्मुक्त् नाचते
परों में झिलमिलाती रहती हैं
जो एक हजार रंगों के मोतियों का खिलखिलाता समंदर है
उमंगों से भरी फूलों की जवान कश्तियाँ
कि बसन्त के नए प्रभात सागर में छोड़ दी गई है।

(अमन का राग)

मानव-प्रेम का एक पहलू शमशेर की उन कविताओं में व्यंजित हुआ है जहाँ एक आदमी दो पहाड़ों को कुहनियों से ठेलता/पूरब से पश्चिम को एक कदम से नापता/बढ़ रहा है। लेकिन समस्या यह यह है कि "फिर क्यों / दो बादलों के तार/

उसे महज उलझा रहे हैं” कवि इस क्यों का उत्तर प्राय यूँ देते हैं: “संकुचित है आज जीवन का हृदय व्यक्ति-मन रोता है जन-मन के लिए''

मनुष्य की जिजीविषा का एक आयाम वहाँ भी उद्‌घाटित हुआ है जहाँ शमशेर ने विभिन्न व्यक्तियों पर कविताएँ लिखी हैं। इस संदर्भ में मुक्तिबोध, मोहन राकेश, भुवनेश्वर, काजी नजरूल इस्लाम, नेरूदा, कामरेड रुद्रदत्त भारद्वाज, कामरेड नागेन्द्र सकलानी, शशि बकाया, कल्याणी बाई सैयद, शुभद्राकुमारी चौहान पर लिखी कविताएँ दृष्टव्य हैं। इन कविताओं में जीवन के प्रति निष्ठा एवं अदम्य कर्म की प्रेरणा अभिव्यंजित हुई है, जो कवि के मनुष्य मात्र के प्रति प्रेम को दर्शाता है।

शमशेर की कुछ कविताएँ ऐसी हैं जिनमें आज के युद्ध पीड़ित युग के लिए शांति की आवश्यकता पर जोर दिया गया है। ये कविताएँ भी अन्ततः मानव प्रेम की कविताएँ ठहरती हैं। ली तिएन मिन की शांति के ही लिए में शमशेर कहते हैं: कोई भी हो तुम/मर्द या औरत/बूढ़े या बच्चे, मजदूर, किसान, सिपाही, विद्यार्थी, कि व्यापारी, कोई भी फर्क इससे नहीं पड़ता/कि तुम्हारे राजनीतिक विश्वास क्या हैं/या तुम किस धर्म को अपनाये हुए हो/अगर तुमसे पूछा जाय कि/सबसे बुनियादी वह पहली चीज कौन-सी है/ कि मानव-मात्र के लिए जिसका होना आवश्यक है, तो एक ही जवाब होगा तुम्हाराः एकदम पहली ही बार, फिर दूसरी बार भी और अंतिम बार भी/यही एक जवाबः-/शांति! (शांति के ही लिए) मानव-अस्तित्व की बुनियाद के रूप में शांति को चिह्नित करते हुए शमशेर वस्तुतः मनुष्य के अस्तित्वमान बने रहने की कामना कर रहे होते हैं।

काव्य-संवेदनाः सामाजिक एवं यथार्थ चेतना

शमशेर ने व्यक्तिगत अनुभूतियों या व्यक्तिगत परिवेश से हटकर बहुत सारी ऐसी कविताएँ लिखी हैं जिनमें समसामयिक समाज की चिंताओं एवं पीड़ाओं का चित्रण हुआ है। यह नहीं कि व्यक्तिगत परिवेश और सामाजिक परिवेश का कोई आत्यंतिक विभाजन संभव है बल्कि कहने का तात्पर्य यह है कि शमशेर ने उन विशिष्ट शैली की कविताओं (जिनसे उनकी पहचान की जाती है) के अतिरिक्त सामान्य अनुभूति वाली यथार्थवादी कविताएँ भी लिखी हैं। शमशेर की आधी से अधिक ऐसी कविताएँ हैं जिनमें उनका बिल्कुल निजी, आत्मपरक संसार अभिव्यक्त हुआ है लेकिन ऐसी भी कविताओं की संख्या कम नहीं है जिसमें देश-प्रेम, आजादी के समय संघर्ष की कुछ महत्त्वपूर्ण घटनाएँ, शहीदों को श्रद्धांजलि, किसान-मजदूर एवं मध्य वर्ग की स्थिति का चित्रण, साम्प्रदायिकता विरोध, पूंजीवादी समाज की मानव-विरोधी तस्वीर तथा समाजवादी समाज की स्थापना की आवश्यकता आदि

विषयों को उठाया गया है। ऐसी कविताओं में फिर वह एक हिलोर उठी (1940) भारत की आरती (1947) बात बोलेगी (1945) वाम वाम वाम दिशा (संभवतः 50) अमन का राग (52) सत्यमेव जयते (1962) का नाम लिया जा सकता है। इसके अलावा बात बोलेगी संग्रह के **हैवां ही सही** खण्ड की सभी रचनाएँ भी इसमें शामिल की जा सकती हैं।यह भी एक उल्लेखनीय तथ्य है कि शमशेर जब ग़ज़ल लिखते हैं तो उर्दू की परम्परा से बंधकर लिखते हैं– वहाँ वे प्रयोग नहीं करते और सम्प्रेषण को सर्वाधिक तवज्जो देते हैं: यह क्या सुना है मैंने कि दो रुपये सर है आज!!/कुछ शहर बम्बई की जबानी खबर है आज! बीहड़ वनों में डाल दिया है पड़ाव और कहते हैं आप, खत्म हमारा सफर है आज!! (यह क्या सुना है मैंने) इसी प्रकार 1980 में मुरादाबाद के दंगे पर शमशेर अपनी एक रूबाई में कहते हैं: वह काम मुरादाबाद में हम कर आए/दुनिया में ऊंचा अपना परचम कर जाए/बच्चों की, ज़वानों की उम्मीदों की वो ईद/उस ईद का हम जा के मातम कर आए। (भारत देश की ईद)

शमशेर अपने परिवेश के प्रति बेहद संवेदनशील एवं जागरुक हैं इसलिए उन्हें हर राष्ट्रीय एवं अंतर्राष्ट्रीय समस्याएँ बेचैन करती हैं- चाहे वह अफ्रीका में गोरे-कालों का संघर्ष हो (अफ्रीका) या भारत-चीन युद्ध हो (सत्यमेव जयते) या बंगाल का अकाल हो (अकाल) या कश्मीर में देशी राज परिषद या निजामशाही का अत्याचार (निजामशाही) या ईरान-इराक युद्ध और अफगानिस्तान की आंतरिक समस्याएँ (ईरान और अफगानिस्तान) - कवि का हर जगह एक मानवीय रूख दिखाई पड़ता है। अपनी एक कविता में वे कहते हैं:

ये पूरब-पश्चिम मेरी आत्मा के ताने-बाने हैं
मैंने एशिया की सतरंगी किरनों को अपनी दिशाओं के गिर्द
लपेट लिया है
और मैं योरप और अमरीका की नर्म आंच की धूप छांव पर
बहुत हौले-हौले नाच रहा हूँ
सब संस्कृतियाँ मेरे सरगम में विभोर हैं
क्योंकि मैं हृदय की सच्ची सुख शांति का राग हूँ
बहुत आदिम बहुत अभिनव।

(अमन का राग)

वैसे यह एक गंभीर विवाद का विषय है कि क्या व्यक्तिगत अनुभूति या व्यक्तिगत परिवेश वाली कविताएँ सामाजिक या यथार्थवादी नहीं होती? क्या आत्मनिष्ठता सामाजिकता के अनिवार्यतः विरोधी होती है? हिन्दी आलोचना संसार

में यथार्थवाद की ऐसी अवधारणा विकसित हुई है कि हर उस रचना को असामाजिक माना जाता है जिसमें यथार्थ का प्रतिनिधिक रूप में चित्रण न किया गया हो। हिन्दी में यथार्थवाद की यह अवधारणा इतने विकट रूप में मौजूद थी और है कि स्वयं शमशेर भी अपनी तथाकथित व्यक्तिवादी रचनाओं को असामाजिक मानने के लिए बाध्य हुए। अपने तीसरे काव्य-संकलन **चुका भी हूँ मैं नहीं** के आभार ज्ञापन में शमशेर लिखते हैं : "अपनी काव्य-कृतियाँ मुझे दरअसल सामाजिक दृष्टि से कुछ बहुत मूल्यवान नहीं लगती। उनकी वास्तविक सामाजिक उपयोगिता मेरे लिए प्रश्न-चिन्ह् सा ही रही है, कितना ही धुंधला सही।" स्पष्ट है कि यहाँ कवि खुद अपनी रचनाओं का मूल्याँकन उसी यथार्थवादी प्रतिमान से कर रहा है जिसके बारे में डॉ. मैनेजर पाण्डेय जैसे यथार्थ के आग्रही आलोचक का कहना है कि, "यह विचारणीय सवाल है कि क्या यथार्थवाद की अवधारणा की मदद से कविता की सार्थक आलोचना हो सकती है। वर्णनात्मक और कथात्मक कविताओं के प्रसंग में यथार्थवाद भले ही कुछ उपयोगी हो, लेकिन प्रगीत और प्रगीतात्मक संरचना वाली कविताओं की व्याख्या में यथार्थवाद बहुत सहायक नहीं होगा। अगर प्रगीत भी रोमांटिक, बिम्बाश्रित, प्रतीक निर्भर और अत्यंत आत्मपरक हो तो यथार्थवाद वैसे ही दुर्बल और असहाय सिद्ध होगा जैसे महाभारत के नायक अर्जुन का गाण्डीव जनजातियों के सामने व्यर्थ साबित हुआ था। शमशेर बहादुर सिंह की अधिकांश कविताओं के सामने यथार्थवाद निरर्थक साबित होगा।[14] हिन्दी आलोचना में यह धारणा प्रायः रूढ़ हो चुकी है कि राजनैतिक-सामाजिक यथार्थ का चित्रण ही प्रगतिशीलता है। कला की दुनिया में प्रगतिशीलता, यथार्थ, यथार्थवाद आदि की प्रकृति एवं स्वरूप पर लम्बी एवं गंभीर बहसें हुई हैं, जिसकी गूंजें कभी-कभार हिन्दी की सैद्धांतिक आलोचना में सुनाई भी पड़ जाती हैं, लेकिन व्यांवहारिक आलोचना में अब भी जदानोव का यथार्थवाद ही अंतिम एवं प्रामाणिक सत्य के रूप में स्थापित है। अतः शमशेर के मूल्याँकन के पहले यह जरूरी है कि इन प्रश्नों पर विचार कर लिया जाय कि कला और यथार्थ के बीच कैसा संबंध होता है? रैकरण के इस युग में क्या आत्मनिष्ठता सामाजिकता के विरोध में होती है? कला के सामाजिक मूल्य और कलाकार की प्रतिबद्धता को निर्धारित करने का क्या प्रतिमान हो सकता है? इस संदर्भ में फ्रैंकफर्ट स्कूल की कुछ मान्यताएँ सहायक हो सकती हैं।

एडोर्नो के अनुसार कला की अन्तर्वस्तु को सामाजिक यथार्थ की तरह यथार्थ नहीं माना जा सकता। कला का सौंदर्य ही यह है कि वह वास्तविकता की नकल करने के बजाय उसका सार एवं बिंब प्रस्तुत करता है। कोई वस्तु जब आत्मगत होकर बिंब में ढलती है तब रैकरण की जकड़बंदी एवं विलग्न संसार के कारावास

से उसे मुक्ति मिलती है। आत्मगत विषय (आत्मा में जज्ब विषय) और वास्तविक विषय (बाहरी दुनिया का गैर-आत्मगत विषय) के बीच जो अन्तर्विरोध उत्पन्न होता है वही किसी कलाकृति को ऐसा अद्वितीय स्पेस प्रदान करता है जहाँ से वह वास्तविक यथार्थ की आलोचना कर सकता है।[15]

फ्रैंकफर्ट स्कूल के दूसरे महत्त्वपूर्ण चिंतक हर्बट मार्कुस कहते हैं कि आत्मनिष्ठता की आन्तरिकता को स्वीकार कर लेने पर व्यक्ति विनिमय संबंध और विनिमय मूल्य के जाल से बाहर आ जाता है और बुर्जुआ समाज के यथार्थ से अपने को काटकर अस्तित्व के दूसरे आयाम में प्रवेश पा जाता है। वस्तुतः यथार्थ से यह पलायन उसे एक ऐसे अनुभव की ओर ले जाता है जो मौजूदा वास्तविक बुर्जुआ मूल्यों को नष्ट करने में एक शक्तिशाली ताकत बन सकती है, और बनती है।[16] साहित्य में प्रतिबद्धता के प्रश्न पर वाल्टर बेंजामिन ने अपने प्रसिद्ध लेख **लेखक उत्पादक के रूप में** नये सिरे से विचार किया है। बेंजामिन के अनुसार कला उत्पादन है और कलाकार उत्पादक इसलिए एक क्रांतिकारी कलाकार को कलात्मक उत्पादन की मौजूदा प्रणालियों को बिना आलोचना के स्वीकार कर लेने के बजाय इन कलात्मक उत्पादन की प्रणालियों को विकसित एवं क्रांतिधर्मी बनाना चाहिए। ऐसा करने पर वह कलाकार और पाठक के बीच नये सामाजिक संबंधों को उत्पन्न करता है। कहने का तात्पर्य यह है कि नये साहित्यिक रूपों का अन्वेषण नये सामाजिक संबंधों की खोज का परिणाम है। आगे बेंजामिन ने लिखा है कि प्रतिबद्धता का मतलब मौजूदा कलात्म्क माध्यमों के सहारे किसी क्रांतिकारी संदेश को सम्प्रेषित करना भर नहीं है बल्कि प्रतिबद्धता का मतलब उन कलात्मक माध्यमों को ही क्रांतिकारी बनाना है। प्रतिबद्धता का प्रश्न रचना में कोई सही राजनैतिक विचारधारा को सम्प्रेषित करने से सम्बद्ध नहीं है बल्कि किसी रचनाकार की प्रतिबद्धता इस बात से निश्चित होती है कि उसने किस हद तक उन कलात्मक रूपों को पुनर्निमित किया जिससे रचनाकार और पाठक की पारम्परिक श्रेणीबद्धता टूटती है। बेंजामिन ने इसी आधार पर ब्रेख्त के अलगाव-प्रभाव के तकनीक को युगांतरकारी माना था क्योंकि ब्रेख्त के नाटकों में दर्शक और रचनाकार दोनों सहयोगी नाटककार की भूमिका में होते हैं।[17]

आधुनिक (छायावादोत्तर) हिन्दी कविता पर अगर दृष्टि डालें तो शमशेर और मुक्तिबोध ने मौजूदा कलात्मक माध्यमों को बड़े पैमाने पर बदलने का काम किया। मुक्तिबोध ने फैंटेसी के सहारे और शमशेर ने अपने विशिष्ट अवबोध एवं टूटी हुई बिखरी हुई काव्य संरचना के सहारे कविता के ढांचे को व्यापक रूप से परिवर्तित किया और यह परिवर्तन ऐसी कविताओं में सर्वाधिक लक्षित किया जा सकता है जिसे तथाकथित प्रतिबद्ध कही जाने वाली यथार्थवादी कविताएँ कही जाती हैं।

कामरेड रूद्रदत्त भारद्वाज की शहादत की पहली बरसी पर लिखी कविता का आरम्भ यूं होता हैः वह हंसी का फूल/उषा का हृदय/बस गया है याद में मानों/अहर्निश/सांस में एक सूर्योदय हो! और ग्वालियर की खूनी शाम का भाव-चित्र यह हैःयह शाम है/कि आसमान खेत है पके हुए अनाज का। लपक उठी लहू-भरी दरातियाँ कि आग हैः धुंआ धुंआ/सुलग रहा/ग्वालियर के मजूर का हृदय/(यह शाम है) स्पष्ट है कि कविता के यथार्थवादी अन्तर्वस्तु के अनुरूप यथार्थवादी रूप के तर्क को यहाँ स्वीकार नहीं किया गया है और यहीं शमशेर की कविता नागार्जुन, त्रिलोचन, केदारनाथ अग्रवाल की कविता से अलग हो जाती है।नागार्जुन कहते हैं *"जनता मुझसे पूछ रही है क्या बतलाउँ?/जनकवि हूँ मैं सत्य कहूँगा क्यूँ हकलाउँ?"*

यहाँ सवाल यह उठता है कि क्या सत्य के सभी रूप का बगैर हकलाये बखान किया जा सकता है, और अगर शमशेर सम्प्रेषण के लिए अपनी विशिष्ट अभिव्यक्ति से समझौता नहीं करते, अभिग्रहण के स्तर पर सहज सम्प्रेषणीय नहीं बन पाते तो क्या यह भी सच नहीं है कि उनका कृत्तित्व स्वीकारवादी भी साबित नहीं होता। वैसे यह भी विचारणीय है कि हमारा जो अधिकांश यथार्थवादी साहित्य है वह अपने अन्तर्वस्तु में लाख क्रांतिकारी होने के बावजूद अभिग्रहण के स्तर पर स्वीकारवादी साबित होता है, जो पाठकीय यथास्थिति को कहीं से भी चोट नहीं पहुँचाता। इस संदर्भ में ब्रेख्त के इस कथन को ध्यान देने की जरूरत है कि– साहित्य के रूप (फार्म) को यथार्थ के मेल में होना चाहिए न कि सौंदर्यशास्त्र के मेल में- चाहे वह सौंदर्यशास्त्र, यथार्थवादी ही क्यों न हो।[18]

*** *** ***

शमशेर का काव्य-संसारः शिल्पःकाव्य-भाषा

शमशेर ने जब कविताएँ लिखनी आरम्भ की, हिन्दी में वह छायावाद का युग था। छायावादी कविताओं में सांस्कृतिक पुनर्जागरण की सर्वव्यापी गूंज की वजह से संस्कृत के तत्सम शब्दों का बाहुल्य था और छायावादी कवियों के बारे में यह प्रसिद्ध था कि वे वाक्य लिखने के बजाय शब्द लिखते थे। सन् 1933 में शमशेर इस प्रकार की पंक्तियाँ लिख रहे थेः आर्य शौर्य धृति, बौद्ध शांति धुति, भवन कला स्मिति, प्राच्य कर्म रति, अमर अमित प्रतिभायुत भारत/चिर रहस्य, चिर ज्ञाता! (मैं भारत गुण-गौरव गाता) काव्य-भाषा का यह रूप शमशेर के उस दौर की प्रायः सभी कविताओं में दिखाई पड़ता है। इस काव्य-भाषा में न सिर्फ संस्कृत की सामासिक शब्दावलियों का प्रयोग हुआ है बल्कि क्रियापदों, विभक्तियों एवं अव्ययों का प्रायः अभाव है, जिससे पूरी की पूरी पंक्ति एक शब्द की तरह दिखाई पड़ती है। इसके

विपरीत उर्दू काव्य-भाषा की प्रकृति है जो अरबी-फारसी बहुल शब्दावली के बावजूद व्याकरणिक गठन एवं मुहावरे में बोलचाल से जुड़ी हुई है। यही वजह है कि इसमें पूरा वाक्य लिखने की परम्परा है। शमशेर उन दिनों गजलों के अलावा ऐसी पंक्तियाँ लिख रहे थे मर्कज-दर्दे-जिगर लौट के फिर आयेगा/वरना मरना ही जिसे होगा.../-देख वो/मर्कजे-दर्दे-जिगर/लौट के फिर लाया हयात/कवी करने जजबात, जिनसे फिर मौत ने मुंह की खायी! (मर्कज) लेकिन जल्द ही इन दोनों काव्य-भाषाओं (हिन्दी-उर्दू) को बरतते हुए शमशेर ने इनकी खूबियों-खामियों को समझा और कालान्तर में इस सृजनात्मक स्तर पर मिलाने की कोशिश की। इस कोशिश की पहली परिणति के रूप में **फिर भी क्यों** (1938) शीर्षक कविता को देखा जा सकता है। कविता का आरम्भिक अंश हैः फिर भी क्यों मुझको तुम अपने बादल में घेरे लेती हो/मैं निगाह बन गया स्वयं/जिसमें तुम आँज गयीं अपना सुर्मयी सांवलापन हो।/तुम छोटा-सा हो ताल, घिरा फैलाव, लहर हलकी-सी, जिसके सीने पर ठहर शाम/कुछ अपना देख रही है उसके अंदर, वह अंधियाला..." इस कविता को पढ़ते हुए हिन्दू-उर्दू काव्य-भाषा और उसकी विशेषताओं की ओर, अलग से ध्यान नहीं जाता, क्योंकि वे अलग हैं नहीं बल्कि एक रासायनिक प्रक्रिया में एक हो गये हैं। यहाँ बगैर हिन्दी की बिम्बधर्मिता को खोये, बगैर अरबी-फारसी बहुल शब्दों के इस्तेमाल के उर्दू की मिठास, उसकी लोच एवं लय को प्राप्त कर लिया गया है। यही वह भाषा है जिससे शमशेर की काव्य-भाषा की पहचान बनी और जिसमें उन्होंने टूटी हुई बिखरी हुई, अमन का राग, आओ, एक नीला दरिया, सौंदर्य, प्रेयसी, जैसी अद्वितीय कृतियों की रचना की।

कविता में शब्द-संवेदना का एक विशिष्ट महत्त्व होता है। कहा भी जाता है कि कविता में पर्यायवाची शब्द नहीं होते। शमशेर की शब्द-साधना प्रसिद्ध हैः वहाँ एक-एक शब्द एक-एक भाव-विश्व की खिड़कियाँ हैं और शब्दों के द्वारे जो ध्वनि-प्रवाह की सृष्टि की गयी है, वह अद्वितीय है। **ये लहरें घेर लेती हैं** की प्रारम्भिक प्रक्तियाँ हैंः ये लहरें.../उभरकर अर्द्ध द्वितीया/टूट जाता है...इस कविता में ध्वनि की छोटी-छोटी इकाईयाँ हैं जो लहरों के लय को मूर्त करती हैं– ये लहरें घेर लेती हैं के बाद इसका आवर्तन इसके अग्रसर होने एवं आरोह अवरोह के लय को संकेतित करता है। फिर उभरकर क्रियापद आरोह के उठान को अर्द्ध तक पहुँचाकर एक गंभीरता प्रदान कर देता है जहाँ से अवरोह में द्वितीया/टूट जाता है एक कारुणिक शिथिलता का बोध लिए है। शब्द का ध्वनि-प्रवाह यहाँ कविता के मूर्ति-विधान में सहायक है। शमशेर पंक्तियों और शब्दों के बीच अन्तराल का भी बहुत ही सार्थक एवं अर्थगर्भी प्रयोग करते हैं। ऊपर उद्धृत कविता के अतिरिक्त

उदाहरण स्वरूप शाम और रातः तीन स्टैंजा के प्रथम अंश को देखेंः तकिये पे/सुर्ख गुलाब मैंने/समझे...दो/सेब मैंने समझे दो.../क्यों ...वो तो....वो तो/दो दिल थे। तीसरी पंक्ति में समझे के बाद लोप चिह्नों का प्रयोग हुआ है जो यह संकेतित करता है कि वह समझना पूरी तौर से नहीं हुआ है बल्कि समझने की प्रक्रिया चल ही रही है... फिर पांचवीं पंक्ति में भी सेब मैंने समझे दो के बाद जो लोप चिह्नों की बिन्दुओं का प्रयोग हुआ है वह भी किसी अंतिम निष्कर्ष पर पहुँच जाने के पहले की अनिश्चितता को संकेतित करता है, जो अगली पंक्ति क्यों के आगे प्रयुक्त प्रश्न-चिन्ह् से प्रमाणित होता है। अगली पंक्ति में वो तो और वो तो के बीच जो अंतराल है वह दो दिल थे जैसे वाक्य कहने के पहले की स्वाभाविक झिझक और हिचकिचाहट को व्यंजित करने के लिए है।

शमशेर कभी-कभी पंक्तियों में दो शब्दों के बीच अंतराल का प्रयोग बलाघात के लिए भी करते हैं जैसेः

चिकनी चांदी सी माटी
वह देह धूप में गीली
लेटी है हंसती-सी।

(चिकनी चांदी सी माटी)

यहाँ दूसरी पंक्ति में कवि *वह देह, धूप में और गीली* को अलग-अलग रेखांकित करना चाहता है इसलिए वह इन तीनों के बीच अंतराल का प्रयोग करता है। कवि इन तीनों पदों को अलग-अलग पंक्तियों में भी लिख सकता था लेकिन उससे देह, धूप और *गीलेपन* के अविच्छिन्न संबंध को उजागर नहीं किया जा सकता था। तीसरी पंक्ति में *लेटी* है के बाद अंतराल का प्रयोग नहीं किया जाता तो जोर *हंसती-सी* पर होता जिससे लेटी है की अर्थछाया पड़ जाती।

शमशेर की काव्य-भाषा पर विचार करते हुए हमारा ध्यान अनिवार्यतः **काव्य-लय** पर चला जाता है।यह तो जानी हुई बात है कि आधुनिक कविता ने छन्द का दामन तो छोड़ा लेकिन लय का नहीं। शमशेर के यहाँ लय के प्रायः तीन प्रकार मिलते हैं– गजलों-रूबाईयों में उर्दू के पारम्परिक बह्र पर आश्रित लय है, लम्बी कविताओं में प्रायः गद्य (बोलचाल और सृजित) की अन्विति को लय का आधार बनाया गया है और छोटी कविताओं एवं गीतों को संगीत की लय में ढालने की चेष्टा नजर आती है।

शमशेर की गजलों-रूबाईयों का लय उर्दू के पारम्परिक बह्र पर आश्रित हैं – बह्रे-हजज, बह्रे-मुतकारिब, बह्रे-रजज, बह्रे-मल, बह्रे-मुजास, बह्रे खफीफ आदि पर।[19] कुछ तत्सम शब्दों के प्रयोग के बावजूद वे शायद ही यहाँ कभी नये रदीफ काफियों को आजमाने की ओर उन्मुख होते हैं। हिन्दी कविताओं में वे जितने

प्रयोगशील हैं अपनी उर्दू कविताओं में उतने ही परम्पराशील।

शमशेर की लम्बी कविताओं में एक ओर जहाँ बोलचाल के गद्य के लय को पकड़ने की कोशिश दिखाई देती है वहीं गद्य की कुछ विशिष्ट भंगिमाओं, मुद्राओं की यति-गति के माध्यम से कुछ अनपहचाने, असामान्य लय की भी खोज की गई है।यहाँ यह रेखांकित करना आवश्यक है कि काव्य में बोलचाल या बातचीत के लय को पकड़ना एक काव्य-युक्ति है – यह स्वयं बातचीत बन जाने की महत्वाकांक्षा से रहित होती है। शमशेर की **राग** शीर्षक कविता का यह अंश द्रष्टव्य है:

उसने मुझसे पूछा, इन शब्दों का क्या
मतलब है? मैंने कहा: शब्द
कहाँ हैं? वह मौन मेरी ओर
देखता चुप रहा। फिर मैंने
श्रमपूर्वक बोलते हुए कहा– कि:
शाम हो गई है।उसने मेरी
आँखों में देखा, और फिर–एकटक देखता
ही रहा।क्यों फिर उसने मेरा संग्रह
अपनी धुँधली गोद में खोला और
मुझसे कुछ भी पूछना भूल गया।
मुझको भी नहीं मालूम, कौन था
वह। केवल वह मुझे याद है।

यह सच है कि बोलचाल की लय में वाक्य-रचना की महत्वपूर्ण भूमिका होती है लेकिन यहाँ यह पंक्तिकरण (लिनिएशन) के माध्यम से जो विन्यास अर्जित किया गया है, वाक्य और पंक्ति के बीच जो अंतराल है वह शब्द की गति की ओर, वक्ता की भाव-दशा की ओर हमारा ध्यान ले जाने के लिए है।हमारा ध्यान वक्ता के संवाद और वक्ता के उसके विवरण के साथ ही साथ वक्ता के चेहरे की रेखाओं और मुद्राओं की ओर भी चला जाता है।हम संवाद और संवाद के विवरण को सुनने के साथ-साथ सुनाने वाले को भी सुनने और देखने लगते हैं और बहुत जल्द जान लेते हैं कि यह संवाद संलाप न होकर आत्मालाप है – ब्रेख्त ने बहुत सही लक्षित किया था कि काव्य में वाक्य की भूमिका यह है कि वह वक्ता की मुद्रा (जेस्ट) को पूरी तरह से रूपायित कर दे।[20]

काव्य-मुद्रा को रूपायित करने में बलाघात एवं स्वराघात की भी बड़ी अहम भूमिका होती है। *उसने मुझसे पूछा, इन शब्दों का क्या मतलब है? मैंने कहा: शब्द कहाँ हैं?* कहने से जो काव्य-मुद्रा बनती है वह *उसने मुझसे पूछा, इन शब्दों का*

क्या/मतलब है? मैंने कहा: शब्द/कहाँ हैं? से बनने वाली मुद्रा से प्रकृतया भिन्न है तो इसका कारण बलाघात है। पहली मुद्रा में जहाँ वक्ता की सपाट व सरल वृत्ति लक्षित होती है वहीं दूसरी मुद्रा सहज ही चिंतनशील जान पड़ती है।यहाँ अज्ञेय की यह स्वीकारोक्ति ध्यान देने योग्य है: "बोल-चाल की भाषा का आधार लेते हुए हम लोगों ने स्वभावतः बलाघात या स्वराघात का महत्व पहचाना जो कि लय का एक आधारभूत तत्त्व है।इस से पहले स्वर अथवा बलाघात की ऐसी चेतना नहीं थी, न शास्त्र में उस का विचार हुआ था।"[21] यह मात्र अज्ञेय की स्वीकारोक्ति न होकर पूरी पीढी की स्वीकारोक्ति कही जायगी।

शमशेर की कुछ कविताओं में लय के लिए संगीत का आधार ग्रहण किया गया है – विशेषकर धरो शिर (41), एक मुद्रा से(41), यादें (43), शाम का आखिरी गाना(46), सावन की उनहार(48)निंदिया सतावे(55), कौन रूप के तन(55), न मिलीं– नजरें(58), ए कौन मधुर छन्द बने, हरि मोरी।आड़ (53 -58) जैसी गीतनुमा छोटी कविताओं में। संगीत-आधारित लय में कवि शब्द की सांगीतिकता (स्वर और व्यंजन) पर न विचार करके संगीत के सुर और ताल पर अपना ध्यान केन्द्रित करता है–दूसरे शब्दों में कहें तो यहाँ शब्द अपनी केन्द्रियता सुर और ताल को चुपचाप सौंप कर उसके पीछे-पीछे चलना स्वीकार कर लेता है।[22] शमशेर के इस गीत को देखें:

सावन की उनहार
आँगन-पार।
मधु बरसे, हुन बरसे,
बरसे – स्वाँति धार।
सावन की उनहार––

यहाँ महत्वपूर्ण यह नहीं है कि उनहार का अर्थ क्या है बल्कि महत्वपूर्ण है आँगन-पार और स्वाँति धार से उसकी तुकांतता एवं परिणामतः सुर के लिए सही सामग्री बन पाने की उसकी क्षमता।यहाँ शब्दार्थ की अकेन्द्रीयता स्पष्ट है। "संस्कृत की सुप्रसिद्ध सूक्ति है **काव्यं गीतेन हन्यते** अर्थात गाना काव्य को नष्ट कर देता है। उर्दू का भी एक चुटीला शेर है : हमने तो ये समझा था कुछ शेर सुनाओगे / तुम गाने लगे गाना लाहौल बिलाकूवत।"[23]

काव्य-शिल्प:प्रतीक योजना

भाषा में प्रतीकों का प्रयोग उतना ही पुराना है जितना कि स्वयं भाषा। आश्चर्य नहीं कि कुछ लोगों ने पूरी भाषा के विकास को प्रतीकों का ही विकास माना है। लेकिन काव्य-भाषा के संदर्भ में जब प्रतीक-योजना की बात होती है तो उसका आकलन

भाषा प्रयोग की एक विशिष्ट विधि के रूप में होता है। काव्य-भाषा की सृजनात्मकता के मूल में सादृश्य-विधान एवं अप्रस्तुत-योजना का प्रमुख स्थान है और सादृश्य-विधान एवं अप्रस्तुत-योजना के मूल में उपमा, रूपक, बिम्ब एवं प्रतीक होता है।

केदारनाथ सिंह के अनुसार "प्रतीक एक प्रकार के रूढ़ उपमान का ही दूसरा नाम है, जब उपमान स्वतंत्र न रहकर पदार्थ विशेष के लिए रूढ़ हो जाता है तो वह प्रतीक बन जाता है। इस प्रकार प्रत्येक प्रतीक अपने मूल रूप में उपमान होता है, धीरे-धीरे उसका बिम्ब रूप या चित्र-रूप संचरणशील न रहकर स्थिर या अचल हो जाता है। अतः प्रतीक एक प्रकार का अचल बिम्ब है जिसके आयाम सिमटकर अपने भीतर बंद हो जाते हैं।[24] शमशेर के अधिकांश प्रतीक अन्य काव्य-प्रतीकों की तरह प्रकृति से ही लिए गए हैं। सूर्य, चांद, सागर, लहरें, मछलियाँ, फूल, तारा, बादल, उषा, धूप, शाम, गुलाब, दरिया, सांप, कैक्टस, आदि प्रतीकों का शमशेर ने अपने काव्य में पारम्परिक एवं वैयक्तिक दोनों ही रूपों में प्रयोग किया है। महादेवी वर्मा बादल का प्रतीक स्नेह को व्यंजित करने के लिए लाती हैं और सूर्यकान्त त्रिपाठी निराला इसे क्रांति या परिवर्तन के संवाहक का प्रतीक बना देते हैं। शमशेर बादल का इन दोनों ही रूपों में प्रतीकवत प्रयोग करते हैं: *फिर भी क्यों मुझको तुम अपने बादल में घेरे लेती हो* (फिर भी क्यों) या *मौन राग ही अंतिम लय है/दुनियाओं का-यह विश्वास/खींच रहे हैं गहरे बादल/धीरे-धीरे मेरे उर में* (मौन राग ही) यहाँ बादल स्नेह का प्रतीक है। लेकिन बादल का क्रांति या विप्लव के प्रतीक रूप में प्रयोग इन पंक्तियों में दृष्टव्य है: *आयेंगे ऐसे अधिकारी भी/विप्लव व्यापारी भी/ओ मेरे भोले बादल/दिखलायेगा तब तू अपना असली रूप/प्यासे कवि मन के अनुरूप।* (दुःख नहीं मिटा)

इसी प्रकार का एक अन्य प्रतीक सूर्य है जिसका प्रयोग शमशेर ने भिन्न-भिन्न अर्थों के लिए किया है। योग शीर्षक कविता में सूर्य जागरण का प्रतीक है: **सूर्य मेरी पुतलियों में स्नान करता** वैसे सूर्य ज्ञान का पारम्परिक प्रतीक माना जाता है इसलिए यहाँ इस अर्थ में प्रयुक्त यह प्रतीक शमशेर का वैयक्तिक प्रतीक कहा जायेगा। एक अन्य कविता में सार्थक कर्म के प्रतीक के रूप में सूर्य का प्रयोग शमशेर करते हैः *ओ हमारे सांस के सूर्य/सांस की गंगा/अनवरत बह रही है/तुम कहाँ डूबे हुए हो।* (रात्रि) सांस यहाँ जीवन का प्रतीक है। कवि कहना चाहता है कि जीवन तो अनवरत चल रहा है लेकिन जीवन में सार्थक कर्म की कमी है। *निराला के प्रति* शीर्षक कविता में शमशेर निराला को *ऋतुओं के विहंसते* सूर्य कहकर सम्बोधित करते हैं। यहाँ सूर्य जीवन-शक्ति का प्रतीक हैं। एक अन्य कविता में शमशेर कहते हैं: *सूरज/उगाया जाता/फूलों में: / यदि हम/एक साथ/हंस पड़ते।* (सूरज उगाया जाता) यहाँ सूरज

उल्लास का प्रतीक है। इस प्रकार शमशेर एक ही प्रतीक को भिन्न-भिन्न संदर्भों में प्रयुक्त कर वैयक्तिक रूप से अलग-अलग अर्थ सम्प्रेषित करते हैं। इसी प्रकार मौन शब्द शमशेर के यहाँ कभी गहरी उदासी जन्य विवशता तो कभी आंतरिक संघर्ष के पश्चात विवश संतुलन को प्रतीकित करते हैं।

हृदय के भाव के लिए लहर एक पारम्परिक प्रतीक है, जिसका प्रयोग शमशेर भी उसी रूप में करते हैं : *उठती हैं मतवाली लहरें/काली/क्या जानूं मैं क्या कहती हैं/क्यों मुझको घेरे रहती हैं/ये मतवाली लहरें काली-काली।* (उठती हैं मतवाली) या **ये लहरें घेर लेती हैं** की लहरें। चांद सौंदर्य का एक पारम्परिक प्रतीक है और शमशेर भी उसको उसी रूप में बरतते हैं: *वह जो तुम्हारे हृदय में बज रहा है/मैं* उस साज में एक चांद/देखता हूँ। (सौंदर्य) सौंदर्य का ही प्रतीक गुलाब शमशेर की कई कविताओं में अपने कई रंगों के साथ मौजूद है। सूर्ख, कत्थई, पीले, लाल एवं रस-भीने गुलाबों की पूरी दुनिया है जो सौंदर्य के बहुवर्णी संसार को प्रतीकित करती है। वैसे कहीं-कहीं गुलाब यौन-प्रतीक भी बनकर आया है जैसे *शाम और रातः* तीन स्टैंजा शीर्षक कविता में।

शमशेर ने सागर के प्रतीक का पारम्परिक अर्थ में- विराटता एवं जीवन की विराटता के रूप में ही किया है:

वह सागर
उठ्ठा जो, उठा, और-और-और
पाने मुझे

(वह सागर)

या फिर
तू किस
गहरे सागर के नीचे
के गहरे सागरके नीचे का
गहरा सागर होकर
भिंच गया है।

(सारनाथ की एक शाम)

इसी प्रकार लौट आ ओ धार पूरी कविता ही अपनी प्रतीकात्मकता के लिए उल्लेखनीय है:

लौट आ ओ धार
टूट मत ओ सांझ के पत्थर हृदय पर

यहाँ धा समय का एवं सांझ खोये हुए उजाले यानी अतीत का प्रतीक है। काव्य-नायक स य की धार को सांझ यानी अतीत के पत्थर हृदय पर टूटने के बजाये लौट आने का आग्रह करता है क्योंकि उसे अतीत के अटल व पत्थर होने का एहसास है और यह अनुभूति स्वयं समय का है। आगे काव्य-नायक स्वयं घोषणा करता है:

मैं समय की एक लम्बी आह
मौन लंबी आह

अर्थात जो हो चुका है उसे समय भी-नहीं बदल सकता- यह अनुभूति, यह विवशता की अनुभूति समय के मुंह से आह निकाल देती है और काव्य-नायक इसी *आह* की निर्मिति है। अपने अस्तित्व का, अपने होने का यह ट्रेजिक बोध जितना मर्मातक है, काव्य-नायक के विनती के स्वर में उतना ही गीलापन:

लौट आ, ओ फूल की पंखड़ी
फिर
फूल में लग जा
चूमता है धूल का फूल
कोई, हाय!

फूल आकांक्षा का, संभावनाओं का प्रतीक है। धूल धूसरित स्वप्न या आकांक्षाओं को चूमता काव्य-नायक बिखरी पंखुड़ियों को फिर से फूल में लग जाने की विनती करता है। यह निरन्तर अग्रसरित समय के तीर को पीछे लौटा लाने की आकांक्षा पूरी कविता को एक कारुणिक वलय से ढक लेती है, जिसे कविता का अंतिम शब्द हाय पूरी अर्थवत्ता से व्यंजित करता है। कविता का छंद बोलचाल की लय पर आधारित है और कथ्य के अनुरूप जिसे विलम्बित बना कर रखा गया है। इसे चाहकर भी आप तेज-तेज नहीं पढ़ सकते। कविता की कथन भंगिमा ही ऐसी है कि वह आपको ठहर-ठहर कर, रुक-रुक कर, बलाघात एवं श्रुतिसाम्यता को ध्यान में रखकर आगे बढ़ना होता है। कविता का लय एक उदास आदमी के स्वर को रूपायित करता है– एक ऐसे व्यक्ति का स्वर जो असंभव की प्रार्थना करता है, यह जानते हुए भी कि यह संभव नहीं है।

दस पंक्तियों की यह कविता *लौट आ, ओ धार,* एक प्रार्थना है– जीवन में जो घट चुका है, जो हो चुका है उसे अघटित, उसे अनहुआ कर देने की प्रार्थना। काव्य-नायक का समय को लौट आने की गुहार लगाना मनुष्य की आदिम आकांक्षाओं में से एक है। यह कविता अपनी प्रतीक-योजना के लिए हिन्दी कविता में विशिष्ट मानी जाती है।

इसके अतिरिक्त भी शमशेर ने कई प्रतीकों को परम्परागत रूप में प्रयुक्त किया है जैसे उषा (आनन्द), भौंरा (प्रेमी), शाहजहाँ (उदात्त प्रेमी), शाम (नश्वरता, दुख), सांप (विकार), नाव (जीवन), पाल (जीवन का आधार), सींग और नाखून (बनैलापन) इत्यादि।

शमशेर की प्रतीक-योजना की एक विशेषता यह भी है कि शब्द पंक्ति या एक बन्द के बदले पूरी कविता की घटना या प्रसंग को प्रतीकवादियों की तरह एक प्रतीक में बदल देते हैं। उदाहरण के रूप में *बंधा होता भी, रात्रि, असम्भव* शीर्षक कविताएँ देखी जा सकती हैं।

काव्य-शिल्पःबिम्ब-विधान

किसी कलाकृति के सम्प्रेषण में और बोलचाल के सम्प्रेषण में फर्क होता है और यह फर्क मूलतः बिम्ब-विधान की वजह से होता है। जहाँ बोलचाल के सम्प्रेषण में जोर अर्थग्रहण पर होता है, वहाँ कलाकृति मूलतः बिम्बों के द्वारा सम्प्रेषित होती है। आचार्य रामचन्द्र शुक्ल ने उदाहरण दिया हैः किसी ने कहा कमल अब इस कमल पद का ग्रहण कोई इस प्रकार भी कर सकता है कि ललाई लिए हुए सफेद पंखुड़ियों और नाल आदि के सहित एक फूल का चित्र अन्तःकरण में थोड़ी देर के लिए उपस्थित हो जाय, और इस प्रकार भी कर सकता है कि चित्र उपस्थित न होकर केवल पद का अर्थमात्र समझकर काम चलाया जाए। व्यवहार में तथा शास्त्रों में इसी दूसरे प्रकार के संकेतग्रहण से काम चलता है। वहाँ एक-एक पद के वाच्यार्थ के रूप पर अड़ते-चलने की फुरसत नहीं रहती। पर वाक्य के दृश्य-चित्रण में संकेतग्रहण पहले प्रकार का होता है। उसमें कवि का लक्ष्य बिम्ब ग्रहण कराने का रहता है, केवल अर्थग्रहण कराने का नहीं।[25] कवि का लक्ष्य बिन्दु ग्रहण कराना इसलिए भी होता है क्योंकि बिम्ब यथार्थ की बहुवर्णी छायाओं को जीवित रूप में सम्प्रेषित करने की क्षमता रखता है।

हिन्दी के प्रायः सभी आलोचकों ने शमशेर को बिम्बों का कवि माना है लेकिन शमशेर की कविताओं में बिम्बों की भूमिका हर जगह एक जैसी नहीं है। कहीं पूरी कविता को ही एक बिम्ब में ढाला गया है तो कहीं एक कविता में ही कई बिम्बों की योजना की गई है और जैसे मोतियों को धागों में पिरोकर एक माला तैयार की जाती है, कई बिम्बों को कविता के कथानक में पिरोकर एक बिम्ब माला का निर्माण किया गया है- विशेषकर यह पद्धति शमशेर अपनी लम्बी कविताओं में प्रयोग करते हैं। शमशेर की कुछ ऐसी भी कविताएँ हैं जिसमें दो या तीन बिम्ब हैं और बाकी सामान्य भाषा में चित्रण है लेकिन कविता में ये बिम्ब अपनी आंतरिक भास्वरता

से सामान्य भाषा को भी आलोकित किये चलते हैं।

शमशेर की आरम्भ से ही ऐसी कविताएँ मिलती हैं जो आकार में छोटी हैं और बिम्बधर्मी हैं। सुबह कविता तीन पंक्तियों की हैः *जो सिकुड़ा हुआ बैठा था, वो पत्थर/सजग सा होकर पसरने लगा/आप से आप।* इसी प्रकार घिरते आकाश को, सूना-सूना पथ है उदास झरना, चिकनी चांदी सी माटी जैसी कविताओं में बिम्ब का वही अर्थ-संश्लेष है जिसका आदर्श जापानी हाइकू माना जाता है।

शमशेर ने अपनी कुछ लम्बी कविताओं में कथानक में पिरोयी बिम्ब मालाओं वाली पद्धति का प्रयोग किया है। ऐसी कविताओं में कई बिम्ब होने के बावजूद भावान्विति खण्डित नहीं हुई— इसका श्रेष्ठ उदाहरण उनकी *टूटी हुई बिखरी* हुई कविता है। यह कविता एक कवि की प्रेम कविता है। काव्य-नायक कवि है जो अपनी कविता के बारे में अपने विचार से कविता का आरम्भ करता हैः *टूटी हुई बिखरी हुई चाय / की दली हुई पांव के नीचे/पत्तियाँ/मेरी कविता* अपनी कविता के लिए कवि यहाँ टूटी हुई बिखरी हुई, पांव के नीचे दली चाय की पत्तियों का एक अछूता उपमान लाता है। उपमान को प्रायः उपमेय को मूर्त करने का साधन माना जाता है लेकिन यहाँ यह अमूर्तता का स्त्रोत है। चाय की पत्तियों के प्रकमण (प्रोसेसिंग) को ध्यान में रखा जाय तो पांव के नीचे दली पत्तियाँ प्रायः दोयम दर्जे की मानी जाती है, बावजूद इसके यह पीने वालों को तरोताजा कर देने की क्षमता रखती है। कवि अपनी कविता को ऐसी ही मानता है!

कविता के बाद, काव्य-नायक अपनी खाल का बखान करता है। इसके लिए भी वह एक आश्चर्यजनक बिम्ब लाता है— झड़े हुए बाल, जो मैल से रूखे होकर गिर गये हैं लेकिन गर्दन से फिर भी चिपके हुए हैं: ऐसी मेरी खाल संकेत यह है कि खाल काया से अलग है, मिट्टी में मिली सी है यानी चुस्त नहीं है।

अगले बंद में काव्य-नायक के आंखों के सूनेपन का बिम्ब है। सूनापन कैसा तो खाली फटे बोरे का रफू किया जा रहा है वैसा अर्थात जिस प्रकार मरम्मत के बाद बोरे को भरकर उपयोग में लाया जा सकेगा उसी प्रकार उसकी आंखें अभी तो सूनी हैं लेकिन उसमें किसी के बस पाने की संभावना का संकेत भी है।

अगली पंक्ति में काव्य-नायक ठंड को अपनी दोस्त बताता है, जो एक मुस्कुराहट लिए हुए है लेकिन उसमें उष्मा नहीं आ सकती, तात्पर्य यह कि एक अजीब सी वीतराग-सी मनःस्थिति में वह जी रहा है। यहाँ तक कि कबूतरों की गुनगुनाई हुई गजल को भी वह समझ नहीं पाया है क्योंकि समझने के लिए जो वस्तुनिष्ठता चाहिए वह गजल के मीठेपन, हल्केपन और उसके खफीफ होने ने हर लिया था। आसमान में गंगा की रेत आईने की तरह हिल रही है— यह बादल का

एक अप्रतिम बिंब है। काव्य-नायक उसी में कीचड़ की तरह सो रहा है, यानी बादलों के साये में ही उसका निवास है और रेत-कण की तरह चमक रहा है— न जाने कहाँ। मेरी बाँसुरी है एक नाव की पतवार— जिसके स्वर गीले हो गये हैं। काव्य नायक कहता है मेरा हृदय कर रहा है छप छप छप यानी इस ध्वनि-बिम्ब में हृदय नदी है और बाँसुरी नाव की पतवार है। कहने का तात्पर्य यह कि काव्य-नायक एक ऐसी कैफियत से गुजर रहा है जहाँ गीले स्वरों की प्रधानता है यानी दुख के अनुभव से गुजर रहा है। आगे की पंक्तियों से स्पष्ट होता है कि यह दुख प्रेमजन्य है। वह पैदा हुआ है से लेकर चिकोटियों में बड़ा प्रेम है में इसी का स्पष्टीकरण है। आगे प्रेमिका के साथ काव्य-नायक के कुछ आंगिक बिंब हैं: वह मुझ पर हंस रही है से लेकर फौव्वारे की तरह नाचो तक उद्दाम शारीरिकता के ऐसे बिंब हिंदी कविता में नितान्त दुर्लभ हैं। यहाँ मूर्त्तता को अमूर्त्तता और मूर्त्त करती है। आगे के दो बंद में काव्य-नायक अपने प्रेम की अवधारणा को स्पष्ट करता है और जिसका सूत्रीकरण इन पंक्तियों में हुआ है: *हाँ! तुम मुझसे प्रेम करो जैसे मछलियाँ लहरों से करती हैं। जिनमें वह फंसने नहीं आतीं/जैसे हवाएँ मेरे सीने से करती हैं/जिसको वह गहराई तक दबा नहीं पाती/तुम मुझसे प्रेम करो जैसे मैं तुमसे करता हूँ।*

यह आधुनिक प्रेम का घोषणा पत्र है— यहाँ किसी भी प्रकार के मालिकाना हक या इदंममत्व (पजेसिबनेस) का घोर विरोध है। यह सच्चे अर्थों में, एक उन्मुक्त लोकतांत्रिक प्रेम की मांग एवं चाह है। यह एक आदर्श भी है और काव्य-नायक इसे ही अपनी जिंदगी समझता है। इसकी घोषणा वह बेहद भास्वर एवं नाटकीय अंदाज में करता है: *आईनों, रोशनाई में घुल जाओ और आसमान में/मुझे लिखो और मुझे पढ़ो/आईनों, मुस्कराओं और मुझे मार डालो। आईनों, मैं तुम्हारी जिंदगी हूँ।* आईना फारसी का शब्द है जिसका एक अर्थ आदर्श होता है, काव्य-नायक इसे प्रकाश (रोशनाई) में घुलकर आसमान में मुझे लिखो और मुझे पढ़ों की मांग करता है अर्थात दिग-दिगन्त में मेरे आदर्श को घोषित कर दो। वह अपने आदर्श के लिए मर मिटने के लिए भी तैयार है, क्योंकि आदर्श ही उसकी जिंदगी है। काव्य-नायक का आदर्श के प्रति इस प्रतिबद्धता की पृष्ठभूमि में ही आगे के बारह बंद का औचित्य प्रमाणित होता है। एक फूल उषा की *खिलखिलाहट पहनकर से लेकर मैं तो जैसे इसी शरीर से अमर हूँ— तुम्हारी बरकत* तक काव्य-नायक अपनी प्रेम-कहानी कुछ बिम्बों कुछ प्रतीकों तथा कुछ संकेतों में प्रस्तुत करता है। कहानी मुख्तसर यह कि नायिका जो काव्य-नायक से एक फूल की तरह लिपटी थी एक जिंदा इत्रपाश बनकर बरस पड़ी थी, वह उसके याददाशत को कुछ वर्षों बाद गुनाहगार बनाकर और उसका सूद बहुत बढ़ाकर वसूल किया। संकेत यह है कि काव्य-नायक जिस प्रेम के आदर्श

को जीवन-मरण का प्रश्न समझता था वह नायिका के लिए एक खुला फटा हुआ लिफाफा के अलावे कुछ नहीं था। इस पूरे प्रसंग पर, कविता के अंतिम दो बंद में काव्य-नायक अपनी विशेष सांकेतिक शैली में यह टिप्पणी करता हैः

बहुत-से तीर बहुत-सी नावें, बहुत से पर इधर
उड़ते हुए आए घूमते हुए गुजर गए
मुझको लिए, सबके सब। तुमने समझा
कि उनमें तुम थे। नहीं, नहीं, नहीं।
उनमें कोई न था।
सिर्फ बीती हुई
अनहोनी और होनी की उदास
रंगीनियाँ थी। फकत।

तीर, नावें और पर को क्रमशः जख्म, संतरण एवं उड़ान का प्रतीक माना जा सकता है और काव्य-नायक इन तीनों ही अनुभवों के लिए नायिका को श्रेय नहीं देता और न ही उसे इसके लिए जिम्मेवार मानता है , वह तो एक प्रकार की भवितव्यता (होनी) और अनहोनी को कारण मानता है। होनी और अनहोनी की उदास रंगीनियाँ प्रेम की ही नहीं जीवन के ट्रेजिक बोध की अभिव्यंजनाएँ हैं।

यह कविता अपनी संवेदना के लिए जितनी उल्लेखनीय है, उतनी ही अपने शिल्प के लिए। काव्य-नायक चूंकि कवि है इसलिए बोलचाल के लय को भी इतना परिष्कृत कर दिया गया है कि सूक्ष्म से सूक्ष्म मनोभावों के एक-एक रेशे को स्पंदित होते देखा जा सकता है। इस कविता की एक विशेषता यह भी है कि बिना हिन्दी काव्य-भाषा की बिंबधर्मिता खोये उर्दू काव्य-भाषा की रवानगी इसमें उपलब्ध कर ली गयी है। बिंब और प्रतीक का जैसा संयोजन इस कविता में हुआ है वह हिन्दी कविता की एक उपलब्धि है। बिंब को कथात्मक सूत्र में पिरोना एक मुश्किल कला है क्योंकि बिम्ब अपनी प्रकृति में स्थिर, गतिहीन होता है जबकि कथात्मकता निरन्तर गति की मांग करता है— इन दोनों को संयोजित करने की कला का ही नाम फिल्म में सम्पादन (एडिटिंग) है और यह एक आश्चर्य है कि इस कविता में इस कला की बड़ी बारीक पकड़ दिखाई पड़ती है। यहाँ सी. डी. लीविस का यह कहना याद आता है कि एक कविता में बिम्ब मालाएँ भिन्न-भिन्न कोनों में रखे आइनों की श्रृंखलाओं की तरह होती हैं और जैसे ही कथानक बढ़ता है ये उसके विभिन्न पहलुओं को कई कोणों से प्रतिबिम्बित करना शुरू कर देती हैं। लेकिन ये आइने जादुई होते हैं, ये सिर्फ कथानक को ही बिम्बित नहीं करते बल्कि उन्हें रूप और जीवन भी प्रदान करते हैं।[26]शमशेर अपनी लम्बी कविताओं में प्रायः बिम्बों को

काव्य-संरचना में कुछ यूँ गूँथते हैं कि पाठक के मन में वह खास संवेग उत्पन्न होता है जिसे इलियट **संरचनागत संवेग** कहते थे क्योंकि ऐसी कविताओं में रोमैंटिक कविताओं की तरह पूर्वनिर्धारित संवेगों को पाठ में ऊपर से थोपा नहीं जाता था बल्कि ये संवेग खुद पाठ से उसकी संरचना से निःसृत होते हैं।[27] अतीत-मोह पर निराला की *यमुना के प्रति* और पंत की *स्वप्न* कविता के सामने शमशेर की *लौट आ ओ धार* कविता को रखकर देखें तो रोमैंटिक कविता और आधुनिक कविता का फर्क स्पष्ट हो जाएगा। रोमैंटिक काव्य-भाषा को एजरा पाउंड **भावुक फिसलन**[28] कहते थे और इससे बचने के लिए संरचनागत संवेग एक कारगर उपाय था। लेकिन यह लम्बी कविताओं के लिए उतना कारगर नहीं था जितना कि छोटी कविताओं के लिए। यही वजह है कि पाउन्ड ने अपनी पुस्तक ए.बी.सी.आफ रीडिंग में चित्राक्षर विधि की अवधारणा प्रस्तुत की जो बिम्ब की अवधारणा को और अधिक विकसित करती है। चित्राक्षर विधि की अवधारणा मूलतः अर्नेस्ट फेनोलेसा की थी लेकिन जो अपने प्रसिद्ध लेख *ऐसे आन द चायनीज रिटन करेक्टर* को प्रकाशित करने के पहले ही दिवंगत हो गये। 1913 में जब फेनोलेसा की विधवा ने पाउंड को अपना साहित्यिक सलाहकार बनाया तब पहली बार पाउंड को फेनोलेसा की पांडुलिपि देखते हुए यह महसूस किया इससे बिम्ब की अवधारणा को और विकसित किया जा सकता है। ए.बी.सी आफ रीडिंग में पाउंड ने लिखा कि चीनी चित्राक्षर ध्वनि का चित्र होने की कोशिश नहीं करती है न ध्वनि संकेतित कोई लिखित चिह्न बनने की कोशिश करती है बल्कि यह अब भी एक वस्तु की तस्वीर है– कई वस्तुओं की दी हुई स्थितियाँ, संदर्भ या समुच्चय की ही तस्वीर है।[29] आगे उन्होंने लिखा है कि अगर किसी चीनी को लाल रंग अभिव्यक्त करना हो तो वह कुछ ऐसी चीजों का संक्षिप्त चित्र बनाएगा जिसमें लाल रंग सामान्य हो– जैसे गुलाब, चेरी या ऐसी ही कुछ और दो-तीन चीजें। यह काम बहुत कुछ ऐसा है जैसे एक सामान्य वक्तव्य प्रतिपादित करने के लिए कोई वैज्ञानिक हजारों स्लाइडों में कुछ ऐसे स्लाइडों को चुनता है जो उसके पक्ष को सिद्ध करने के अलावा सभी पक्ष के लिए भी सर्वमान्य ठहरे। यह विधि फेनोलेसा और पाउंड को वैज्ञानिक और काव्यात्मक दोनों लगती थी, क्योंकि एक तो यह दार्शनिक अमूर्तताओं को नष्ट करता था तथा दूसरे यह व्यक्तिगत उदाहरणों को तरजीह देने वाला था। इस विधि से पाउंड ने अपने बिम्ब की अवधारणा को विकसित एवं परिवर्द्धित किया। पहले जहाँ एक बिंब एक ही पंक्ति में खत्म हो जाता था अब इस विधि से संभव था कि लंबी कविताएँ भी बिम्बवादी अवधारणा से लिखी जा सकें। खुद पाउंड ने अपने कैंटो में इसका सफल प्रयोग किया।

शमशेर की बहुत सारी ऐसी कविताएँ भी हैं जिनमें कुछ बिम्ब सामान्य वर्णन की भाषा के बीच नियोजित किये गये हैं जैसे सावन, सौंदर्य, कत्थई गुलाब, रोम सागर के बीचोंबीच, दो मोती कि दो चन्द्रमा होते, माडल और आर्टिस्ट।

शमशेर ने प्रकृति के कुछ बेहद ऐन्द्रिय अछूते चाक्षुष बिम्ब निर्मित किये, जो हिन्दी कविता की एक उपलब्धि है। उषा का यह बिम्ब देखें: *प्रात नभ था बहुत नीला शंख जैसे/भोर का नभ/राख से लीपा हुआ चौका/*(अभी गीला पड़ा है)/ *बहुत काली सिल जरा-से लाल केसर से/कि जैसे धुल गयी हो/स्लेट पर या लाल खड़िया चाक/मल दी हो किसी ने/नील जल में या किसी की/गौर झिलमिल देह/जैसे हिल रही हो।* (उषा)

उषा के विभिन्न रंगों की छायाओं को कवि ने जैसे चित्रकार की तूलिका से पकड़ा है। सुबह को नीला शंख कहने के पीछे सिर्फ रंगों का ही साम्य नहीं है बल्कि मांगल्य एवं ताजेपन की भी व्यंजना है। राख से लीपा हुआ गीला चौका सुबह के आकाश की निरभ्रता के साथ-साथ स्वस्तिवाचकता को भी सामने लाता है। फिर सूर्योदय के पहले की लालिमा को कवि ने *स्लेट पर लाल खड़िया मल दिया हो या गहरी काली सिल पर लाल केसर घुल गया हो,* के बिम्ब से लालिमा के सभी सम्भाव्य वर्णों को मूर्त कर दिया है। सूर्य के पूरब दिशा में उदित होने को जैसे *आकाश के नीले जल में किसी की गौर झिलमिल देह हिल रही हो* के बिम्ब से कवि पूर्णतया उजागर करने में सफल हुआ है।

प्रकृति की तरह नारी देह के भी कई ऐन्द्रिय एवं मांसल बिम्ब शमशेर की कविताओं में बिखरे पड़े हैं। वह सलोना जिस्म का यह बिम्ब द्रष्टव्य है: *उसकी अधखुली अंगड़ाइयाँ हैं/कमल के लिपटे हुए दल/कसे भीनी गंध में बेहोश भौरे को। या प्रेयसी का यह रूप: यह पूरा/कोमल कांसे में ढला/गोलाइयों का आईना/मेरे सीने से कसकर भी/आजाद है।''*

इन बिम्बों में वस्तुगत मूर्त की अप्रस्तुत से तुलना की गई है जिससे एक ओर स्थूलता का निषेध संभव हुआ और दूसरी ओर सौंदर्य का सामान्यीकरण करने के बजाय एक अत्यंत निजी एवं विशिष्ट रूप खड़ा हो सका। मलयज का यह कहना सही है कि शमशेर के बिम्बों की एक विशेषता यह है कि वे चाहे किसी विचार-स्थल पर आघात न करते हों वे अनुभूति के मांसल रूप-चित्र होते हैं। यह मांसलता अवश्य ही स्थूलता से भिन्न होती है इसलिए यद्यपि उनके बिम्बों की केन्द्रीय प्रवृत्ति अमूर्तन की ओर है वे अनुभूति का सामान्यीकरण नहीं करते वरन इससे उनमें एक प्रकार की सार्वभौमता आ जाती है।[30] बिना अनुभूति का सामान्यीकरण किये सार्वभौमता ले आना ही शमशेर के बिम्बों की एक महत्त्वपूर्ण उपलब्धि है।

संरचना और शैली

शमशेर की कविताओं की संरचना दो प्रकार की है– उनकी अधिकांश लम्बी कविताओं की संरचना ***टूटी हुई बिखरी हुई*** है जबकि छोटे या मँझोले आकार की उनकी कविताएँ सुगठित संरचना वाली हैं। लम्बी कविताएँ प्रायः **मुक्त आसंग एवं चेतना-प्रवाह** शैली में लिखी गई हैं, जबकि छोटी कविताओं की शैली **बिम्बात्मक** कही जा सकती है। मुक्त-आसंग पद्धति में किसी वस्तु के सर्वांग-संपूर्ण चित्रण के लिए भिन्न-भिन्न एवं ऊपरी तौर से असम्बद्ध वस्तु एवं स्थितियों को सामने लाया जाता है। इसी प्रकार चेतना प्रवाह शैली में चरित्र के मानस में प्रवाहमान वाह्यतः अतर्कपूर्ण और खण्डित स्मृति-बिम्बों का अंकन होता है।

संरचना की दृष्टि से अगर कविता **बाढ़ 1948** को देखें तो इसकी शुरूआत कोष्ठक में इस आत्म-कथन से होता है : [डायरी एक ऐसी चीज, जिसे आप एक्सपैक्ट करते हैं मुझसे लिखने के लिए, मगर जिसे कोंटेनेंस करने के लिए आप तैयार नहीं – मैं लिख रहा / हूँ– लिख रहा हूँ – / क्योंकि वह चीज खुद मैं भी, मैं खुद भी लिखना चाहता हूँ : और / बिलाशुबह वह तो मेरा कोंटेनेंस है ही– मेरा चेहरा, मेरी रूह, हाँ, मेरी/ रूह।] शमशेर के यहाँ कोष्ठकों का प्रयोग तर्कपूर्ण चेतन के साथ-साथ अतर्कपूर्ण अवचेतन को या चेतना के दूसरे प्रसंगहीन आयाम को एक ही प्रवाह में बहते हुए दिखलाने के लिए हुआ है। कविता की चेतन शुरूआत होती हैः "मिसेज 'अश्क'जो दरिया के सफेद-मक्खनी उफान में / एक औरत का दिल लेकर, आसमान की आँखों में बैठ/ जाना चाहती हैं..." *अश्क*-परिवार के इस घरेलू दृश्य में पति, पत्नी और उनका वह बच्चा है– जो अज्ञेय को *मेरी जान* कहता है और जिसके लिए वह अपनी माँ से डाँट खाता है फिर वह प्रसिद्ध पंक्ति आती हैः "मैं उर्दू और हिन्दी का दोआब हूँ।/ मैं वह आईना हूँ, जिसमें आप हैं।" और तब गंगा जमना में आने वाली बाढ़ का वर्णन किया गया है : उर्दू-हिन्दी के दोआब के बाद गंगा-जमना की बाढ़ का चित्रण, कुल उन्नीस पंक्तियों में ! फिर "नेमि--/रेखा/'इप्टा/नाटक.../जीवन-लेखा/आज का उपहास्य/भूख का आलोच्य/आर्ट/तुम कल्पना के पुतले/ नहीं हो/तुम कम्युनिस्ट पार्टी की 'मशीन'/नहीं हो" के साथ कल्चर की व्याख्या : "कल्चर/न तुम हो/न मैं/न वात्स्यायन/न कृशनचन्दर/न नेमिचन्द्र/न डाक्टर दास /न 14 हेस्टिंग्स रोड का बैरा खानसामा-माली .../– कल्चर यह जीवन नहीं हैः कल्चर एक भावना है" की उदघोषना के साथ "...बाढ़ /'संस्कृति'की भी आई हुई है" का बखान : "जैनेंन्द्र कुमार जी कलकत्ते और/बिहार और दिल्ली से/समाचार लाए हैं/कि परीशान हैं लोग संस्कृति से/समाजवादी अलग और कलावादी अलग/और जैनेंन्द्र जी भी अलग, उनके मारे" फिर महादेवी

वर्मा, कौशल्या अश्क, फिलासफी में रिसर्च करने वाले विवेक, डा दास से कुछ 'अवांतर' प्रश्न पूछे गये हैं : "इलाहाबाद, संगम--/क्या सागर-संगम /शांति-निकेतन का भावुक पावन-संगम नहीं? /सन् 48 में/" आगे कविता में काव्य-नायक अपने भाई का जिक्र करता है जो मुरादाबाद के एक गाँव में रहता है लेकिन "उसको चना नहीं चाहिए , /उसको मेरा सफर चाहिए ट्रेन में वहाँ तक..." आगे काव्य-नायक की घोषणा हैः "मुझको चना नहीं चाहिए, महादेवी जी, /हालाँकि उसी पर मेरा भी गुजारा है" और फिर यह रैटोरिकः "मैं सरकार की दुहाई नहीं देता, /जनता का अपने हृदय में ध्यान धरता हूँ/जनार्दन की तरह, / कि वही इंकलाब का वरदान देने वाली है।-- वही चने की बोरियों पर बैठेगी.../संस्कृति और कल्चर के गेहूँ के एक-एक दाने पे.../-- पकाकर...आटा करके-- / और जो हमारी जिन्दगी में हजूम भी होगा/ ईमानदारी की कमाई की तरह-- 'शाश्वत कला' / गहरे भाव की तरह, देवताओं के सुषुप्त मन में।" अगले बन्द में इस शाश्वत कला का भाष्य प्रस्तुत किया गया है : "वह 'शाश्वत कला' जो ध्गाँव की बहू-बेटी की हथेली की मेंहदी है, /वह गहरा भाव-- / जो पुरखों के बनाए कुएँ का कभी न चुकनेवाला/ मीठा पानी है, ...जो उनके देश का जनतंत्र जीवन है" और अंत में काव्य-नायक का यह उद्घोष आता हैः "वह जीवन मैं हूँ, शमशेर, मैं /आज निरीह/कल/फतहयाब, / निश्चित!"

स्पष्ट है कि कविता की संरचना पारम्परिक रूप से सुगठित नहीं है-- यह कई छोटे-छोटे बेतरतीब टुकड़ों का ऐसा असम्बद्ध संयोजन जान पड़ता है जिसमें किसी तार्किक या संकल्पनात्मक सुसंगतता का नितांत अभाव है। प्रकटतः कई देश और काल में एकसाथ विचरण करने वाली चेतना की गतिविधियों को मुक्त आसंग एवं चेतना-प्रवाह की शैली समक्षणिकता (सिमलटिनेटि) के सहारे पकड़ना चाहती है-- यह प्रविधि नैरेटिव की प्रविधि के ठीक विपरीत है : जहाँ नैरेटिव में एक के बाद दूसरे के बाद तीसरे को गूँथा जाता है; समक्षणिकता में एक के बाद नहीं बल्कि एक के साथ दूसरे के साथ तीसरे को नियोजित किया जाता है। पश्चिमी चित्रकला में घनवादियों की भी यही तकनीक थी जिसका असर पश्चिमी आधुनिक कविता-- विशेषकर मैक्स जैकब (1876-1944), अपोलोनेयर (1880-1918), एजरा पाउंड (1885-1972), जार्ज ट्रेकल (1887-1914), पियरे रेवर्डी(1889-1960), की कविताओं --पर देखा जा सकता है। थियो हर्मंस ने इन कवियों पर विचार करते हुए यह उचित ही स्थापित किया है कि प्रतीकवादी कविता की संश्लिष्ट संरचना के विरोध में आधुनिकतावादी कविता की संरचना प्रयत्नपूर्वक विश्रृंखल है।[31]

अन्तस्थ एकालाप (इंटीरियर मोनोलाग) की यह विश्रृंखल पद्धति शमशेर की बाढ़ 1948, टूटी हुई बिखरी हुई, सारनाथ की एक शाम, अमन का राग, सावन,

पिकासोई कला, एक नीला दरिया बरस रहा, रोम सागर के बीचोबीच, होलीः रंग और दिशाएँ, ओ युग आ, घनीभूत पीड़ा, राग, जैसी कई महत्वपूर्ण लम्बी कविताओं में प्रयुक्त हुई हैं। इन कविताओं में अंतस्थ एकालाप चेतना-प्रवाह को प्रस्तुत करने की सबसे विश्वस्त प्रविधि के रूप में सामने आया है।

शमशेर की लम्बी कविताओं की संरचना के ठीक विपरीत उनके गीतों-गजलों और अधिकाँश छोटी कविताओं की संरचना सुगठित कही जा सकती हैं। यहाँ कविता के केन्द्रीय भाव को प्रायः बिम्ब में ढाला गया है, जैसे

कठिन प्रस्तर में अगिन सूराख।
मौन पर्तों में हिला मैं कीट।
(ढीट कितनी रीढ़ है तन की...
तनी है!)
आत्मा है भावः
भाव-दीठ
झुक रही है
अगम अंतर में
अनगिनत सूराख-सी करती।

(कठिन प्रस्तर में)

यहाँ कविता की संरचना भवन के उस दीवार की तरह है जिसके एक भी ईंट खिसक जाने से पूरी दीवार के ढह जाने का खतरा होता है – शब्द का वाक्य से, वाक्य का बन्द से और बन्द का पूरी कविता से इस प्रकार का सम्बन्ध कविता को, आचार्य विश्वनाथ[32] के शब्दों में कहें तो एक **महावाक्य** में बदल देता है। शमशेर की कई छोटी या मँझोली कविताएँ जैसे *सूना-सूना पथ है, उदास झरना, थरथराता रहा, लौट आ ओ धार, धूप कोठरी के आइने में खड़ी, एक आदमी दो पहाड़ों को कुहनियों से ठेलता, सींग और नाखून, शिला का खून पीती थी, एक नीला आइना बेठोस, सुबह, उषा, दूब, एक पीली शाम, वह सलोना जिस्म, सुबह, पूर्णिमा का चाँद, शंख-पंख* महावाक्य ही हैं:

बिजली के/आरोरा/शंख-पंख
झलझल कर/शृंग-माल
एक मौन/विस्मय से
उठे-उड़े
भूतल पर
नव-विधान से!

(शंख-पंख)

इन कविताओं में शमशेर की शैली ऐसी है कि कविता की ठेठ वर्णनात्मकता भी बिम्ब की सघन संरचना में तिरोहित हो जाती है-—-साही[33] ने नयी कविता के सन्दर्भ में तरंग के रूप को जिस हीरे के क्रिस्टल के स्ट्रक्चर में बदल देने की बात कही थी, वह ऐसी ही कविताएँ रही होंगी। एक विशेषता यह भी है कि शमशेर की ये स्फटिक-सी कविताएँ कभी चित्र बनने की आकांक्षा रखती हैं तो कभी संगीत; **उषा** को शमशेर यूँ पेंट करते हैं:

प्रात नभ था बहुत नीला शंख जैसे
भोर का नभ
राख से लीपा हुआ चौका
[अभी गीला पड़ा है]
बहुत काली सिल जरा से लाल केसर से
कि जैसे धुल गई हो
स्लेट पर या लाल खड़िया चाक
मल दी हो किसी ने
नील जल में या किसी की
गौर झिलमिल देह
जैसे हिल रही हो।
और...
जादू टूटता है इस उषा का अब
सूर्योदय हो रहा है।

और दूसरी ओर स्वर सिद्ध होने का परिचय देते हुए संगीत की बन्दिश की तरह लौट आ, ओ धार की रचना करते हैं:

लौट आ ओ धार
टूट मत ओ साँझ के पत्थर हृदय पर
(मैं समय की एक लम्बी आह
मौन लम्बी आह)
लौट आ, ओ फूल की पंखड़ी
फिर
फूल में लग जा
चूमता है धूल का फूल
कोई, हाय।

यह शमशेर की बिम्बात्मक शैली की विशेषता ही कही जायगी कि अगर ये कविताएँ चित्र और संगीत की सरहदें छूती हैं या छूना चाहती हैं तो वे अपने काव्यत्व को तजकर या उसको नुकसान पहुँचाकर नहीं बल्कि उसे पुष्ट व समृद्ध करके; या और आगे बढ़कर अगर यह कहा जाय कि यहाँ चित्रात्मकता या संगीतात्मकता के सहारे ही अक्सर काव्यत्व को प्रस्फुटित करने की कोशिश की जाती है तो गलत न होगा।

सन्दर्भ एवं टिप्पणी

1. मलयज, **कविता से साक्षात्कार**, संभावना प्रकाशन, हापुड़, प्रथम संस्करण, 1979, पृ. 24
2. ज़े. कृष्णमूर्ति, **कमेंटरिज आन लिविंग**, डी.राजगोपाल (एडिटेड) कृष्णमूर्ति फाउंडेशन आफ इंडिया, मद्रास रिप्रिंट 1994 पृ. 97-102
3. "नो-नोलेज इज नोट अ प्रोजेक्सन आफ वंस इगो इंटू नेचर, इट इज नेचर्स इगो शेयर्ड बाय आल. इट इज नो-नोलेज दैट स्टायमुलेट्स द ताओइस्ट आर्टिस्ट टू पेंट अ फोरेस्ट एज इट वुड अपियर टू द ट्री देमसेल्व्स." आर.जी.एच.सिन, **द ताओ आफ साइंस**. चौपमैन एंड हाल लिमिटेड, लंडन, 1957, पेज 76-79.
4. विजयदेव नारायण साही, **छठवाँ दशक**, हिन्दुस्तानी एकेडेमी, इलाहाबाद, प्रथम संस्करण, पृ. 200
5. बोरिस पास्तरनाक, **द मार्श आफ गोल्ड**, एकेडेमिक स्टडीज प्रेस, यू.एस.ए. 2008
6. सर्वेश्वर मलयज (सं.) शमशेर, राधाकृष्ण प्रकाशन, समर्पण संस्करण, 1979 पृ. 139
7. रेने द कोस्ता, **द पोयट्री आफ पाब्लो नेरूदा**, हारवर्ड यूनिवर्सिटी प्रेस, यू.एस.ए. सेकेण्ड प्रींटिंग 1980, पृ. 2
8. रामविलास शर्मा, **नयी कविता और अस्तित्ववाद**, राजकमल प्रकाशन दिल्ली द्वितीय संस्करण 1987 पृ. 90
9. रामस्वरूप चतुर्वेदी, **नयी कविताएँः एक साक्ष्य**, लोकभारती प्रकाशन, इलाहाबाद, पृ. 88
10. यूरी वोरेव, **एस्थेटिक्स**, प्रोग्रेस पब्लिशर्स, मोस्को, 1985, पेज 41
11. निर्मल वर्मा, **ढलान से उतरते हुए**, राजकमल प्रकाशन, प्रथम संस्करण, 1985 पृ. 28
12. हरद्वारीलाल शर्मा, **काव्यालोचना में सौंदर्य दृष्टि**, साहित्य-सहकार, दिल्ली 1987 पृ. 229
13. नरेंद्र वशिष्ठ **शमशेर की कविता** वाणी प्रकाशन दिल्ली, प्रथम संस्करण 1980 पृ. 88
14. मैनेजर पाण्डेय, **साहित्य के समाजशास्त्र की भूमिका**, हरियाणा साहित्य अकादमी, चण्डीगढ़, प्रथम संस्करण 1989, पृ. 222
15. थियोडोर अडोर्नो, **आन लुकाच**, इन एस्थेटिक्स एंड पोलिटिक्स, न्यू लेफ्ट बुक्स 1977, पेज 160
16. हर्बट मारकुस, **द एस्थेटिक डायमेंशन**, द मैकमिलन प्रेस लिमिटेड, यू.के. 1979, पेज 4

17. वाल्टर बेन्यामिन, **अंडरस्टेंडिंग ब्रेख्त**, वर्सो, लंडन, 1983
18. बर्टोल्ड ब्रेख्त, **आन थियेटर**, दि डेवलपमेंट आफ एन एस्थेटिक्स, मैथ्यून एंड कम्पनी, लंडन, 1965, पेज 114
19. रंजना अरगड़े, **कवियों का कवि शमशेर**, वाणी प्रकाशन, दिल्ली, प्रथम संस्करण, 1988, पृ.94
20. बर्टोल्ड ब्रेख्त, आन रायमलेस वर्स विद इर्रेगुलर रिद्मस इन डेविड क्रेग(सम्पादित), **मार्क्सिस्ट्स इन लिटरेचर**, एन एंथोलोजी, पेंग्विन बुक्स, इंग्लैंड, फर्स्ट पब्लिश्ड 1975, पृ.431
21. अज्ञेय, (सं), **समकालीन कविता में छन्द**, नेशनल पब्लिशिंग हाउस, दिल्ली, प्रथम संस्करण 1987, पृ.141
22. खड़ी बोली हिन्दी कविता में इस प्रश्न पर पल्लव(पंत) एवं परिमल (निराला) की भूमिकाएँ पर्याप्त रोशनी डालती हैं और इस प्रसंग पर अज्ञेय कहते हैं : "दोनों ही कवियों ने अपने प्रारम्भिक काल की कविता की पृष्ठभूमि में स्वर का विचार किया था, यद्यपि बिल्कुल अलग ढंग से।उन भूमिकाओं में भी यह स्पष्ट था कि निराला के सामने संगीत का स्वर है, कविता में स्वर और ताल का विचार वह संगीत की भूमि पर खड़े हो कर करते हैं जबकि स्वर और स्वर-मात्र के विचार में पंत के सामने संगीत का नहीं, भाषा का ही स्वर था और संगीतिकता के विचार में भी वह व्यंजन-संगीत से हटकर स्वर-संगीत को वरीयता दे रहे थे।" (**स्मृतिलेखा**, नेशनल पेपरबैक्स, नोएडा, द्वितीय संस्करण 1988, पृ. 65) व्यंजन-संगीत और स्वर-संगीत के पक्ष में क्रमशः प्रभाकर श्रोत्रिय (**कविता की तीसरी आँख**, नेशनल पब्लिशिंग हाउस, नयी दिल्ली, 1990) एवं गिरिजा कुमार माथुर (**नयी कविताः सीमाएँ और सम्भावनाएँ**) के तर्क भी विचारणीय हैं।
23. अज्ञेय(सं), वही, पृ.110 पर विष्णुकांत शास्त्री द्वारा उद्धृत
24. केदारनाथ सिंह, **आधुनिक हिन्दी कविता में बिम्ब विधान का विकास**, भारतीय ज्ञानपीठ, दिल्ली, 1971पृ. 8
25. रामचन्द्र शुक्ल, **चिन्तामणि**, भाग-2, पृ. 1
26. सी.डी.लीविस, **द पोयटिक इमेज**, जोनाथन कैप, लंडन, 1947, पेज 80
27. राबर्ट केन डेविस (एडि.) **कंटेम्परिर लिटेररी क्रिटिसिज्म**, लोंगमैन, न्यू योर्क 1986, पेज 12
28. एंथनी इस्थोप, **पोयट्री एज डिस्कोर्श**, मैथ्यून एंड कम्पनी, यू.एस.ए.1967, पेज 141
29. एजरा पाउंड, **ए.बी.सी. आफ रीडिंग**, फेबर एंड फेबर, लंडन 1973, पेज 21
30. मलजय सर्वेश्वर (सं.), **शमशेर**, राधाकृष्ण प्रकाशन, दिल्ली, समर्पण संस्करण, 1971, पृ.44

31. थियो ह ंस, द **स्ट्रक्चर आफ मोडर्निस्ट पोयट्री,** क्रूम हेम लिमिटेड, लंडन एंड कैनबरा, 1982

32. स्वार्थबोधे स.ाप्तानामङ्गांगित्वव्यपेक्षया। वाक्यानामेकवाक्यत्वं पुनः संहत्य जायते।।अर्थ का बोध कराने के बाद वाक्य जब अंग-अंगी भाव-सम्बन्ध से जुड़ते हैं तो महावाक्य बनता है जैसे रामायण महाभारत या रघुवंश। **साहित्यदर्पण,** मोतीलाल बनारसीदास, दिल्ली, पुनर्मुद्रण 2004, पृ.25

33. "छायावादी कलाकृति मूलतः एक विस्फोट करता हुआ कलारूप है– जैसे केन्द्रीय अर्थ फूटकर चारों ओर क्रमशः विलीन होता हुआ बिखर रहा हो।तीसरे दशक की कलाकृति उसे विस्फोट की तरह नहीं, बल्कि एक लहर की तरह निर्मित करती है– जिस प्रयास में महादेवी से लेकर बच्चन तक के गीत निर्मित होते हैं। नयी कविता उस तरंग के रूप को एक स्ट्रक्चर में बदल देती है, जैसे हीरे का क्रिस्टल हो।" विजयदेव नारायण साही, वही, पृ.312

तृतीय अध्याय

शमशेर का गद्य-संसार

तारों-सी हैं मेरी बातें...
दुर्बोध, अति सरल, अति दूर, अति निकट,
पलकों में।

(नींद के तंग आकाशों की जमी हुई)

आचार्य वामन का सूत्र है : ''काव्यं गद्यं पद्यञ्च।'' और इसकी वृत्ति हैः गद्यस्य पूर्वनिर्देशो दुर्लक्ष्यविशेषत्वेन दुर्बन्धत्वात्। तथाहु :-- 'गद्यं कवीनां निकषं वदंति'[1] अर्थात सूत्र में पद्य के पहले गद्य का निर्देश इसकी दुर्जेय विशेषताओं और कठिन रचना विधान के कारण किया गया है; क्योंकि कहा गया है कि कवियों की प्रतिभा की कसौटी गद्य है।[2] गद्य का रचना-विधान सम्भवतः कठिन इसलिए माना गया है क्योंकि जैसा कि यूनानी विचारक इसोक्रात[3] का कहना था कि कवियों को अलंकरण (कोस्मोई) की कई सुविधाएँ हैं जो एक गद्यकार को सुलभ नहीं हैं।ये अलंकरण विषय-वस्तु से भी संबंधित हैं लेकिन प्रमुख रूप से इनका सम्बन्ध शाब्दिक शैली से है।जहाँ तक विषय-वस्तु का सवाल है कवि मर्त्य और अमर्त्य के पारस्परिक सम्बन्धों को एक महा-आख्यान में प्रस्तुत कर सकता है वहीं भाषा-शैली के अंतर्गत कवि न सिर्फ पारम्परिक भाषा को अपनी अभिव्यक्ति का साधन बना सकता है बल्कि विदेशी शब्द, नये शब्द, रूपक और हर प्रकार के साधनों द्वारा अपनी कविता को अलंकृत करने के लिए उसे स्वतंत्रता मिली हुई है। इसके विपरीत वक्ता या गद्य लेखक को ऐसा करने की छूट नहीं है; उन्हें जन-सामान्य में प्रचलित शब्द और तथ्यों पर आधारित विचार से ही बन्धे रहना होता है।[4] जाहिर है, इसके बावजूद अगर गद्य में सृजनात्मकता बनी रहती है तो यह बड़े कला-कौशल का ही परिणाम कहा जायेगा। दैनन्दिन प्रयोग में निरंतर घिसते रहने से यूँ भी कविता की तुलना में गद्य का 'मुलम्मा' जल्दी छूटता है और 'देवता' भी, इनके प्रतीकों के, जल्दी कूच कर जाते हैं।

***   ***   ****

शमशेर ने गद्य की प्रायः सभी विधाओं में लिखा है – कहानियाँ, आलोचनात्मक

लेख, पुस्तक-समीक्षाएँ, डायरी, पत्र, रेखाचित्र, निबन्ध। उन्होंने 'दो बहनें' शीर्षक से एक उपन्यास भी आरम्भ किया था जो किसी कारणवश पूरा न हो सका।इसके अतिरिक्त उन्होंने गद्य में उर्दू-अंग्रेजी की कुछ कृतियों का अनुवाद भी किया। शमशेर की प्रथम प्रकाशित पुस्तक गद्य की ही कृति 'दोआब' है जो सन 1948 में सरस्वती प्रेस, इलाहाबाद से प्रकाशित हुआ था।इनकी लगभग चालीस गद्य रचनाएँ हैं जो अब 'कुछ गद्य रचनाएँ' और 'कुछ और गद्य रचनाएँ' में संकलित हैं।[5]

शमशेर की गद्य-रचनाओं को मोटे तौर पर दो भागों में बाँटा जा सकता है—एक जिसे **आलोचनात्मक गद्य** कहेंगे जिसमें रचनाकारों एवं पुस्तकों पर विचार किया गया है तथा दूसरा वर्ग कहानियों, रेखाचित्रों, पत्र-डायरी जैसे सृजनात्मक कहे जाने वाले **भावात्मक** गद्य का वर्ग होगा।आलोचनात्मक-गद्य के फिर दो वर्ग किये जा सकते हैं— एक, व्यावहारिक आलोचनात्मक गद्य और दूसरा सैद्धांतिक आलोचनात्मक गद्य। व्यावहारिक आलोचनात्मक गद्य के अंतर्गत शमशेर के रहीम, निराला, शुभद्रा कुमारी चौहान, उपेन्द्रनाथ अश्क, मुक्तिबोध, बालकृष्ण राव, घनश्याम अस्थाना जैसे हिन्दी रचनाकारों एवं गालिब, इकबाल, कैफी आजमी जैसे उर्दू कवियों तथा 'नये योरोपियन साहित्य का एक व्यक्तित्व : लुई अरागाँ' पर लिखे लेखों को रखा जा सकता है। व्यावहारिक आलोचनात्मक गद्य के अंतर्गत ही वे लेख भी आयेंगे जो उन्होंने 'उर्दू कविता', 'उर्दू कवियत्रियाँ', " 'मुसद्दस' और 'भारत-भारती' की सांस्कृतिक भूमिका" पर लिखे और वे पुस्तक-समीक्षाएँ भी जो मैथिली शरण गुप्त की 'भारत-भारती', पंत की 'पल्लव', 'ग्राम्या', नरेन्द्र शर्मा कृत 'पलाश-वन', बच्चन की 'सतरंगिनी', 'बंगाल का काल', केदारनाथ अग्रवाल की 'फूल नहीं रंग बोलते हैं', चेक कवि ओडोनल स्मेकल का हिन्दी कविताओं का संग्रह 'मेरी प्रीत मेरे गीत', दिविक रमेश के काव्य-संग्रह' रास्ते के बीच' तथा पहाड़ी का कहानी-संग्रह 'सफर', कृष्ण चन्दर का 'तिलिस्मे-ख्याल' और अज्ञेय सम्पादित 'तार-सप्तक' पर लिखे गये।इसके अतिरिक्त उनके काव्य-संग्रह की भूमिकाओं को भी इसी वर्ग में शामिल किया जा सकता है। व्यावहारिक आलोचनात्मक गद्य के ही अंतर्गत शमशेर के प्रख्यात लेख 'एक बिल्कुल पर्सनल एसे' को रखा जा सकता है जिसमें उन्होंने नागार्जुन, केदारनाथ अग्रवाल, त्रिलोचन, रामविलास शर्मा, गिरिधर कविराय, प्रभाकर माचवे, रामकेर, रामबहादुर सिंह 'मुक्त', वंशीधर पंडा, बालकृष्ण राव, सर्वेश्वरदयाल सक्सेना, अज्ञेय, मुक्तिबोध, नरेश मेहता, नेमिचन्द्र जैन, गिरिजा कुमार माथुर, कीर्ति चौधरी, श्रीकांत वर्मा, मलयज, प्रेमलता वर्मा, प्रभात रंजन जैसे रचनाकारों पर टिप्पणियाँ दर्ज की हैं। सैद्धांतिक आलोचनात्मक गद्य के अंतर्गत उनके 'सामाजिक सत्य और रचना का माध्यम', 'काल और सृजन', 'अमूर्त कला', 'आशु कविता',

'कवि-कर्मः प्रतिभा और अभिव्यक्ति' जैसे लेखों को शामिल किया जा सकता है।

शमशेर के आलोचनात्मक गद्य- कृतियों को मुख्यतः दो तरीकों से– इन कृतियों में अभिव्यंजित आलोचनात्मक प्रतिमानों को उजागर करके और इसकी गद्य-शैली की विवेचना करके– विश्लेषित किया जा सकता है।

*** *** ****

शमशेर के आलोचनात्मक प्रतिमान : काव्य-प्रतिमान : रचना-प्रसूत आलोचना

शमशेर के काव्य-प्रतिमान कविता से साक्षात्कार की परिणतियाँ हैं – वे प्रतिमान को पहले गढ़कर काव्य के मूल्याँकन या विवेचन का काम नहीं करते बल्कि काव्य के मर्म को समझने के क्रम में कुछ प्रतिमानों को सत्यापित करते हैं और कुछ प्रतिमानों का अन्वेषण।

शमशेर कविता में **शब्दों की मितव्ययता के साथ ध्वन्यात्मकता** को महत्व देते हैं लेकिन शब्द-छन्द-स्वर-लय को 'हेतु मात्र' कहते हैं और व्यंजना की मार्मिकता को प्रमुखता देते हैं।मार्च 1941 के 'हंस' में सुमित्रनन्दन पंत की 'पल्लिवनी' की समीक्षा करते हुए उन्होंने लिखाः "वे गीत, 'गुंजन' के मुकाबले में उसी दिशा में बढ़ते हैं, जिस दिशा में 'गुंजन' 'पल्लव' के गीतों से आगे बढ़ा था यानी – शब्दों की मितव्ययता के साथ ध्वन्यात्मक महत्व का बढ़ना। ये अपने 'टेकनिकल परफेक्शन' की दाद तो हम से लेते हैं, मगर व्यंजना की मार्मिकता इनमें किंचित खोई हुई मिलती है।"[6] पंत की परवर्ती कविताओं के सन्दर्भ में अक्सर यह बात उठाई जाती रही है कि क्या विचार या दर्शन काव्यत्व को नुकसान पहुँचाने वाले कारक होते हैं यानी कि क्या कवि के लिए दार्शनिक या विचारक होना एक अवांछनीय स्थिति है? शमशेर **कवि-वृत्ति द्वारा ही कवि विचारक की महत्ता** प्रतिपादित करते हैं। पल्लविनी के पंत के बारे में वे कहते हैं कि यहाँ "कवि विचारक हो उठा है – तो वह अपनी वृत्ति छोड़कर नहीं, बल्कि अपनी कवि-वृत्ति के द्वारा ही। यही कारण है कि वह अपने तमाम परिवर्तनों के बावजूद, कवि रहता है, और उसकी कविता-धारा बराबर अपनी विशेष प्रगति लेकर चलती है। वह कितना गम्भीर और अपने प्रति अधिक ईमानदार हो गया है, यह उसकी श्रेष्ठ रचना 'बापू' में हम देख सकते हैं, जो प्रथमतः अपने विचारों के बल से ही श्रेष्ठ है। और इस कविता का गौरव केवल अपने में विशेष कुछ नहीं रह जाता है। मेरा मतलब यह नहीं कि शब्द-छन्द-स्वर-लय पर पूर्ण अधिकार प्राप्त करना कवि का पहला धर्म नहीं रह गया। पर यह अधिकार यहाँ, 'हेतु मात्र' है अंत तक।"[7] शब्द-छन्द-स्वर-लय अगर हेतु मात्र है, साधन है, तो साध्य क्या है? शमशेर 'ग्राम्या' पर विचार करते हुए कहते हैं, "... उसे तो अपने

भावों का खरापन और अपनी कल्पना की धार कायम रखते हुए, उन्हें एक दृढ़, प्रबुद्ध, संयत गतिविधि के अधीन करना होगा। ''पंत पल्लव कालीन प्रकृति-चित्रण के लिए विख्यात रहे हैं लेकिन शमशेर का आग्रह जीवन-शक्ति के रूप में प्रकृति को देखने का रहा है, वे कहते हैं, " 'ग्राम्या' में प्रकृति एक 'पल-पल परिवर्तित' सौन्दर्य-चित्र न रहकर मानव-जीवन की पृष्ठभूमि से कुछ अधिक उभर, उसके दैनिक जीवन का एक बन, बल्कि उसके जीवन-क्रम में एक मूक शक्ति रूप, भावनाओं में एक रस-बोध सी, उसकी अनजान वैभव, उसकी श्री बनकर आती है। ''शमशेर रचना और रचनाकार के अद्वैत के आग्रही हैं बल्कि कहना चाहिए कि वे भी लोंगिनुस की तरह महान साहित्य को उदात्त मानस की ही प्रतिध्वनि मानते हैं। अरागाँ के बारे में वे लिखते हैं," मुझको सबसे बड़ी सिफत अरागाँ के व्यक्तित्व में – उसकी कविता और कथा-साहित्य में यही लगती है – कि वह एक सच्ची और पूरी इकाई है। यहाँ जोड़, पैबन्द, समझौते, गलत निभाव, चश्मपोशियाँ वगैरह नहीं है। जो बात है, वह अन्दर-बाहर साफ-सीधी, खुली और पूरी।...आईने की मिसाल झलकती है।[11] जाहिर है, यहाँ किसी भी प्रकार के ढोंग के लिए कोई जगह नहीं होगी। आगे शमशेर लिखते हैं, ''अरागाँ चूँकि किसी तरह के 'हमबग' यानी ढोंग और हवाई या दिखावे की बातों में विश्वास नहीं करता। वह मानव भावनाओं को जब प्रकट करता है, तो उनके सारे सजीव अंगोपांग झलकाता हुआ।''[12] मैथ्यू आर्नोल्ड ने भी कहा है कि साहित्य में फरेब ('शार्ललेटिनिज्म') के लिए कोई जगह नहीं होती।[13] केदारनाथ अग्रवाल को भी शमशेर इसलिए अपना प्रिय कवि मानते हैं क्योंकि ''मैं उसकी कविताओं में उसका दिल आर-पार देखता हूँ और वह दिल कितना हर प्रकार के 'हम्बग' और 'स्नाबरी' से पाक है!''[14]

शमशेर लोक-जीवन में कला के मर्म और कला में **लोक-जीवन की उपस्थिति** की निरंतर सराहना करते रहे हैं।वे अरागाँ की प्रशंसा इसलिए भी करते हैं क्योंकि ''वह लोक-जीवन में कला के मर्म और साहित्य के रसों को खूब अच्छी तरह समझ गया है।''[15] और ''सुभद्रा जी अपने साथ के और कवियों से अधिक लोकप्रिय हुई हैं'' क्यों? ''इसका कारण है उनकी सहज आत्मीयता और लोक-भावनाओं का गहरा अपनाव।''[16]

शमशेर आधुनिकता की पहचान **'व्यक्ति का निर्बाध अपनापन'और'तटस्थ यथार्थवादी दृष्टि'** के रूप में करते हैं। 'गालिबःमेरी दृष्टि में' का आरम्भिक अंश हैः ''गालिब खुद एक बड़ा हीरो है अपनी व्यापकता के केन्द्र में, जो कि स्पष्ट एक आधुनिक चीज है। व्यक्ति का निर्वाध अपनापन। हर बात में अपने व्यक्तित्व को– अपने निजी दृष्टिकोण को सामने रखना। मैं खुद किस पहलू से सोचता हूँ, किस

ढ़ंग से महसूस करता हूँ, यह उसके लिए महत्व की बात है।" यहाँ गालिब की जिस विशिष्टता की ओर संकेत किया गया है वह आधुनिक हीरो की न होकर रोमैंटिक हीरो की है।आधुनिकता तो निर्वैयक्तिकता का नाम है। आगे वे लिखते हैं, "उसकी मुसीबतें, उसका संघर्ष, जिसको यह कभी छिपाता नहीं... उसके शब्दों में हू-ब-हू आधुनिक-सा लगता है। अजब बात है। उसमें आज के, आधुनिक साहित्यकार की-सी पूरी तड़प और वेदना के बीच, एक तटस्थ यथार्थवादी दृष्टि है।" 'तटस्थता' निस्सन्देह आधुनिकता की निशानी है, भले ही 'यथार्थवाद' उतना स्पष्ट और सन्देह से परे न हो।

शमशेर का आलोचक रचनानिष्ठ है लेकिन कुछ स्थलों पर वे अपने आग्रहों को छुपा नहीं पाते, कैफी आजमी के सन्दर्भ में वे कहते हैं : "हर सच्चा कलाकार – देखा जाय, तो हर युग में – उसी अग्नि का ताप झेलता है। वही उसका सोजे-निहाँ है ...यह आत्मा में छिपा हुआ ताप, यह सोजे-निहाँ, क्या है?

"इक यही सोजे-निहाँ कुल मेरा सरमाया है!

यह ताप है मनुष्य के सुन्दर भविष्य में उसकी आस्था का; जिसके लिए अनेक देशों की जनवादी पार्टियाँ संघर्ष कर रही हैं"[18]

शमशेर के आलोचनात्मक कौशल का सबसे सक्षम रूप हमें वहाँ दिखाई देता है जहाँ वे कृति-विशेष या कृतिकार-विशेष की रचना-प्रक्रिया को एक भीतरी आदमी(इंसायडर) की निगाह से देख रहे होते हैं। 'एक बिल्कुल पर्सनल एसे'और 'कविता की बातेंः निराला की कविताएँ' जैसे लेख में नयी समीक्षा की वस्तुनिष्ठ 'क्लोज रीडिंग' के लक्ष्य को वे मानो एक आत्मीय बातचीत के सहारे हासिल करना चाहते हों। 'एक बिल्कुल पर्सनल एसे'का आरम्भ यूँ होता हैः "मेरे कुछ प्रिय हिन्दी कवि...इनमें सबसे पहले, सबसे पहले, मेरे ध्यान में नागार्जुन आते हैं।क्यों? मैं सोचता हूँ, तो ऐसा मालूम होता है कि इसकी वजह उनका यह खरा और सच्चा-सीधा व्यक्तित्व है, जिसके कण-कण से अपने देश की मिट्टी का सौंधापन महसूस होता है।नागार्जुन, भाषा और साहित्य का रस-मर्मज्ञ पंडित होता हुआ भी गाँव-गँवई की चिलम-सा 'रफ़' और अपनाव-भरा है; जैसे अनुभवी जनों के चुटकलों का गहरा संकेत"।

"उसके शब्द बड़ी पोढ़ी उँगलियों से हमारी चेतना को पकड़ते हैं।उसके भाव हमारी आँखों में आँखें डालकर हमसे बात करते हैं। यह मुँहफट कवि अक्सर मुझे सबसे बड़ा, सुलझा हुआ, सबसे आधुनिक; सबसे जागरूक कवि लगता है।" यहाँ आप पायेंगे कि आलोचक बड़ी आत्मीयता के साथ एक अनौपचारिक बाना धारण किए हुए है जिससे उनके मूल्य-निर्णय की निर्ममता भी आगे की इन पंक्तियों की

तरह कोष्ठक में चली जाती हैः "उत्कृष्ट से उत्कृष्ट शिल्प मैंने उसके यहाँ देखा है। (बेशक, भोंडा, शिल्प भी। पर उनकी ऐसी कविताओं को एकदम अलगाना किंचित भी कठिन नहीं जो किसी वक्ती काम के लिए रवा-रवी में लिख दी गई हैं। मगर—)"[20] इसी प्रकार शील पर विचार करते हुए कोष्ठक में ही कहते हैं "(मुहावरे का अटपटापन और शब्दों का भी कभी-कभी गलत प्रयोग उसके यहाँ मिलेगा जो बेहद अखरेगा :) — मगर जिसकी कल्पना (गहरे व्यंजनात्मक संकेतों से) उलझे हुए बिम्बों और उपमाओं के ही द्वारा, सामाजिक सत्य को विलक्षण रूप से उघाड़ने की शक्ति रखती है..."[21] इस प्रकार के और कई उद्धरण इस लेख से दिये जा सकते हैं जिसमें कोष्ठक के बाहर और अन्दर के बीच, औपचारिकता और अनौपचारिकता के बीच, वस्तुनिष्ठता और आत्मनिष्ठता के बीच एक प्रकार के तनाव की सृष्टि कर, आलोचकीय विश्वसनीयता अर्जित की गई है।

शमशेर के आलोचनात्मक प्रतिमान : कथा-प्रतिमान : प्रगतिवादी आग्रह से प्रेरित

शमशेर ने अधिकांश कहानी संग्रहों की समीक्षाएँ सन् चालीस से पचास के बीच लिखी।अकारण नहीं कि उस दौर की समीक्षा-रूढ़ियों का इन समीक्षाओं पर असर दिखाई पड़ता है। उस दौर में एक प्रमुख रूढ़ि यह थी कि यथार्थ का चित्रण ही काफी नहीं होता बल्कि यथार्थ का प्रगतिशील होना आवश्यक है। उपेन्द्रनाथ 'अश्क'की कहानियों पर विचार करते हुए वे कहते हैंः "घटनाओं के अंत में हमारा जी अगर मसोस कर रह जाता है, और हमें कोई भी राह मुक्ति की, किसी ओर एक हल्के किरण संकेत के रूप में भी, दिखाई नहीं देती— यानी पाठक को—, तो वह कथानक कितना ही प्रभावकारी क्यों न हो, प्रगतिशील यथार्थ रूप में नहीं।घटनाओं का चित्रण वर्ग-संघर्ष को लेकर करने पर भी उसका अंत अगर पाठक को एक नव-चेतना, एक नयी अंतर्दृष्टि अपने भविष्य के लिए, नहीं देता, तब वह कुल चित्रण नाटकीय महत्व ही रखता है — प्रगतिशील दृष्टिकोण से।"[22] इसी प्रकार आलोचक को कहानीकार पहाड़ी से भी शिकायत है कि "मौजूदा समाज को धूल में मिलाने के बाद भी एक नया समाज कायम करना होगा, उसकी रूपरेखा लेखक को साफ नहीं मालूम।"[23] कृष्ण चंदर के कहानी-संग्रह 'तिलिस्म-ए-ख्याल' में भी पुस्तक-समीक्षक 'हमारे रोगी समाज की झाँकियाँ' तो लक्षित करता है लेकिन आलोचना का कोण पूर्ववत बना रहता हैः "बहरहाल, ये कुछ बिखरे हुए चित्र हैं हमारी आज की दुनिया के।समाज के घाव हमने यहाँ खुले हुए देखे। उनका इलाज?— नहीं, यह कृशन चन्दर अभी नहीं पेश कर रहे हैं। हमारी असहाय अवस्था, हमारी 'सभ्यता' का मिथ्यापन, वह

परिस्थिति, जिसमें ट्रेजिक भूलें अनिवार्य हैं, और फिर व्यक्ति के सिर उनका कुल भुगतान : यह सब उन्होंने हमको दिखा दिया है। पर इस अवस्था से नजात कैसे मिले? – क्या इसका कुछ भी उत्तर हमें कहानियों में ही मिल जाता है! नहीं!''[24] समीक्षक का यह आग्रह कि कथाकार सिर्फ समस्या का चित्रण ही नहीं करे बल्कि उसका समाधान भी बताये, आज एक समय- विशेष की अपेक्षाएँ ही मानी जा सकती हैं।

शमशेर के सैद्धांतिक प्रतिमान

शमशेर ने 'सामाजिक सत्य और रचना का माध्यम', 'काल और सृजन' , 'कवि कर्मःप्रतिभा और अभिव्यक्ति' जैसे कुछ ऐसे भी लेख लिखे जिसमें सैद्धांतिक पहलूओं पर विचार किया गया है। 'सामाजिक सत्य और रचना का माध्यम' में कलात्मक व्यवहार में माध्यम की भूमिका पर विचार करते हुए उनका मानना है कि ''रचना का माध्यम हमारी रचना-प्रक्रिया को प्रभावित करता है, लेकिन हम भी अपने समय की आवश्यकताओं के अनुसार उस माध्यम को प्रभावित करते हैं''। यहाँ रचना के माध्यम से शमशेर का तात्पर्य कविता से है और वे अपने काव्य-अनुभवों के आधार पर ही यह सामान्यीकरण करते हैं। समाज की संरचना का रचना की संरचना पर क्या असर पड़ता है, इस प्रश्न पर विचार करते हुए वे कहते हैं: ''मैं यह निश्चित समझता हूँ कि सामाजिक संरचना वस्तु और रूप दोनों को प्रभावित करती है। ब्रेख्त और फैज दोनों की रचनाओं में सामाजिक यथार्थ को व्यक्त करते समय जो एक गोपन की, प्रायः रूपक के माध्यम से परोक्ष अभिव्यक्ति की, कलात्मक चतुराई दिखाई देती है , वह उनके समय की सामाजिक संरचना का भी असर है।''[26] शमशेर की यह समझ तत्कालीन प्रगतिवादी आलोचना के मेल में है जो सामाजिक आधार का प्रभाव अधिरचना पर तो मानती है लेकिन अधिरचना के आधार पर किसी प्रकार के प्रभाव की बात से मुँह मोड़ती है। शमशेर के प्रतिमान, तत्कालीन प्रगतिवादी आलोचना के ही प्रतिमान हैं – यहाँ रूप के बजाय अंतर्वस्तु पर जोर है, व्यक्ति और रचनाकार के अद्वैत की प्रशंसा है, लोक की अनुशंसा है और कुल मिलाकर आधुनिकता के नाम से पहचानी जाने वाली प्रवृत्तियों का प्रायः अनुमोदन किया गया है शमशेर के प्रतिमान, तत्कालीन प्रगतिवादी आलोचना के ही प्रतिमान हैं – यहाँ भी रूप के बजाय अंतर्वस्तु पर जोर है, व्यक्ति और रचनाकार के अद्वैत की प्रशंसा है , लोक की अनुशंसा है और कुल मिलाकर आधुनिकता के नाम से पहचानी जाने वाली प्रवृत्तियों का प्रायः अनुमोदन किया गया है।

शमशेर भाषा और शिल्प की अवहेलना को अक्षम्य ठहराते हैं : ''भाषा की

अवहेलना किसी भी रचना को सहज ही साहित्य के क्षेत्र से बाहर फेंक देती है और शिल्प की अवहेलना कलात्मकता के क्षेत्र से।अब तक शिल्प व भाषा की साधना में जो कुछ प्राप्त हो चुका है उससे अज्ञान अक्षम्य है।उसी को दोहराकर प्रस्तुत करना कोई माने नहीं रखता।उससे आगे जाने का संघर्ष ही सजीव साहित्य ...और सफल कविता कहलाई जा सकती है।''[27]

शमशेर कवियों के लिए परम्परा के ज्ञान को भी अनिवार्य घोषित करते हैं: ''एक अच्छे कवि के लिए यह जरूरी है कि वह अपने देश की और भाषा की काव्य-परम्परा से अच्छी तरह परिचित हो और इस परम्परा में आने वाले श्रेष्ठ कवियों का उसने बार-बार प्रवचन और अध्ययन किया हो।''[28]

शमशेर काल जैसे दार्शनिक समस्याओं से भी उलझते हैं लेकिन एक कलाकार की निगाह से। वे 'काल और सृजन' पर विचार करते हुए कहते हैं : '''एलिस इन वंडरलैंड' में हैटर को क्यों सजा मिली थी, यह बड़ा दिलचस्प सवाल है मेरे लिए।ताल से बेताल होना इतना बड़ा पाप था कि उसके बाद से, हैटर के लिए समय ही रूक गया।''[29] बेताल होने का अर्थ है प्रकृति की लय से विच्छिन्न हो जाना और प्रकृति की लय का अर्थ है यह बोध कि, ''छोटे-से-छोटा भी काल-खंड किसी अखंड काल-प्रवाह को इंगित करता है। छोटा से-छोटा काल-खंड बड़े से बड़े काल-खंड के किसी-न-किसी अखंड प्रवाह का प्रतीक है। एक गति जहाँ हम उसे महसूस कर रहे हैं, वो केवल वहाँ ही नहीं है; उसके सिरे न जाने कहाँ तक है। यह टिम-टिम और दिप-दिप और धक-धक हमारे ही अन्दर और चारो तरफ नहीं है, वह न जाने कहाँ तक, न जाने कितनी दिशाओं और दशाओं में अनंत तक चले गये हैं।''[30] यह दिक्-काल की होलोग्रामवादी अवधारणा जैसी है।[31]

*** *** ***

शमशेर की गद्य-रचनाओं का दूसरा वर्ग कहानियों, रेखाचित्रों, स्केच, पत्र-डायरी जैसे सृजनात्मक कहे जाने वाले **भावात्मक गद्य** का है।इसके अंतर्गत 'प्लाट का मोर्चा' की चौदह कहानियाँ तथा नौ स्केच, 'दो बहनें'नामक अधूरा उपन्यास (जिसका पहला अध्याय 'कहानी' में 1954 में प्रकाशित हुआ था) एवं 'किस तरह आखिरकार मैं हिन्दी में आया', 'नरेन्द्र', 'नामवर' जैसे संस्मरणात्मक लेख तथा उनके पत्र एवं डायरी साहित्य को रखा जा सकता है।शमशेर के गद्यानुवाद को भी इसी श्रेणी में रखा जाना चाहिए।उन्होंने मूलतः उर्दू से सरशार के 'कामिनी', 'हुश्शू' तथा 'पी कहाँ'(1948), जैसे उपन्यास तथा प्रो. एजाज हुसैन के 'उर्दू साहित्य का संक्षिप्त इतिहास'(1955) तथा अंग्रजी से लुई कैरोल का 'आश्चर्यलोक में एलिस'(1961) और रूसी उपन्यासकार वान्दा वासिलवास्का के अंग्रेजी अनुवाद से 'पृथ्वी और

आकाश' (1944), 'षडयंत्र' (1946), जैसी कृतियों के हिन्दी में अनुवाद किये।

शमशेर के गद्य के इस वर्ग को कथा और कथेतर गद्य में भी बाँटकर देखा जा सकता है। कथाकार शमशेर 'प्लाट का मोर्चा' की भूमिका में 'पाठकों से'कहते हैं: ''बहुत सी चीजें नींद में होती हैं, या खुलती हैं।कुछ कहानियाँ इन्हीं चीजों की छाया हैं। कहानियाँ कविता के भाव से भी पैदा हो सकती हैं, जहाँ वह भाव किसी समस्या की उलझन होता है और उसका दर्द केवल एक सुलगता हुआ-सा चित्रपट बनना चाहता है। कुछ कहानियाँ इस संग्रह में ऐसी ही हैं, शायदःजी की बात सी कहने की कोशिश, गो ये बातें खत्म तो नहीं होतीं कभी शायद।

''कुछ कहानियाँ ठेठ किस्म की भी हैं।''[32] स्पष्ट है कि शमशेर कविता के भाव से पैदा होने वाली कहानी और 'ठेठ कहानी' के फर्क को समझकर कहानियाँ लिख रहे थे। संग्रह की पहली कहानी 'प्लाट का मोर्चा' का पहला ही वाक्य है: ''आँसुओं का देश सूख गया है!'' यह कहानी की खोज में निकले कोलम्बस की उक्ति है।आगे कहानी के बीच में इसे यूँ स्पष्ट किया गया है: ''चाँद जो अँधेरे झुरमुट से निकल रहा है बहुत मटमैला है। बहुत सुन्दर, बहुत क्षणिक, यह शिथिल सरलता है। तारों की एक झिलमिलाहट सा।पर क्या है इस क्षण का भी आधार ? हमारे अन्दर भी वह कहीं से उठकर स्पष्ट नहीं हो सकता? उसकी शक्ति हमारे जीवन को जीत नहीं सकती– हमारे युद्ध को– इस भीषणता को? अः, कितनी करूण इस पृथ्वी का जीवन हो उठा है।... 'आँसुओं का देश सूख गया है'।''[33] शमशेर की प्रायः सभी कहानियों में 'अनुभव' के क्षण के इस कथित अस्पष्ट आधार को चिह्नित करने की कोशिश दिखाई पड़ती है या कहें कि इस कोशिश से ही कहानी का रूपाकार खड़ा किया जाता है। 'दि क्रीसेंट लाज' का आरम्भ देखिए:

''एक कहानी का चक्कर तीन-चार दिन से दिमाग में था। (–आप क्या जानें, कहानी लिखना किसे कहते हैं– माफ कीजिएगा–) साहब, वह बन नहीं रही थी! ... ''मैं क्या लिख रहा था? – एक वास्तविक बात, एक 'घटना' का रूप मैं हर पहलू से अपने मन में स्पष्ट करने का प्रयास कर रहा था।

''शोर कभी उँचा, कभी मद्धिम, कभी एक-एक का, कभी बहुतों का मिलकर, कभी बहुत निकट, कभी बहुत परिचित व्यक्तित्व का अंश लिए, कभी अजान कौतुक का धुँधला प्रवाह महज; खिलाड़ी लड़कों के पतले-महीन और एकाध मोटे स्वर, उनकी किलकारियाँ-सी, और तुरंत ही उनका पहेली-बुझौवल-सा; पास के कमरे में देर तक चलने वाली एक बहस का सा आरम्भ, ताशबाजी का उपक्रम? पुकार और आवाजें – 'बटुक बहादुर सिंह! कहाँ हो भाई। तुम हमें खूब परेशान किए हो आज!' फिर उसका न जाने क्या जवाब; खाने पर बैठने के लिए कुर्सियों का खींचा

और हटाया जाना। पाँच दफा 'सहदेव! सहदेव!' के बाद 'यहाँ आओ, यहाँ आओ जरा!' 'अभी खाना परोस रहे हैं, बाबूजी।' इसी दरमियान दूसरे कोने से किसी का एक तान लेना, समय की उकताहट दूर करने के लिए; मैंने दरवाजे के आगे से गुजरती हुई किसी साइकिल की खड़खड़। होटल में एकाएक मौन-सा; जिस सन्नाटे में कि टाइमपीस की टिक-टिक उँची और अति स्पष्ट लगना; पास, मोहल्ले की देर शाम की गपशप का भी अधिक साफ सुनाई देना। फिर सब कुछ मद्धिम। खड़ाऊँ की पाँच-छै बार धीरे-धीरे खट-खट।खौं-खौं।एख्ख-खे! खेखे! खाँसी, बलगम। घड़ी की टिक-टिक।''[34]

और यह **काल के प्रवहमान क्षण को, उसकी सारी तात्कालिकता में, ध्वनियों के सहारे पकड़ने की यह कोशिश शमशेर की सभी कहनियों में दिखाई पड़ती है और इसी की यह स्वाभाविक परिणति हुई कि यहाँ चरित्र के विकास के बजाय वातावरण के विकास पर जोर है** शमशेर की कहानियों की दूसरी विशेषता कही जा सकती है। लेकिन यह विशेषता सिर्फ उनकी कहानियों की ही नहीं है बल्कि इसे गद्य के इस वर्ग की सामान्य प्रवृत्ति के रूप में पहचाना जा सकता है।यही कारण है कि उनकी चाहे कहानियाँ हों या उपन्यास या संस्मरण, पत्र हो या डायरी; अपनी प्रकृति में रेखाचित्र (स्केच) ही जान पड़ती हैं। यहाँ काल्पनिक और आकल्पनिक गद्य-वृत्त का विभाजन मानो अर्थहीन हो उठता है।उपर उद्धृत अंश के समानांतर इन अंशों को रखकर देखें:

''मैं अकेला बैठा एक निर्जन टापू में, एकांत। मेरे दाहिंने कान में कडुआ तेल स्वप्न के बाजे बजा रहा है। दिमाग तक जाओ, सपनो, दिमाग की खबर लो।

''(चौके में लोटे, थाली और कुछ आटा-सा सानने का खड़का हो रहा है। किसी का नाक ठस है। मामी जी की? नहीं, मुन्नी की शायद...। मामा जी अभी नहीं उठे हैं।) ''कुछ मत सोचो, शरीर को अपने आप बढ़ने दो।– कानों ने दिमाग की खबर ली।कानों ने कमर को सीधा उठाया। आँखों में तरावट, ओठों में गम्भीरता आई। मुट्ठी में दृढ़ता, मुद्रा में निश्चयता, बुद्धि में नव चेतना का जागरण।

''चोटी पर तेल ठोका गया।

''(घंटे, फैक्टरी के? – मन्दिर के – टन-टन! टन-टन! बजने लगा सहसा। मामा जी जगे क्या? उनकी मोटी आवाज कुछ सुनाई दे रही है। उदयसिंह ने गला जरा साफ किया। 'क्या है?' मामी जी ने पूछा। 'अभी तो आटा ...।' मामी जी ने कुछ कहा। घंटे बज रहे हैं।

''मामी जी कमरे के पास तक आईं, फिर किसी और दिशा में चली गईं। कुत्ती भौंकी। बाल्टी की खड़- खड़।महाराज नल पर है, पानी रखने के लिए गुसलखाने में,

शायद ।नल खोल दिया गया।...

"घंटों के बजने में शिथिलता आ गई है। बजाने वाले थक गये हैं। मन्दिर का घंटा है निश्चय।

"मैंने नाक फिर बिछी तौलिए से साफ की।"[35]

कहा जाता है कि कहानी से प्लाट हटा देने पर रेखाचित्र बन जाता है और कहानी या उपन्यास में चरित्र को जिस प्रतिकूल सामाजिक पृष्ठभूमि से टकराते हुए विकसित किया जाता है उसका यहाँ नितांत अभाव होता है– कुल मिलाकर, पश्चिम में जिसे 'बेतरतीब-जीवन का साहित्य' ('स्लाइस- आफ-लाईफ लिट्रेचर') कहा जाता है, रेखाचित्र (स्केच) उससे जुड़ी समस्याओं को उठाता है।[36] इस अर्थ में, शमशेर की डायरी के अधिकांश इन्दिराज रेखाचित्र ठहरेंगे। अवलोकनार्थ है दिनांक 5-6-55 की डायरी का यह अंशः

"बारिश आज मौज में ठीक 4 के बाद से ।एकाएक झमाझम, जोर-शोर सेः और फिर शांत। दूकानों पर रौनक – और फिर सामानों का ढकना, मूँदना, खिसकाना, सरकाना– और फिर खोलना, सजाना, उनका नुमायशी आकर्षण बढाना।

"हवा, और इस बारिश, में– गीला आइना-सा चमकता रहा रह-रह कर।

"शाम को अँगीठी बड़े मजे से और जल्द सुलग गयी। बगैर नमक वगैरह डाले पचमेल 'दलिया' की खिचड़ी बनायी।... न रहा गया, शाम को बचे-खुचे पैसों में से आध सेर चीनी और एक आने का दूध ले ही आया। चाय बनायी और कई प्याले पिये ।तबीयत को बड़ी राहत मिली।

"दिन भर नींद में, और आलस्य और एक अजब सुस्ती में और ख्यालों की बेहूदगी में बीता। कल जो रात देर तक जागा था, उसका यह असर था...अगर्चे खूब देर तक साँस इत्मीनान से ले-ले कर 'आसन' भी किए। मगर, फिर, समझता हूँ कि खाने में नमक और मसाले तेज थे, या फिर मैं ज्यादा खा गया था।... यह भी हो सकता है कि वह जो चीज खिचड़ी में 'रंग' और 'तेजी' के लिए डाल दी थी, उसने भी दिमाग पर, नसों पर, एक तनाव सा रखा जिसकी वजह से तबीअत भारी ही रही। खैर जो हो, शाम को चाय पीने के बाद राहत मिली।

"खाना बनने रख कर, लायब्रेरी गया। लोकनाथ की गली वाली में।...आम का मौसम अजब बहार लाया है। जिधर से निकलिए, तर खूश्बू आमों की, और ढ़ेर के ढ़ेर आम।

"पूर्वी ऐशियायी, आर्थिक, ऐतिहासिक और राजनैतिक मसलों पर रूसी भाषा में एक सामयिक पत्र निकलना शुरू हुआ है। काश के रूसी भाषा पढ़ना आ गया होता अब तक, अच्छी तरह!

"यह लाचारी और मजबूरी क्यों? पैसा नहीं।काम की 'ग्राफ की रेखा' आगे जरा भी नहीं बढ़ रही है– यानी उन कामों में, जिनमें बढ़ना पहली जरूरत है, और अशद जरूरत– यानी ऐसी चीजों के लिखने की तरफ जिनमें जल्द कुछ पैसा मिले। और इधर-उधर की तरह-तरह की दिलचस्पियाँ सारा वक्त ले लेती हैं।माना कि वे भी जरूरी हैं।...बुनियादी चीज की तरफ नजर पहले होनी चाहिए। वक्त की सीमाएँ बँधी हुई हैं; एनर्जी भी आखिर उतनी ही है, जितनी है। फिर?– यह 'मजाक' क्यों?

"...कुछ समझ में नहीं आता।"[37]

शमशेर की चेतना-प्रवाह की यह शैली वाशिंगटन इरविंग के शब्दों में कहें तो'मटरगश्ती करती हुई निगाह' का परिणाम है और इसे ही सभी विख्यात रेखाचित्रकारों ने–वे चाहे डिकेंस (मेडिटेशंस इन मेन्माउथ स्ट्रीट) हों या थेकरे या हाथर्न (अ नाइट सीन) सबों ने अपनी कृतियों का मूलाधार बनाया था लेकिन शमशेर की विशेषता यह है कि वे इस शैली का प्रयोग सिर्फ रेखाचित्रों में ही नहीं बल्कि गद्य के इस वर्ग की सभी रचनाओं में करते हैं। अब केदार नाथ अग्रवाल के नाम 28 सितम्बर 1934 का लिखा शमशेर के इस पत्र को पढ़ें :

"अपनी रचनाएँ भेजना। 'बानगी' नहीं, अच्छी वाली पूरी कविताएँ। 'माया' मुझे नहीं मिल सकती। और अपना 'टूटा तारा' जरूर भेजना। ओम ने उस दिन मुझे याद दिलाया sign of the cross का opening scene, जहाँ तारे टूटते हैं चारों ओर सेः 'कितना grand idea!...उन्होंने कहा।मैंने तारों के टूटने का पूर्वीय दृष्टिकोण से चित्रित उस आदिम आकर्षण का भाविक दृष्य उन्हें दिखाया जो तुम्हारी कविता में है। भई, उसे भेजना जरूर।

"कुछ पौधे ऐसे होते हैं कि उन्हें जब काफी जगह देकर लगाओ तभी बढ़ते हैं, पास पास लगाने से छोटे ही होकर रह जाते हैं। कवि और कलाकार ऐसी ही उपज हैं। जिस दृष्टिकोण द्वारा संसार की वस्तुओं में एक अनोखी नवीनता की झलक दिखाई देने लगती है, वह कला का प्राण है; वह सब भावों को अपनी भावुक सहृदयता के फ्रेम में कस लेता है, उस पर अपनी अंतरछाया का शेड डाल देता है, अपनी सांस की आत्मीयता उसमें भर देता है। वह फ्रेम तुम्हारे सीने की हड्डियाँ हैं। यह शेड, यह साँस, तुम्हारा भविष्य है। तुम्हारा जीवन। शमशेर, दृष्टिकोण के मेल में इस उत्सुक देहाती बच्चे को खो न देना। कितनी छायाएँ हमारे उपर से क्रास करती हैं कि हमारी छाया मिट जाये। Woe to me if I lose it! केदार तुम रखते हो इस दृष्टिकोण को; इसका कुदरती रंग चटकाओ, मोल का रंग इस पर मत चढाओ। लो, रंग लो, किंतु उसे अपने रंग में घोल लो।

"अपना रंग...।

"ससुर साहब बगैर अब ऊपर के पते पर आ गये हैं। उठते बैठते, खाते पीते, आठों पहर पहाड़ का ही दृष्य, आँखों के सामने रहता है।उसके शेड कैसे बदलते रहते हैं! सुबह को नीली पेंसिल का गहरा सा रेंज रहता है। जिसके उपर लाल पेंसिल से शेडिंग शुरू हो जाती है। फिर उसमें नीलापन, फिर धुँआला हरियालापन निखरता चला आता है। फिर धूप के फैलते ही हरे मैदान चमाचम हो उठते हैं। Hillsides में एक गहरी साँस सी जाग उठती है। यहाँ से सहस्रधारा का पहाड़ तीन मील है।बीच में रसपना की घाटी है। इस बहते चश्मे की बजरी और पत्थरों में खामखा कसरत करने को छाती तनती है। फिर उसी साफ शफ्फाक चश्में में स्नान! दोस्त, यह शब्द, केवल शब्द हैं। हृदय जो अनुभव करता है वह इनमें क्या बयान हो! शाम से ही हवा के लिफाफे ऐसे बैरंग होते हैं, कि नींद रह रह कर आँखों पर गिरती है। लिपटालो! हवा कहती है– मुझे लिपटालो! मैं कहता हूँ, माशूका, तू मुझसे बहुत बड़ी है, फिर भी जहाँ तक जगह है मैं तुझे अपनी नस में भरे लेता हूँ। इन झोंकों के सामने स्त्री का आगोश भी कुछ नहीं है! इसमें बेताबी नहीं है, सुकुन है, शांति है, नींद है, और ताजगी की रूह है, जिन्दगी की रूह! सबसे बड़ी बात तो यह कि अब फिर मैं बहुत अकेला सा अनुभव नहीं करता हूँ।"[39]

क्या यह पत्र भावात्मक गद्य के किसी और प्रकार से भिन्न है ? गद्य की वर्णनात्मक, विचारात्मक, कथात्मक कोटि से भावात्मक गद्य को अलग करते हुए रामचन्द्र शुक्ल कहते हैं कि इसमें "लेखक अपने प्रेम, आह्लाद, हर्ष, करुणा, क्रोध, विस्मय या किसी और भाव की व्यंजना करता है। भाव के आवेश के अनुसार कहीं कहीं भाषा में असम्बध्दता, विश्रृंखलता और वेग या तीव्रता दिखाई पड़ती है।"[40] यह सही है कि भावात्मक गद्य की ये सामान्य विशेषताएँ कही जा सकती हैं लेकिन शमशेर के गद्य में सम्भवतः भावावेश के कारण तीव्रता नहीं है बल्कि जैसा कि निर्मल वर्मा ने लिखा हैः "यह खुले मैदान का गद्य था। अपने में मुक्त, मुक्ति के कारण थोड़ा-बहुत विनम्र, लेकिन हमेशा गरिमामय। आगे चलकर इसकी थोड़ी महीन छाया दीख पड़ती है तो शमशेर के प्लाट के मोर्चे पर, महादेवी के अतीत के चलचित्रों पर। दोनों में गहरी सूझबूझ है। एक हद तक आत्मपरक होने के बावजूद —या शायद उसी के कारण बाहर की चीजों के प्रति उनमें गहरा मोह है और यदि यथार्थ का सामना करने का चाव नहीं, तो उसमें रमकर अपने निजी 'लैंडस्केप' को पहचानने का, उसे हू-ब-हू उकेरने का साहस है और सबसे बड़ी बात यह है कि मध्यवर्गीय होने के बावजूद वे मध्यवर्ग के झूठे आडम्बर से सर्वथा मुक्त हैं। इस गद्य में, खासकर शमशेर के कुछ निजी निबन्धों और कहानी-सी दीखनेवाली कहानियों में, एक अजीब तरह का परीशान तनाव मिलता है, जो बाद के गद्य में हमनें हमेशा के लिए खो

दिया।''[41] यहाँ शमशेर के गद्य में जो 'एक अजीब तरह का परीशान तनाव'की बात की गयी है क्या वही उनकी गद्य-शैली की विशेष पहचान नहीं है?

शमशेर की गद्य-शैली

शमशेर की गद्य-शैली, खड़ी बोली गद्य के दोनों रूपों – हिन्दी और उर्दू के संश्लेष से रचा गया है।खड़ी बोली गद्य की दो धाराएँ साथ-साथ लेकिन अलग-अलग राह चलती रही हैं– एक ने अरबी-फारसी दास्तानों, मसनवियों, सूफियाना नस्रों और कुरान के तरजुमा से अपनी यात्रा शुरू की[43] तो दूसरे ने संस्कृत के पौराणिक-धार्मिक साहित्य के अनुवाद से और अजब नहीं कि अंजाम आगाज के ही मेल में रहा। यहाँ अगर उर्दू की आरम्भिक गद्य कृतियों– मुल्ला वजही के 'सबरस'[44] (फत्ताही के 'किस्सा-ए-हुस्नो-दिल' का फारसी से अनुवाद, 1635), फजली की 'करबल कथा' या 'दह मजलिस' (मुल्ला हुसैन वाइज काशिफी की फारसी रचना 'रौजतुशशुहदा' का तरजुमा, 1731), सौदा (1713-81) द्वारा मीर की मसनवी 'शोल-ए-इश्क' का गद्य रूपांतरण, तहसीन के 'नौ-तर्जे-मुरस्सा'(अमीर खुसरो?की फारसी रचना 'किस्सए-चार दरवेश' का तरजुमा, 1775), शाह रफीउद्दीन और शाह अब्दुल कादिर के कुरान शरीफ के तर्जुमों (क्रमशः1786, 1790) और फोर्ट विलियम कालेज के अन्तर्गत मीर अम्मन, हैदर बख्श हैदरी, मीर शेरअली 'अफसोस', मिर्जा अली 'लुत्फ', मीर बहादुर अली हुसैनी, निहालचन्द लाहौरी इत्यादि के मूलतः फारसी से किये गये तर्जुमों – को ध्यान में रखा जाय तो यह कहना अनुचित न होगा कि 'स्रोत-भाषा' की प्रकृति ने 'लक्ष्य-भाषा' का लक्ष्य बहुत हद तक निर्धारित कर दिया था। यही हाल खड़ी बोली हिन्दी का भी था– आरम्भिक सभी गद्य-कृतियाँ यही संकेत करती हैं , चाहे वह रामप्रसाद 'निरंजनी' की 'भाषा योगवशिष्ठ' (वशिष्ठ कृत संस्कृत वेदांत ग्रंथ 'योग वशिष्ठ' का अनुवाद, 1741) हो या मुंशी सदासुख लाल 'नियाज' का सुखसागर (श्रीमद्भागवत के दशम स्कन्ध का अनुवाद,) या फिर सदल मिश्र का 'नासिकेतोपाख्यान' (भागवत पुराण के दशम स्कन्ध का चतुर्भुज शर्मा के ब्रजभाषा रूपांतर का अनुवाद, 1803) या लल्लू जी लाल का 'प्रेम सागर' (श्रीमद्भागवत के दशम स्कन्ध का अनुवाद, 1803)। संस्कृत और ब्रज-भाषा के स्रोतों ने खड़ी बोली हिन्दी गद्य के साँचों को उसी प्रकार ढालने का प्रयास किया जैसा कि अरबी-फारसी स्रोतों ने खड़ी बोली उर्दू का किया था। यहाँ सवाल स्रोत-भाषा से आयातित होने वाली शब्दावलियों का नहीं है बल्कि विषय-वस्तु और उससे भी अधिक अभिव्यंजना-शैली का है इसीलिए 'फिराक' साहब का यह कहना बिल्कुल दुरुस्त है कि ''शत-प्रतिशत हिन्दी शब्दों से भी बनी हुई उर्दू गद्य और कविता की किताबें मिलती हैं।इन किताबों

में एक भी अरबी फारसी का शब्द नहीं है। वस्तुतः खड़ी बोली हिन्दी को एक विशेष ढ़ंग से या एक विशेष शैली में प्रयोग करना उर्दू है जो निम्नलिखित उदाहरणों से स्पष्ट हो जायेगा।

"थमते थमते थमेंगे आँसू...रोना है ये कुछ हँसी नहीं है (मुसहफी)

"तारा टूटते सबने देखा यह नहीं देखा एक ने भी।

"किसकी आँख से आँसू टपका किसका सहारा टूट गया।(आरजू लखनवी)...

"अब गद्य की ऐसी पंक्तियाँ उद्धृत की जाती हैं जिनमें एक भी फारसी शब्द नहीं है—

(1) चाँदनी खेत कर आयी; (2) लड़ाई में सैकड़ों लोग काम आए; (3) देखना भाई यह छेड़-छाड़ अच्छी नहीं; (4) हाथ पर हाथ धरे बैठे हो; (5) बातें बनाने से बात नहीं बनेगी; (6) बात से बात निकलती है; (7) काम से काम किये जाओ; (8) दिन को दिन न समझो, रात को रात न समझो; (9) दिन डूब चला था; (10) रातों रात धावा बोल दिया; (11) मुझे तुमने कहीं का न रक्खा; (12) आज से मुझे कान हो गये; (13) मैंने बड़े बड़ों की आँखें देखी हैं।

"ये बहुत थोड़े से उदाहरण हैं और ऐसे बीसों हजार उदाहरण दिये जा सकते हैं जिससे यह बात स्पष्ट हो जाती है कि हिन्दी शब्दों को एक विशेष ढ़ंग से बोलने या लिखने का नाम उर्दू है। यह ढ़ंग या शैली ही उर्दू भाषा की आधारशिला है।यही वह ढ़ंग है जिसे हम उर्दू का साँचा कह सकते हैं।"[45] उर्दू का यह साँचा या विशेष ढ़ंग हिंदी के साँचे से कैसे अलग है, फिराक साहब ने यह खुलासा नहीं किया है लेकिन राम स्वरूप चतुर्वेदी ने काव्य-भाषा के सन्दर्भ में जरूर कुछ बातें कही हैं जो विचारणीय है; कहते हैः "प्रायः सभी विकसित काव्य-भाषाएँ बिम्बों अथवा भाव-चित्रों का प्रयोग करती हुई व्यंजना के माध्यम से सम्प्रेषण करती हैं। उर्दू भाषा में लाक्षणिक प्रयोगों की बहुलता तो मिलती है, पर उर्दू में लक्षणा से बोलचाल की भाषा के तेवर में मुहाविरा बनता है, बिंब नहीं।इसीलिए उर्दू कविता में 'साफगोई' को काव्य-भाषा का मिजाज माना जाता है।...उर्दू काव्य-भाषा का मूल तत्त्व मुहाविरे में जितना है उतना बिंब में नहीं। सामान्यतः काव्य-भाषा की व्यंजना-क्षमता दूर तक प्रतीकों और बिंबों के आश्रित रहती है। लक्षणा पर आधारित मुहाविरा (बात का उठना, बनना, चलना, बिगड़ना, सँभलना आदि) मूलतः बोलचाल की भाषा का गुण है।इस सन्दर्भ में उर्दू की स्थिति अन्य काव्य-भाषाओं से अलग है। हिन्दी तथा अन्य काव्य-भाषाओं में संज्ञा अथवा नामवाची शब्दावली का अधिक महत्व होता है, क्योंकि ऐसे शब्द सांस्कृतिक संदर्भों से जुड़े रहते हैं, दूसरे कविता की रचना प्रक्रिया में प्रतीक-बिम्ब आदि का विधान इस नामवाची शब्दावली के ही आधार पर होता है; पर्यायों से भी

वहाँ कुछ सुवि ा होती है। पर उर्दू में सहायक क्रिया तथा कुछ अव्यय शब्दों के साथ बनने वाले मुहा.विरे का विशिष्ट महत्व है। यहाँ अरबी-फारसी से गृहीत बहुत-सी तत्सम संज्ञाएँ तो बहुत बार सीधे समझी भी नहीं जा सकतीं।इसलिए कविता की रचना-प्रक्रिया प्रायः बोलचाल के मुहाविरे पर आश्रित होती है , जो उर्दू का वास्तविक रूप है।उदाहरण के तौर पर गालिब के प्रसिद्ध शेर की ये पंक्तियाँ द्रष्टव्य हैं– न था कुछ, तो खुदा था, कुछ न होता, तो खुदा होता/ डुबोया मुझको होने ने, न होता मैं तो क्या होता ! यहाँ पूरा काव्य-अनुभव 'होना' मुहाविरा के माध्यम से सम्प्रेषित हो रहा है। साथ में एक अन्य मुहाविरा या लाक्षणिक प्रयोग 'डुबोया' सहायक स्थिति में है। फिर 'होना'तथा 'डुबोया' का अपना अंतर्विरोध व्यंजना को और तीव्र करता है। पर बोलचाल का मुहाविरा बहुत जानदार होने पर भी सभी बात को एकबारगी कह कर खत्म कर देता है।बिम्ब से जो द्वन्दात्मक तथा गतिशील अर्थ-प्रक्रिया सम्भव होती है, वह मुहाविरे के माध्यम से नहीं चल पाती।''[46] लेकिन **शमशेर की विशिष्टता इस बात में है कि वे 'बिम्ब से जो द्वंदात्मक तथा गतिशील अर्थ-प्रक्रिया सम्भव होती है, वह मुहाविरे के माध्यम से' चलाना चाहते हैं** और इस क्रम में संश्लेष का एक नायाब नमूना पेश करने में सफल होते हैं।अब उदाहरण के तौर पर 'टूटी हुई बिखरी हुई' का यह गद्य देखें : ''वह गुल मोतियों को चबाता हुआ सितारों को/अपनी कनखियों में घुलाता हुआ, मुझ पर/एक जिन्दा इत्रपाश बनकर बरस पड़ा।/और तब मैंने देखा कि मैं सिर्फ एक साँस हूँ जो उसकी/बूँदों में बस गई है। /जो तुम्हारे सीनों में फाँस की तरह खाब में/अटकती होगी, बुरी तरह खटकती होगी।''[47] यहाँ जिन्दा इत्रपाश बनकर बरसते हुए एक गुल की बूँदों में काव्य-नायक का साँस बनकर बस जाने का एक बिम्ब है 'जो तुम्हारे सीनों में फाँस की तरह खाब में अटकती होगी, बुरी तरह खटकती होगी' के मुहावरे से यूँ गूंथ दिया गया है कि सम्प्रेषण भी बाधित नहीं होता और अभिव्यक्ति की विशिष्टता भी बरकरार रहती है।

शमशेर के सन्दर्भ में हिन्दी-उर्दू के संश्लेश का एक अर्थ यह भी है कि वे हिन्दी के वाक्य-विन्यास – कर्ता-कर्म-क्रिया – की जड़ता को उर्दू के लहजे से, कथन-भंगिमाओं से भी तोड़ते हैं। अब इस गद्यांश को पढ़ें: ''मैं जहाँ भी हूँ, खफीफ बुखार; पुरानी किताबें– बोसीदा, कीमती, आज के वक्त से कोसों पीछे; और दूसरे मुल्कों की ताजातरीन खबरों और आँकड़ों से भरी तसवीरों और नक्शोंवाली, अलग-अलग आकर्षक जबानों में ऐसी लायब्रेरियाँ जिनका मूल्य उनके मालिकों के लिए एक अजब बुखार का-सा है।

''जहाँ मैं हूँ, फलाकत(दैन्य), ख्वाब, आदर्श नामुमकिन और ऐन मुमकिन

आदर्श स्टाइलों के, कीमती और आकर्षक नमूने जिन पर कि आलोचक "बलि बलि जाएँ"! – कुरबान हों और खाक न समझें खूबी यह!– जहाँ मैं हूँ:

"खेत, मैदान, साफ-सुथरे स्टेशन, और मामूली चाय और देहात के ताजा अनाज का सीधा उम्दा भोजन और गन्ने का रस और एक खामोश बेतकल्लुफी और हँसती हुई-सी बेएतबारी और इज्जत अफजाई और वह खिला (रिक्तता) जो अफसरों, मामूली अफसरों और अदीबों और कलाकारों के दरमियान है– वह खाई जहाँ नौजवान विद्यार्थिनी अपना हुस्न एक फीके अनजाने रोमान के अन्दाज में सपाट बल्ब की रौशनी पर कुर्बान करने की मुद्रा की मश्क करती है: जहाँ बे-मानी वहशत है खिसियाने सेक्स की और उसकी पृष्ठभूमि का साज है एक जिन्दा लोकगीत जिसकी धुन का एक अदना-सा टुकड़ा भी हम अज़्-खुद नहीं बना सकते मगर जिसको अजब आधुनिक खूबसूरती के साथ बिगाड़ जरूर सकते हैं; जहाँ इनामात हैं दोयम दर्जे के 'शो' पर और तंज है फर्स्ट क्लास असली गहरी कला पर।"[48] आप यहाँ पायेंगे कि **खड़ी बोली हिन्दी की पारम्परिक वाक्य-रचना को तज कर शैलीकृत कथन-भंगिमा के सहारे वाक्य-विन्यास में लोच लाने का प्रयास किया गया है, लेकिन ऐसा वे उर्दू में बहुप्रशंसित 'रवानी' के आदर्श की अनदेखी करते हुए ही कर पाये हैं।** अक्सर आलोचकों को हिन्दी के एकरस वाक्य-विन्यास से शिकायत रही है और इसके लिए सामान्यतः महावीर प्रसाद द्विवेदी को जिम्मेवार ठहराया जाता है। एक आलोचक के अनुसार, "उन्नीसवीं शताब्दी के अंतिम चरण में भाषा के स्वछ्न्द प्रयोग से शैली-वैचित्र्य का स्वाभाविक विकास हो रहा था। द्विवेदी जी की मँजाई-घिसाई से उसके स्वाभाविक और सहज विकास को थोड़ा धक्का भी लगा।"[49] और एक दूसरा आलोचक इसी बात को कुछ यूँ कहता है: "आचार्य महावीरप्रसाद द्विवेदी के प्रयासों से जहाँ खड़ी बोली हिन्दी को एक क्रम और व्यवस्था मिली, जिसकी उस समय बहुत आवश्यकता थी, वहीं भाषा का रूप साहित्यिक रचना में स्थिर होकर रह गया। शब्द-समूह में परिवर्तन अपने आप जल्दी होता है, क्योंकि वह आसान है।वाक्य-विन्यास में परिवर्तन और लोच लाना अपेक्षया श्रमसाध्य है।हो सकता है कि 'सरस्वती' सम्पादक ने खड़ी बोली पर आधारित हिन्दी भाषा को एक पहचान और अस्मिता तो दी, पर उसके आंतरिक विकास की गति को बहुत मन्द कर दिया। यों व्याकरण का लाभ रचना की कठिनाई में बदल गया।"[50] शमशेर का गद्य, द्विवेदी-पूर्व के उस खुले, अमानकी कृत शैलियों में से एक शैली-विशेष की सम्भावनाओं का परीक्षण करने का प्रयास करता है और ऐसा वह सिर्फ खड़ी बोली उर्दू की सम्भावनाओं को मद्दे-नजर ही नहीं करता बल्कि अंग्रेजी गद्य की कई विशिष्टताओं को आजमा कर भी करता है।अक्सर यह कहा जाता है कि हिन्दी में

लम्बे-लम्बे वाक्य सम्भव नहीं हैं क्योंकि कर्त्ता का कर्म या क्रिया से दूरी बढ़ते ही वाक्य में एक प्रकार का अटपटापन आ जाता है। शमशेर हिन्दी वाक्य-रचना की इस सीमा को अंग्रेजी गद्य-शैली एवं उसके विराम-चिह्नों के सहारे अतिक्रमित करते हैं; उदाहरण के लिए इस गद्यांश को देखें : "एकाएक, केदार के साथ ही एक और कवि– बहुत असमान शक्ति और क्षमता का (मुहावरे का अटपटापन और शब्दों का भी कभी-कभी गलत प्रयोग उसके यहाँ मिलेगा जो बेहद अखरेगाः) मगर जिसकी कल्पना (गहरे व्यंजनात्मक संकेतों से) उलझे हुए बिम्बों और उपमाओं के ही द्वारा, सामाजिक सत्य को विलक्षण रूप से उघाड़ने की शक्ति रखती है...ऐसा एक कवि क्यों एक-टक मेरी ओर देखकर मुस्करा उठा है! वर्ग-सत्य पर जिसका हाथ है, – जिसकी वाणी में वेग है, मगर आवेश के कारण जो रह-रह कर अपना असर खो भी देती है; जो कभी-कभी अपनी ही उपमाओं में उलझ जाता हैः मगर फिर भी कटु सत्य की तीव्र अनुभूति और कचोट दबती नहीं, उसके 'अटपटेपन' में भी उभर-उभर उठती है। यह कवि रहते-रहते लाजवाब बन्द और मिसरे लिख जाता है। बेशक एक पूरी कविता की सफलता उसके टुकड़ों की सफलता से नहीं आँकी जाती, मगर इन सीमाओं के अन्दर भी जिस सच्ची प्रतिभा के मैं दर्शन करता हूँ उसके प्रति मेरे हृदय में बहुत-बहुत आदर है। यह किंचित अनपढ़, सच्ची प्रतिभा है कानपुर के मजदूरों और किसानों के 'शील' की।वह राजनीतिज्ञ नहीं है; राजनैतिक कार्यकर्ता है– मगर कवि है!"[51] यहाँ, कोष्ठक (ब्रेकेट), रैखिका (डैश), कोलन, अर्धविराम (सेमीकोलन), अल्प-विराम (कोमा), पूर्ण-विराम, उद्धरण-चिह्नों, विस्मयादिबोधक चिह्नों के सहारे गद्य के प्रवाह को चेतन ढ़ंग से बाधित किया गया है–रुक-रुक कर, ठहर-ठहर कर चलने वाली गद्य की यह लय विच्छिन्न ('स्टेकेटो') लय की तरह है – गद्यांश की इकाई बारी-बारी से एक दूसरे में प्रवाहित होने के बजाय अप्रत्याशित ढ़ंग से आगे बढ़ती है।डा.रामविलास शर्मा कहते हैंः "शमशेर बोलचाल के गद्य की लय पहचानते हैं।बोलचाल के गद्य की यह लय उनकी कविताओं के गद्य की भी लय है। उनकी वाक्य-रचना बदलती है, कभी सीधे-सादे वाक्य, कभी अनेक वाक्यांशों को गूंथकर रचे हुए लम्बे वाक्य, जवाहरलाल नेहरू की शैली में ठहर-ठहर कर बढ़ने वाले वाक्य, आगे के हिस्से पीछे और पीछे के हिस्से आगे – कभी तत्सम शब्द ज्यादा कभी हिन्दी का उर्दू रूप– लेकिन चाहे जैसी वाक्य-रचना हो, चाहे जैसा शब्द-चयन हो, उनके गद्य की लय प्रायः एक-सी रहती है।इस गद्य को आप जल्दी नहीं पढ़ सकते, जल्दी पढ़ना उसकी हत्या करना होगा। उसमें तेज प्रवाह नहीं है, सन्48 में लिखे हुए गद्य में भी नहीं, जब हिन्दी के प्रगतिशील लेखकों का गद्य आमतौर से प्रवाहपूर्ण होता था। उसकी चाल धीमी है, धीमी चाल में भी थोड़ी-थोड़ी देर में रुकना, जरूरी होता

है।''[52] **यहाँ सवाल यह उठता है कि बोलचाल के गद्य की क्या कोई एक मानक लय ठहराई जा सकती है और क्या धीमी चाल की लय प्रवाहपूर्ण नहीं हो सकती? क्या सिर्फ तेज प्रवाह ही प्रवाह है?** अगर शमशेर के गद्य को सामने रखकर यह बात की जाय तो पहले और अंतिम सवाल का उत्तर 'नहीं' में और दूसरे का 'हाँ' में होगा।[53]

गद्य में लय को दो धरातलों पर देखा जा सकता है– एक अंतर्वस्तु के धरातल पर और दूसरे भाषिक सामग्री के धरातल पर। अंतर्वस्तु के धरातल पर अगर देखें तो विवरण और चिंतन के बीच, विभिन्न चरित्रों के बीच या और भी कई स्तरों पर बारी बारी से गद्यकार की दृष्टि केन्द्रित होने के कारण लय की सृष्टि होती है[54], जैसे शमशेर की 6 मार्च'54 की डायरी का यह गद्य देखें जहाँ पहले का दो पैरा वर्णन है और अंतिम का पैरा चिंतनः ''मेरे कमरे पर, उसकी चटाई और दीवारों और अखबारों और कागजों और धूप और सायों पर जो एक मनहूस-सी दुखी रुह खामोश अपराधी की तरह बैठ गयी थी।

''उसका चेहरा खिल कर सुबह के फूलों की तरह खालिस पवित्र खुशी से मुस्करा उठा और हर चीज – दीवार पर धूप और साये की नक्काशियाँ, और किताबों और अखबारों के जिन्दा बारीक इशारे, और चटाई की बुनाबट के तह-ब-तह खाने, और मेरी जेबें, और मेरे पायजामें और रुमाल और तहबन्द सब मिलकर एक बहुत पवित्र हल्की-फुल्की मुबारकबाद सी मुझे देने लगे।

''मुझे यकीन हो गया है कि मोहब्बत का जज़्बा हमेशा एक बहुत पाक हस्ती अपनी जगह पर है, और जिस सीने में वह जोरों से धड़कने लगता है, उसको आपसे आप एक नयी जिन्दगी बख्शता है।''[55] यहाँ जो लय है वह सम्पूर्णता का लय है– दो वर्णनों के सोपान से चढ़कर अंतिम परिणति, चिंतन की परिणति तक पहुँचने का लय है, मानो गोलाई पूरी हो गई हो।

अंतर्वस्तु के धरातल पर लय की एक दूसरी कोटि, शमशेर की उन गद्य-कृतियों में दिखाई पड़ती है जहाँ बाहरी वातावरण और चरित्रें के आंतरिक वातावरण के बीच समानांतरता या विपरीतता रच कर अर्जित की गई है; जैसे 'दि क्रीसेंट लाज' में कहानीकार नायक की मनोदशा को आसपास की बेतरतीब घटित होती घटनाओं के परिप्रेक्षय में अभिव्यंजित किया गया है– आसपास की ध्वनियाँ जितनी मुखर हैं, नायक की भावनाएँ उतनी ही अमुखर : ''...लेकिन मेरी कहानी कहाँ! वह मेरा तीन-चार दिन का अनुभव, ताजा और अभी तक दिल को परेशान रखनेवाला; मेरे कैरेक्टर से पुराने तौर पर संबंधित, फिर भी उसमें एक नया अंतिम रुख।

"चार दिन से कोशिश कर रहा हूँ, लेकिन उसको मैं अपने आगे प्रकट नहीं कर पाता।

"घड़ी की नियमित, ऊँची, स्पष्ट टिक-टिक, टिक-टिक, टिक-टिक...

"खाँसी। आवाज। पुकार। शोर। हँसी। खड़ाऊँ। बर्तनों की धीमी खनक। और वही हल्का जन-रव का बैकग्राउंड। सड़क अभी चल रही है।जागृति की विविध-अद्भुत लहरें उठ-गिर रही हैं। रात के नौ बजे हैं। मेरी घड़ी कुछ तेज है।"[56]

एक ओर 'जागृति की विविध-अद्भुत लहरें उठ-गिर रही हैं' और दूसरी ओर 'चार दिन से कोशिश कर रहा हूँ, लेकिन उसको मैं अपने आगे प्रकट नहीं कर पाता' इन दो विपरीत ध्रुरुवांतों के तनाव से शमशेर के गद्य की लय अभिव्यंजित होती है। ओकल्धन ने ठीक ही कहा है कि "गद्यांश की मनोदशा को जो गद्य- लय गहरा करती है वही अभिव्यंजकता है। किसी उपन्यास में उसके चरित्र की भावात्मक दशा के वर्णन को भाषिक सामग्री के लय के अभिव्यंजक गुणों द्वारा बढ़ाया जा सकता है: उदाहरणस्वरूप किसी चरित्र के उत्तेजित मनोदशा को, वर्णन में स्टेकेटो लय के उत्तेजित स्वभाव के द्वारा सुदृढ़ किया जा सकता है। भाषिक सामग्री लय को वर्णित वस्तु के विपरीत स्वभाव में ढालकर ज्यादा जटिल प्रभाव हासिल किया जा सकता है: उदाहरण के लिए किसी शोकपूर्ण स्थिति का जीवंत एवं कल्लोलपूर्ण लय में चित्रण करके एक विडम्बनापूर्ण प्रभाव पैदा किया जा सकता है।मनोदशा को तीव्र करने का काम सिर्फ भाषिक -सामग्री -लय के द्वारा ही नहीं होता बल्कि अंतर्वस्तु-लय भी यह काम करती है। लोज के अनुसार 'जेन आयर' में नायिका के आंतरिक जीवन को उद्घाटित करने के लिए उपन्यास के दृश्य-बन्ध के अन्य तत्वों के साथ रात और दिन, तूफान और प्रशांत को बारी बारी से चित्रित किया गया है।"[57]

भाषिक सामग्री के धरातल पर बलाश्रित (स्ट्रेस-टाईम्ड) भाषाओं की सभी गद्य-रचनाओं में बलाघात (स्ट्रेस), प्रवाह(रन) और यति (पाउज) से लय उत्पन्न होती है लेकिन हिन्दी जैसी वर्णाश्रित (सिलेबुल-टाईम्ड) भाषाओं के गद्य में, लय को शब्द और वर्ण के विन्यास एवं प्रवाह में देखा जा सकता है जो मोटे तौर पर शब्द और सम्वेदना के सम्बन्ध के प्रति गद्यकार के रवैये को दर्शाता है। शमशेर का गद्य अंतर्मुखी एकालाप का गद्य है– वे मानो स्वयं से बातें करता हुआ, सोच-सोच कर बोलता हुआ गद्य है– उनकी डायरियों और आलोचनात्मक निबन्धों में ही नहीं बल्कि कहानियों और स्केच में भी वाचक प्रथम पुरुष है जो दूसरों से मुखातिब होकर भी ऐसे बात करता है मानो वह स्वयं से बात कर रहा हो – स्पष्ट ही इस प्रकार की संवेदना के गद्य का वर्ण-प्रवाह तथाकथित 'प्रवाहपूर्ण' नहीं हो सकता। उनकी वाक्य-रचना निक्षिप्त (पीरियोडिक) वाक्य-रचना के नमूने हैं जिसमें अक्सर बड़ी

संख्या में गौण उप-वाक्य (सबोर्डिनेट क्लाउज) एवं वाक्यांश (फ्रेज) प्रवाह को विलम्बित करते देखे जा सकते हैं: ''वह– जैसे खजुराहो के मन्दिर में मूर्तियाँ हैं, उसके हृष्ट-पुष्ट नायक पुरुष हैं एक तेवर अपनाए हुए, बहुत आश्वस्त, प्रसन्न वदन, मस्त– उसी तरह, मगर प्रसन्न और मस्त नहीं: उद्विग्न, और एक हलचल-सी जगाए अपने अन्दर– मगर वही पुष्ट शरीर और कुछ वही तेवर : ...एक ऐसी दिशा में देखते हुए, जो आधी चार साल पहले की ओर जाती है और आधी कुछ आज आने वाले कल की ओर....; और बहुत गम्भीर कटुता से– रंगमंच पर जैसे कोई खड़ा हो– जैसे जयद्रथ, मगर जो विजयी ही होने वाला हो, परास्त और पराजित नहीं...''[61] यहाँ उप-वाक्यों के अलावे वाक्यांशों, पार्श्वोक्तियों और संज्ञाओं की अधिकता है– क्रियाएँ हैं भी तो संज्ञाओं में खोती हुई जान पड़ती हैं– यह गद्य की 'संज्ञा शैली' है जिसे रिचर्ड लहमन ने 'क्रिया शैली' की गतिशीलता (एक्सन) के बरक्स 'स्थिरता' या गतिहीनता का पर्याय माना है।[62] शमशेर का अधिकांश गद्य इसी शैली में लिखा गया है। यह असंयोजकान्वय (पराटेक्सिस) के बजाय आश्रयान्वय (हायपोटेक्सिस) की शैली है, जहाँ वाक्य के अवयव एक धरातल पर स्थित होने के बजाय एक दूसरे को सीमित करते हुए, अधीनस्थ करते देखे जा सकते हैं। सीजर का प्रसिद्ध कथन ''आइ केम, आइ सा, आइ कंकर्ड'' असंयोजकान्वय शैली का आदर्श वाक्य-रचना है जहाँ तीन क्रियाओं को एकसमान वाक्य-धरातल पर प्रतिष्ठित किया गया है।[63] अंग्रेजी गद्य में हेमिंग्वे असंयोजकान्वय शैली के आदर्श प्रयोक्ता माने जाते हैं और हिन्दी में यह श्रेय जैनेन्द्र को दिया जा सकता है।उसी प्रकार आश्रयान्वय शैली के शमशेर आदर्श प्रयोक्ता माने जा सकते हैं।

असंयोजकान्वय (पराटेक्सिस) की अपेक्षा आश्रयान्वय (हायपोटेक्सिस) की शैली में विराम-चिह्नों की भूमिका ज्यादा अहम होती है क्योंकि वाक्य-धरातल में वाक्यांश या उपवाक्यों की जटिल स्थिति को इसी के सहारे दर्शाया जा सकता है।उपर उद्धृत गद्यांश से अगर विराम-चिह्नों को हटा दिया जाय तो पाठक को वाक्य के प्रवाह को समझने में मुश्किल हो सकती है लेकिन यह भी सच है कि विराम चिह्नों के ज्यादा प्रयोग से पाठ का प्रभाव भी खंडित हो सकता है और पाठक के अभिग्रहण की स्वतंत्रता भी बाधित हो सकती है।शमशेर, फाकनर एवं कमिंग्स की तरह, विराम-चिह्नों का अधिकाधिक प्रयोग करने वालों में अन्यतम हैं – वे प्रयोग होने वाले प्रायः सभी विराम-चिह्नों का प्रयोग करते हैं और अपेक्षित से अधिक अर्थ निचोड़ने का प्रयास करते हैं।यूँ तो उनके गद्य में अर्द्धविराम, अल्पविराम, पूर्णविराम, योजक -चिह्न, प्रश्नवाचक- चिह्न, विस्मयादिबोधक-चिह्न, उद्धरण-चिह्न, लोप- चिह्न (इलिप्सेस), डैस, आदि सभी चिह्नों का प्रयोग मिलता है लेकिन उनके यहाँ कोष्ठकों की स्वतंत्र

अहमियत है – वे वाक्यों में निक्षिप्त बनकर ही हर जगह नहीं रहते बल्कि कई स्थलों पर मूल वाक्यों के समानांतर चेतना - प्रवाह को प्रतीकित करने वाला सर्वाधिक प्रभावी साधन के रुप में आते हैं। 'मालिशः जाड़ों की एक सुबह' का आरम्भ यूँ होता हैः

"मैं अकेला बैठा एक निर्जन टापू में, एकांत।मेरे दाहिने कान में कड़ुआ तेल स्वप्न के बाजे बजा रहा है। दिमाग तक जाओ, सपनो, दिमाग की खबर लो।

"(चौके में लोटे, थाली और कुछ आटा-सा सानने का खड़का हो रहा है। किसी का नाक ठस है। मामी जी की? नहीं, मुन्नी की शायद...। मामा जी अभी नहीं उठे हैं।)

"कुछ मत सोचो, शरीर को अपने आप बढ़ने दो।– कानों ने दिमाग की खबर ली।कानों ने दिमाग की खबर ली। कानों ने कमर को सीधा उठाया। आँखों में तरावट, ओठों में गम्भीरता आई। मुट्ठी में दृढ़ता, मुद्रा में निश्चयता, बुद्धि में नव चेतना का जागरण।

"चोटी पर तेल ठोका गया।"[64] आगे फिर कोष्ठक आरम्भ होता है – इस प्रकार इस गद्य-रचना में जितना अंश कोष्ठक के अन्दर रखा गया है उतना ही सम्भवतः बाहर और इसका कारण शायद यह हो कि जिस प्रकार यथार्थ जितना चेतना के अन्दर है उतना ही शायद बाहर या 'चेतना कई स्तरों पर विचरण करती है'– यह दिखाने के लि़ए गद्यकार के पास कोष्ठकों के प्रयोग से ज्यादा अच्छा कौशल और क्या हो सकता था? इसी प्रकार लोप-चिह्नों का प्रयोग भी शमशेर के गद्य में खूब हुआ है, लेकिन हर जगह उससे एक ही काम नहीं लिया गया है – कहीं अनिश्चितता तो कहीं निरंतरता तो कहीं अनकहेपन को चिह्नित करने के लिए इसका इस्तेमाल किया गया है, जैसे यह गद्यांश देखेंः "मुझे स्वप्न-आकृतियाँ नींद में मिलतीं, मेरा काम कराती रहींः कि दो मंजिले के दफ्तर में वह... उन्होंने मुझे श्रीमती...के बारे में बताया कितना कुछ! एक बादामी रजिस्टरनुमा कापी से हवाले देकर। मैंने नोट कर लिया। 'फिर, उनसे...किससे, याद नहीं आ रहा!...भी, तो मैं मिला।"[65] यहाँ लोप-चिह्न अनिश्चितता को उजागर करने के लिए प्रयुक्त हुआ है लेकिन इस पंक्ति में संवेदना की निरंतरता को अभिव्यक्त करने के लिए किया गया हैः "यह ऐसा प्रतिबिम्ब, सूर्य का..."[66] शमशेर विस्मयादिबोधक चिह्न के बाद इसके प्रयोग से –" ए कुत्ती!!..."[67] दोहरे विस्मय को अभिव्यंजित करते हैं। वे वाक्य के आरम्भ में और विराम चिह्नों के बाद भी लोप-चिह्नों का प्रयोग करते हैं और दोनों जगह इसका अर्थ एक-जैसा नहीं होता; जैसे "'...हाँ, यह-सही बात है।'"[68] यहाँ 'हाँ' के पहले लोप चिह्न, वक्ता के दुचित्तेपन को संकेतित करता है जबकि इस पंक्ति में– "वह एक पूरी जिन्दा दुकान है, ..."[69] अल्पविराम के बाद लोप-चिह्न अनकहे को चिह्नित करता

है जबकि पूर्णविराम के बाद इसका प्रयोग दो पंक्तियों के बीच के अंतराल को मौन से गहराने के लिए किया गया है: "मैं एक कहानी-लेखक हूँ।..."[70] स्पष्ट ही, शमशेर के लिए लोप-चिह्न, वाक्य में अतिरिक्त अर्थ भरने के कारण टपकी हुई बूँदें (...) हैं, जो वाक्य-रचना को लचीला तो बनाती ही हैं, उसमें एक अतिरिक्त चमक भी ले आती हैं।

*** *** ****

क्या शमशेर की गद्य-शैली कवि-दृष्टि की शैली है? क्या कवियों का गद्य कथाकारों के गद्य से अलग होता है?हिन्दी के अद्वितीय गद्यकार निर्मल वर्मा कहते हैं, "अजीब संयोग की बात है कि हिन्दी गद्य के मरुस्थल में जहाँ—कहीं हरी घास के टुकड़े दिखायी देते हैं, वहाँ उन लोगों के हाथ दिखायी देते हैं जो कविता के अधिक नजदीक रहे हैं— जिनका 'प्रोफेशनल' गद्यकारों की अखाड़ेबाजी से ज्यादा लेना-देना नहीं था, जिन्होंने कविता के हाशिये पर अपने निबन्ध या लेख लिखे थे। उनकी ताजगी, मर्मज्ञता और दो टूक पैनापन अपने में एक अजीब आनन्द देता है। शायद इसलिए कि वे कवि होने के नाते शब्दों के महत्व को अधिक पहचानते हैं और उनसे खिलवाड़ नहीं करते। शायद इसलिए भी कि हमारे यहाँ कविता की एक मुखर आलोचना-पद्धति रही है, जिससे हमारा गद्य दुर्भाग्यवश आज तक वंचित रहा है।"[71] यह कहना सही हो सकता है कि कवियों के गद्य में शब्द के प्रति अतिरिक्त सजगता पायी जाती है लेकिन कविता की आलोचना-पद्धति की मुखरता हमेशा सहायक नहीं होती।रामविलास शर्मा कहते हैं, "शमशेर के लिए साहित्य का अध्ययन एक सजीव अनुभूति है और उस अनुभूति का प्रतिबिम्ब वह पाठक के मन में गद्य के द्वारा वैसे ही उतारना चाहते हैं जैसे अपनी किसी प्रेम या सौंदर्य की अनुभूति का प्रतिबिम्ब— गद्य के ही द्वारा कविता में।सुभद्राकुमारी चौहान की कविताएँ मन पर कैसा प्रतिबिम्ब बनाती हैं?

"गम्भीर, तो जैसे कोई शपथ ले रहा है, उद्दाम और मस्त, तो जैसे झमाझम बारिश हो रही है, सरल और सरस, तो जैसे हवाएँ मल्हार गा रही हों।

"आप मानेंगे। यह एक कवि का गद्य है।"[72]

यह आप तभी मानेंगे अगर आप अलंकार पर कविता के एकांतिक सर्वाधिकार की बात को न मान लें, नहीं तो 'कवि का गद्य' की कोटि के लिए यह प्रतिमान उपयुक्त नहीं हो सकता। यह तो जानी हुई बात है कि अलंकारों, रूपकों, अन्योक्तियों का गद्य में प्रयोग (शुद्ध गद्यकारों या कवि-गद्यकारों के गद्य में) भी उतना ही प्राचीन काल से मिलता है जितना कि कविता में। अगर 'प्लाट का मोर्चा' (1952), अरे यायावर रहेगा याद? (1953), सीढ़ियों पर धूप में (1960) और 'आकारों के आसपास' (1973)

के गद्य को पास-पास रख कर देखें तो कुछ सामान्य विशेषताएँ उभरती दिखाई देती हैं। 'सीढ़ियों पर धूप में' की भूमिका में अज्ञेय ने जो रघुवीर सहाय के बारे में लिखा है, वह इस वर्ग के सभी कवि-गद्यकारों के बारे में कहा जा सकता है : "संवेदना पर परिस्थिति की क्रिया-प्रतिक्रिया से– आभ्यंतर पर वाह्य के संघात से– रचना होती है। पर ठीक वह क्षण क्या है जिसमें वाह्य निरा वाह्य न रह कर द्वन्द्व रत 'दूसरा पक्ष' हो जाता है – जो कि संघात का वास्तविक क्षण है; कैसे वह द्वन्द्व अवचेतन से चेतन में आता है, या लाया जाता है, या आये बिना चेतन को प्रेरित करता है ...रघुवीर सहाय की कहानियों में, या समय-समय पर टीप लिए गये अंतरालोकित वाक्यों में, संघात के उस क्षण को पकड़ने की एकांत सजगता बार-बार लक्षित होती है।"[74] संघात के उस क्षण को अंतरालोकित वाक्यों में पकड़ने की कोशिश कई बार इन रचनाओं को ठेठ गद्य के बजाय 'गद्य-काव्य' के करीब ले जाती है और अकारण नहीं कि इस प्रकार के गद्य का मुख्य स्वर अंततः रचनाकार का ही निजी स्वर सिद्ध होता है। शमशेर चाहे डायरी लिखें या स्केच, कहानी लिखें या लेख आपको शमशेर का ही स्वर सुनाई पड़ता है और यह रचनाकार की शैली-विशेष के स्थापित होने का प्रमाण है लेकिन जहाँ कथा में पात्रनुकूल भाषा की अपेक्षा की जाती है शमशेर जैसे रचनाकारों की यह विशिष्टता कथोपकथन के लिए बाधक और अनुपयुक्त ठहराई जा सकती है। रवींद्रनाथ ठाकुर के गद्य पर विचार करते हुए बुद्धदेव वसु ने लिखा हैः "...रवीन्द्रनाथ ठाकुर जब रवीन्द्रनाथ की सद्यतन भाषा का व्यवहार करते हैं तो वह भली मालूम होती है पर गल्प और नाटक के पात्र- पात्रियों के मुख में वही भाषा अविश्वसनीय हो जाती है।"[75] यही बात शमशेर के लिए भी कही जा सकती है।वैसे उनके सम्पूर्ण गद्य-संसार में कथोपकथन की मात्र बहुत अल्प है लेकिन 'नन्ही बाई' (कहानी) और 'दो बहनें' (अपूर्ण उपन्यास) में आपको नन्ही बाई या अमला कुमारी सिन्हा('दो बहनें' की नायिका) के स्वर के बजाय शमशेर का ही स्वर सुनाई पड़ेगा। यह सम्भवतः 'अंतरालोकित गद्य' की अनिवार्य परिणति है।

रवींद्रनाथ ठाकुर ने गद्य-काव्य पर विचार करते हुए लिखा हैः "यजुर्वेद में हम जिस उदात्त छंद का साक्षात्कार करते हैं उसको हम पद्य नहीं कहते, मंत्र कहते हैं।हम सभी जानते हैं कि पद्य का लक्ष्य है शब्द के अर्थ को ध्वनि के भीतर से मन की गहराई में ले जाना। वहाँ पर वह केवल अर्थवान ही नहीं ध्वनिमान भी होता है।मैं निस्सन्देह कह सकता हूँ कि इस गद्य-मंत्र की सार्थकता बहुतों ने मन के भीतर अनुभव की है, क्योंकि ध्वनि थम जाने पर भी उसकी गूँज नहीं थमती।"[76]

यूँ तो 'गद्य-काव्य' में गद्य, काव्य का विशेषण है लेकिन जहाँ काव्य, गद्य का विशेषण बन जाय तो क्या उसे काव्य-गद्य कहना ज्यादा उपयुक्त नहीं होगा और क्या यही शमशेर के गद्य की पहचान नही है?

सन्दर्भ एवं टिप्पणी

1. आचार्य वामन, **काव्यालंकारसूत्रवृत्ति**, नगेन्द्र (सं), हिन्दी माध्यम कार्यांवय निदेशालय, दिल्ली विश्वविद्यालय, प्रथम संस्करण, 1994, पृ. 55
2. संस्कृत काव्य-शास्त्र में काव्यत्व की दृष्टि से गद्य और पद्य में कोई मौलिक अंतर नहीं माना गया है – उनकी एक ही कसौटी थी सरसता या रमणीयता, जिसके रहने पर गद्य भी काव्य है और न रहने पर पद्य भी काव्य नहीं है। गद्य और पद्य का भेदक है छून्द का अभाव तथा सद्भाव। दण्डी के अनुसार 'पाद-रहित पद-संतान'(शब्द-समूह) को गद्य कहते हैंः 'अपादः पदसंतानौ गद्यम्' (काव्यादर्श 1/23) वामन ने गद्य के तीन भेद किये– वृत्तगन्धि, चूर्ण, उत्कलिकाः ''गद्यं वृत्तगन्धि चूर्णमुत्कलिकाप्रायञ्च'' (**काव्यालंकारसूत्रवृत्ति**, वही, 1/3/22)। विश्वनाथ ने इसमें मुक्तक नाम का एक और प्रभेद जोड़ाःवृत्तगन्धोज्झितं गद्यं मुक्तकं वृत्तगन्धि च।। भवेदुत्कलिकाप्रायं चूर्णकं च चतुर्विधम्। (**साहित्यदर्पण**, मोतीलाल बनारसीदास, दिल्ली, पुनर्मुद्रण, 2004, पृ.226) वृत्तगन्धि गद्य वह है जिसमें किसी छंद की गन्ध आ जाय; अन्य तीन भेद समास की अधिकता या न्यूनता पर आधारित हैं मुक्तक में समास का सर्वथा अभाव होता है, चूर्णक में कम समास होते हैं तथा उत्कलिका में समास सबसे लम्बे तथा अधिक होते हैं।लेकिन हिन्दी जैसे विश्लेषनात्मक भाषा के गद्य को समास या छन्द के आधार पर वर्गीकृत कर समझना सम्भव नहीं है।
3. सोफिस्ट गागियास ने कविता की परिभाषा 'लोगोस विद मीटर' छन्दोबद्ध शब्द की थी जो बाद में चलकर प्लेटो के यहाँ इस रूप में है कि वहाँ सुकरात यह कहते पाये जाते हैं कि जब किसी पद्य रचना से स्वर-माधुर्य (मेलोडी), लय और छन्द को हटा दिया जाय तो जो बचता है वह लोगोय (गद्य?) है। अरस्तु का मानना था कि कलात्मक गद्य, काव्यात्मक -शैली के अनुकरण में विकसित हुई और गागियास इस प्रकार के गद्य के आदर्श हैं जबकि गद्य की शैली(लेक्सिस) काव्यात्मक -- शैली से भिन्न होती है और काव्यात्मक - शैली ... भाषण (स्पीच) के लिए उपयुक्त नहीं होती। गद्य-पद्य शैली की भिन्नता को लेकर गागियास के दो शिष्यों– इसोक्रात और अल्कीदमस के बीच चौथी शती में बहस हुई। इसोक्रात का कहना था कि कवियों को अलंकरण (कोस्मोई) की कई सुविधाएँ हैं जो एक गद्यकार को सुलभ नहीं हैं जबकि अल्कीदमस का मानना था कि लिखित गद्य, कविता की तरह दिखना चाहता

है और इसलिए वक्ता को इस काव्यात्मक शैली का सहारा लेने से श्रोता को कायल करने में शायद ही सफलता मिले। उनका मानना था कि लिखित वक्तव्य की काव्यात्मक विशेषता श्रोता पर तत्काल जाहिर हो जाती है और यह विशेषता वक्ता की अविश्वसनीयता की प्रतीक मानी जाती है परिणामतः ऐसे भाषण श्रोता में अविश्वास जगाते हैं और उन्हें कायल कर पाने में असफल सिद्ध होते हैं। अरस्तू 'रिटोरिक' में अलयात्मक भाषण (स्पीच) को त्रुटिपूर्ण मानते हैं क्योंकि ये 'सीमाहीन' हैं।सभी चीजों को संख्या के सहारे सीमा दी गई है और अभिव्यक्ति के क्षेत्र में यह संख्या लय (रिद्म) है।क्योंकि ज्ञान और आनन्द दोनों को 'सीमा'चाहिए, इसलिए गद्य जो लयहीन है ''अज्ञेय और आनंदहीन'' है। लय अपेक्षित सीमा मुहैया करती है लेकिन यह अति भी कर सकती है और यह अति ही छन्द है यानी लय की इकाई का नियमित दुहराव और यही गद्य को अविश्वसनीय बनाती है क्योंकि यह बनावटी जान पड़ती है। इसलिए अरस्तू का सूत्र हैः ''स्पीच में लय होनी चाहिए लेकिन छंद नहीं क्योंकि छन्द कविता है।'' ''वक्तृत्व के लिए गद्य में किस प्रकार की लय निर्धारित हो'' इस प्रश्न के सन्दर्भ में अरस्तू सामान्य बोलचाल के नियमों में थोड़ा विचलन की सलाह देते हैं। उनका कहना है कि ''हेरोईक (डक्टीलिक) छन्द शानदार है लेकिन सामान्य बोलचाल से कोसों दूर है; ट्रोकाईक कामदी से बेतरह जुड़ी हुई है; इयाम्बिक में सामान्य बोलचाल की लय है और इसीलिए अनुपयुक्त है क्योंकि स्पीच को थोड़ा ओजस्वी और हृदयस्पर्शी होना चाहिए।'' अरस्तू पीअन (स्तोत्र) को सर्वाधिक उपयुक्त मानते हैं क्योंकि यह थोड़ी अजनबी भी है और एक मानक कविता की लय भी नहीं है।''

देखें, रीचर्ड ग्राफ, प्रोज वर्सेस पोयट्री इन यर्ली ग्रीक थियरीज आफ स्टाइल, **रिटोरिका**, वोल्यूम, 23, न.4, ओट्म 2005, (यूनिवर्सिटी आफ केलिफोर्निया प्रेस), पेज 307-311

4. गद्य और पद्य का एक विभेद पुनर्जागरणकालीन बौद्धिक गेरालेमो फ्रेकास्तोरी के उदाहरण से स्पष्ट होता है : सोलहवीं शताब्दी में पूरा यूरोप जब एक भयंकर महामारी के चपेट में था तब इस वेरोनीज डाक्टर ने इस महामारी पर लैटिन में महाकाव्य सिफलिस (1530) लिखा (इस रचना से ही रोग विशेष का नाम 'सिफलिस पड़ गया) यह रचना लैटिन महाकाव्य की वाग्मिता एवं मानववादी रूढ़ियों से आबद्ध थी लेकिन इसी विषय पर सोलह साल बाद जब उन्होंने गद्य में दे कोंतागियोने लिखा तब उन्हें मानववाद के बजाय वैज्ञानिक आगमन का सहारा लेना पड़ा। सिफलिस और दे कोंतागियोने की तुलना करने पर यह स्पष्ट हो जाता है कि फ्रेकास्तोरो के लिए एक ही विषय को दो तरीके से चित्रित करने की सुविधा थी।काव्यात्मक महाकाव्य लिखते वक्त विचार और माडल के लिए उन्होंने लैटिन क्लैसिक्स की ओर रूख किया

लेकिन जब उन्होंने गद्य में निबन्ध लिखना चाहा तो उन्होंने चिकित्सकीय निरीक्षण एवं वैज्ञानिक आगमन का सहारा लेना उचित समझा। आने वाली शतियों में ये दो धाराएँ जिसे क्रमशः मानववाद एवं विज्ञान कहा गया, एक दूसरे की विरोधी एवं भिन्न मानी जाने लगीं। देखें, रिचर्ड फ्रेंक, **फ्रेकास्तोरोःपोयट्री वर्सेस प्रोज**, इंटरनेशनल जर्नल आफ द क्लैसिकल ट्रेडिशन, वोल्यूम 9, न.4, स्प्रिंग 2003, पेज 524-534.

5. रामविलास शर्मा की मानें तो, "शमशेर के लेखन में जो पद्य नहीं है, वही सबसे महत्वपूर्ण है, चाहे वह गद्य उनके निबन्धों में हो, चाहे उनकी कविताओं में।" अच्छे गद्य की पहचान, **शमशेर बहादुर सिंह की कुछ गद्य-रचनाएँ**, मलयज(सं), सम्भावना प्रकाशन, हापुड़, प्रथम संस्करण, 1989, पृ. 9
6. **शमशेर बहादुर सिंह की कुछ गद्य-रचनाएँ**, सम्भावना प्रकाशन, हापुड़, प्रथम संस्करण, 1989, पृ. 50
7. वही
8. वही, पृ.58-59
9. वही, पृ.59
10. "सब्लिमिटी इज दि इको आफ ए नोबल माइंड", **क्लासिकल लिटेरिरी क्रिटिसिज्म**, पेनेलोप मुर्रे एंड टी.एस.डोर्स, (ट्रांसलेटेड एंड नोट्स), पेंग्युइन बुक्स इंग्लैंड, रिप्रिंट 2004, पृ.122
11. शमशेर, **कुछ और गद्य-रचनाए**, रंजना अरगड़े(सं), राधाकृष्ण प्रकाशन, दिल्ली, प्रथम संस्करण, 1992, पृ. 52 12.वही, पृ.53 13. मैथ्यू आर्नोल्ड, **दि स्टडी आफ पोयट्री, इन इंग्लिश क्रिटिकल टेक्सट**, डी.जे.एनराईट एंड अर्नस्ट डी चिकेरा (एडिटेड), आक्सफर्ड यूनिवर्सिटी प्रेस, ट्वेंटी फर्स्ट इम्प्रेसन, 2001, पृ.261 14. कुछ और गद्य-रचनाए, वही, पृ.213
15. वही, पृ.52
16. वही, पृ.91 17. वही, पृ.67
18. वही, पृ.123 19. वही, पृ.18
20. वही
21. वही, पृ.20
22. **शमशेर बहादुर सिंह की कुछ गद्य-रचनाएँ**, वही, पृ.96-97
23. वही, पृ. 89
24. वही, पृ.106
25. **कुछ और गद्य-रचनाए**, वही.पृ.13
26. वही, पृ. 16
27. वही, पृ.232 28. वही, पृ.234

29. वही, पृ.227

30. वही

31. देखें, मिशेल टेलबोट, **दि होलोग्राफिक यूनिवर्स**, हार्पर कालिंस, 1992

32. **शमशेर बहादुर सिंह की कुछ गद्य-रचनाएँ**, वही, पृ.163 33.वही, पृ.168

34. वही, पृ.178-179

35. वही, पृ.237

36. http:///ncyclopedia2-thefreedictionary-com/Literary+Sketch

37. **शमशेर बहादुर सिंह की कुछ गद्य-रचनाएँ**, वही, पृ.276-277 38.वाशिंगटन इर्विंग, **दि स्केच बुक**, वोल्यूम वन, एल.बाउद्री, पेरिस, 1825, पेज 7

39. अखिलेश(सं), **तदभव**, अंक 22, जुलाई 2010, पृ.54

40. रामचन्द्र शुक्ल, **चिन्तामणि**, भाग-3, नामवर सिंह (सं), राजकमल प्रकाशन, दिल्ली, चौथी आवृत्ति, 2010, पृ.235

41. निर्मल वर्मा, **शब्द और स्मृति**, राजकमल प्रकाशन, दिल्ली, द्वितीय संस्करण, 1979, पृ.82-8

42. यहाँ इस बहस में पड़ने का कोई मतलब नहीं है कि दोनों धाराओं में किसका उत्स पहले था लेकिन सन्दर्भ के लिए डा.ताराचन्द और आचार्य रामचन्द्र शुक्ल के विचार द्रष्टव्य हैं। डा.ताराचन्दः ''हिन्दुओं के लिए लल्लूलाल जी, सदल मिश्र, बेनी नारायण को (फोर्ट विलियम कालेज की आलाकमान से) हुक्म मिला कि गद्य की किताबें तैयार करें। उन्हें और भी अधिक मुश्किलों का सामना करना पड़ा। अदब या साहित्य की भाषा तो ब्रज थी लेकिन इसमें गद्य नाम ही के लिए था।क्या करते, उन्होंने रास्ता ये निकाला कि मीर अम्मन, अफसोस वगैरा की भाषा को अपनाया। पर इसमें से फारसी, अरबी के शब्द छाँट दिए और संस्कृत और हिन्दी (= ब्रज और दूसरी बोलियों) के शब्द रख दिए..."(शम्सुर्रहमान फ़ारूक़ी, **उर्दू का आरम्भिक युग**, राजकमल प्रकाशन, दिल्ली, पहला संस्करण, 2007, पृ.42 पर उद्धृत) आचार्य रामचन्द्र शुक्लः ''मोगल साम्राज्य के ध्वंस से भी खड़ी बोली के फैलने में सहायता पहुँची। दिल्ली, आगरे आदि पछाँही शहरों की समृद्धि नष्ट हो चली थीऔर लखनऊ, पटना, मुर्शिदाबाद आदि नई राजधानियाँ चमक उठीं। जिस प्रकार उजड़ती हुई दिल्ली को छोड़कर मीर, इंशा आदि अनेक उर्दू शायर पूरब की ओर आने लगे, उसी प्रकार दिल्ली के आसपास के प्रदेशों की हिन्दू व्यापारी जातियाँ (अगरवाले, खत्री आदि) जीविका के लिए लखनऊ, फैजाबाद, प्रयाग, काशी, पटना आदि पूरबी शहरों में फैलने लगीं। उनके साथ साथ उनकी बोलचाल की भाषा खड़ी बोली भी लगी चलती थी।...यह खड़ी बोली असली और स्वाभाविक भाषा थी, मौलवियों और मुंशियों की उर्दू-ए-मुअल्ला नहीं। यह अपने ठेठ रूप में बराबर पछाँह से आई हुई जातियों के

घरों में बोली जाती है। अतः कुछ लोगों का यह कहना या समझना कि मुसलमानों के द्वारा ही खड़ी बोली अस्तित्व में आई और उसका मूल रूप उर्दू है जिससे आधुनिक हिन्दी गद्य की भाषा अरबी-फारसी शब्दों को निकालकर गढ़ ली गई, शुद्ध भ्रम या अज्ञान है।" (**हिन्दी साहित्य का इतिहास**, नागरी प्रचारिणी सभा, काशी, बीसवाँ पुनर्मुद्रण, 1983, पृ.279)

43. "वजही ने यह कहीं नहीं लिखा कि सबरस उसने हुस्न-ए-दिल को सामने रखकर लिखी है लेकिन मौजूँ की इक्सानियत, रंगे-तमसिल, अन्दाजे-तहरीर, खुद किस्सा-ए-हुस्न-ए--दिल की इस दौर में मकबूलियत और तकाबुली मुताल्ले से यह बात वसूक के साथ कही जा सकती है कि सबरस किस्सा-ए-हुस्ने-दिल का ही समर-ए-उर्दू है।" जमील जालिबी, **तारीख-ए-अदब-ए-उर्दू**, जिल्द एक, एजुकेशनल पब्लिशिंग हाउस, दिल्ली, पाँचवा एडिशन, 1993, पेज, 445 वैसे स्वयं फत्ताही की रचना कृष्ण मिश्र के संस्कृत नाटक ' प्रबोध चन्द्रोदय' का तर्जुमा माना गया है, देखें, वहाब अशरफी, **तारीख-ए-अदब-ए-उर्दू**, जिल्द एक, एजुकेशनल पब्लिशिंग हाउस, दिल्ली, 2007, पेज118-119

44. टी. ग्राहम. बेली का यह कहना विवादास्पद है कि किसी भी भाषा के साहित्येतिहास में विरले ही किसी अनूदित साहित्य का उल्लेख किया जाता है जबकि हिन्दी-गद्य के विकास पर बात करते हुए प्रायः ही अनुवादों की चर्चा होती है लेकिन यही गलती उर्दू गद्य पर विचार करते समय नहीं दुहराई जाती। देखें, हिन्दी प्रोज बिफोर द नाईंटिंथ सेंचुरी, बुलेटिन आफ दि स्कूल आफ ओरिएंटल स्टडीज, यूनिवर्सिटी आफ लंडन.वोल्यूम 3, न.3.1924, पेज. 523

45. फिराक गोरखपुरी, **उर्दू भाषा और साहित्य**, उत्तर-प्रदेश हिन्दी संस्थान, लखनऊ, द्वितीय संसकरण, 1979, पृ. 14-17

46. रामस्वरूप चतुर्वेदी, **हिन्दी साहित्य और सम्वेदना का विकास**, लोकभारती प्रकाशन, इलाहाबाद, प्रथम संस्करण, 1986, पृ. 70-71

47. **कुछ कविताएँ व कुछ और कविताएँ**, राधाकृष्ण प्रकाशन, दिल्ली, नया संस्करण 1984, पृ. 133-134

48. **शमशेर बहादुर सिंह की कुछ गद्य-रचनाएँ**, वही, पृ.298

49. हजारीप्रसाद द्विवेदी, **हिन्दी साहित्यः उद्भव और विकास**, राजकमल प्रकाशन, दिल्ली, पुनर्मुद्रित 1995, पृ.216-17

50. रामस्वरूप चतुर्वेदी, **गद्य की सत्ता**, दि मैकमिलन कम्पनी आफ इंडिया लिमिटेड, नई दिल्ली, प्रथम संस्करण, 1977, पृ.5

51. **कुछ और गद्य-रचनाए**, वही.पृ.20

52. **अच्छे गद्य की पहचान**, शमशेर बहादुर सिंह की कुछ गद्य-रचनाएँ, वही, पृ10-11

53. यहाँ यह स्पष्ट करना आवश्यक है कि संगीत के लय और गद्य के लय मे फर्क होता है : "''गीत-पद्य'' (सौंग-वर्स) और ''उक्ति-पद्य'' (स्पीच-वर्स) में भेद है। गीत-पद्य का स्रोत संगीत में है – स्वर-माधुर्य (मेलोडी) पर आधारित है यह। यह पंक्तियों में शब्द का बना होता हैः इसकी इकाई समकालिक अवधियाँ हैं जिसमें अक्षर गुँथे होते हैं।कालावधि को बलाघात (वर्ड स्ट्रेस) द्वारा चिह्नित किया जाता है : मात्रा और यति की भी भूमिका होती है लेकिन उतनी महत्त्वपूर्ण नहीं।दूसरी तरफ उक्ति-पद्य का स्रोत गीत से परे मनुष्य का बोलचाल है।इसका विकास वक्तृता के साथ-साथ हुआ न कि कंठ-संगीत के द्वारा। यह वाक्यों में शब्द का बना होता है जो 'वजन' से नियंत्रित समकालिक पंक्तियों में लिखा जाता है।और यह वजन बलाघात, मात्रा और यति का परिणाम होता है।'' **प्रोज रिद्मस एंड पोयटिक मीटर**, जोर्ज ओ'नील, स्टडीजरूएन आयरिश क्वाटर्ली रिव्यू, जून 1913, वोल्यूम 2, न. 6.पेज 90

54. टिमोथी.एम.बी.ओकल्घन, **प्रोज-रिद्मः एन एनेलिसिस फोर इंस्ट्रक्सन**, जर्नल आफ एस्थेटिक एजुकेशन, वोल्यूम 18, न.3, ओट्म 1984, पेज 101-110

55. **शमशेर बहादुर सिंह की कुछ गद्य-रचनाएँ**, वही, पृ. 275

56. वही, 179

57. टिमोथी.एम.बी.ओकल्घन, वही, पेज 107-108

58. ''साहित्यिक आलोचना में, गद्य की लय को दो प्रकार के प्रतिमान से आँका जाता हैः एक विविधता में एकता और दूसरा अभिव्यंजकता। एक तीसरा प्रतिमान वर्ण के प्रवाह तथा विराम के लय को चिह्नित करने वाला वर्ण-कौशल का हो सकता है। वर्ण कौशल इस तथ्य से उद्घाटित होगा है जैसा कि हार्डिंग का मानना है कि किसी गद्यांश में शब्दों को कैसे दो प्रणाली के आधार पर एकसाथ नियोजित किया गया है– ये दो प्रणाली हैं वर्ण - प्रवाह(सिलेबिक रन)और संवेद-इकाई (सेंस यूनीट)। गद्य-लेखक की एक समस्या यह होती है कि कैसे वह अपनी संवेद-इकाई को वर्ण-प्रवाह के साथ मेल बैठाए। वर्ण-प्रवाह को, हार्डिंग के अनुसार ऐसे शब्दों में मैत्री नहीं स्थापित करनी चाहिए जो एक साथ नहीं चल सकते न ही उनमें विच्छेद उत्पन्न करना चाहिए जो साथ चल सकते हैं। एक लेखक इन सब से बचकर ही वर्ण-प्रवाह हासिल कर सकता है। विविधता में एकता का मानक, जैसा कि ओस्बोर्न ने दिखलाया है विभिन्न कलाओं में लागू किया जाता रहा है। गद्य-लय पर यह मानक लागू करें तो लेखकों से यह अपेक्षित होगा कि वे अपनी रचना की लय भिन्नता और समानता के सम्बन्ध पर आधारित करेंगे। इस प्रकार की लय रचना का एक उदाहारण देखें:

दैट मायटी (पाःज), दैट वेटइ, (पाःज) दैट पांडरस गाड,

रन रन

(पाःज) दैट ब्लास्ट्स अ स्टेट विद अ ब्रेथ, (पाःज) दैट मेल्ट्स अ चर्च
रन रन
विद अ लुक, (पाःज) दैट मोल्डर्स अ वर्ल्ड विद अ टच (पाःज)
रन

यह वाक्य डान के सर्मन से लिया गया है : इसकी संरचना छह अक्षर-प्रवाह से बनी है। प्रवाह यद्यपि समान है लेकिन इसमें विविधता भी है; विशेषकर प्रथम तीन और अंतिम तीन प्रवाह की लम्बाई में विषमता देखी जा सकती है। यतियाँ भी बुनी हुई हैं: प्रथम दो अवरोही (केडेंस) हैं जबकि तीसरा विषम, इससे प्रथम तीन यतियाँ एक सुसम्बद्ध इकाई के रूप में ढल गईं और, परिणामतः अंतिम तीन यतियों से उनका वैषम्य और गहरा हो गया।'' वही, पृ.107

59. रामविलास शर्मा ने शमशेर के गद्य की धीमी गति को गद्यकार की अवसादपूर्ण मनःस्थिति का नतीजा माना है, वे कहते हैं: ''गद्य की यह धीमी लय मन पर अवसाद की छाया छोड़ जाती है। कलाकार चाहे गद्य लिखे, चाहे पद्य, उसके मन की वास्तविक दशा उसके गद्य-पद्य की लय से ही प्रकट होती है, सचेत होकर व्यक्त किए गए भावों और विचारों से नहीं। गद्य की लय उपचेतन मन का दर्पण है और इन निबन्धों को लिखते समय शमशेर का अंतर्मन बिषादग्रस्त रहा है।'' **अच्छे गद्य की पहचान**, वही, पृ12

60. **शमशेर बहादुर सिंह की कुछ गद्य-रचनाएँ**, वही, पृ. 284

61. रिचर्ड लनहम, **एनालाइजिंग प्रोज**, कंटिनम प्रेस, लंडन, न्यू यार्क, रिप्रिंट 2004, पृ.11

62. हार्डिंग के अनुसार ध्वनि-प्रवाह को ऐसे शब्दों में मैत्री नहीं स्थापित करनी चाहिए जो एक साथ नहीं चल सकते न ही उनमें विच्छेद उत्पन्न करना चाहिए, जो साथ चल सकते हैं। एक लेखक इन सब से बचकर ही प्रवाहमयता हासिल कर सकता है। ध्वनि-प्रवाह की तुलना लम्बाई के आधार पर, बलाघात के आधार पर, स्वर और व्यंजन की लघुता और दीर्घता के आधार पर पर हो सकती है। देखें, डी.ड्ब्लू.हार्डिंग, **वर्ड्स इन्टू रिद्म**, कैम्ब्रिज यूनिवर्सिटी प्रेस, कैम्ब्रिज, 1976

ग्रीनिंग लेम्बोर्न दीर्घ स्वर को धीमी गति से तथा ह्रस्व स्वर को मृदु गति से जोड़ते हैं। एक प्रवाह में अक्षर संख्या और बलाघात के अनुपात की ओर भी वे इंगित करते हैं : बलाघात का अनुपात जितना ज्यादा होगा, गति उतनी ही धीमी होगी। देखें, इ.ए.ग्रीनिंग लेम्बोर्न, द **रूडिमेंट्स आफ क्रिटिसिज्म**, क्लेरेंडान प्रेस, आक्सफर्ड, सेकेंड एडिशन, 1931, पेज41-42.

63. देखें, वही, पृ.

64. **शमशेर बहादुर सिंह की कुछ गद्य-रचनाएँ**, वही, पृ. 237

65. वही, पृ. 221

66. वही, 248
67. वही239
68. वही, पृ.226
69. वही, पृ.283
70. वही, पृ.231
71. निर्मल वर्मा, वही, 84
72. अच्छे गद्य की पहचान, वही, पृ.10
73. प्राचीन यूनान में, जो भी आधिकारिक, महत्वपूर्ण माना जाता था उसका पद्य में प्रदर्शन और लेखांकन होता था...चाहे वह राजनीति का मामला हो या कोई तींव्र बौद्धिक अनुसन्धान का , चाहे आप युद्ध की बात कर रहे हों या सेक्स की , धर्म की या यात्रा की , नैतिक सलाह देना चाहते हैं या खेती का गुर बताना चाहतें हैं, कोई भी महत्वपूर्ण पाठ पद्य में ही प्रस्तुत किया जाता था ... लेकिन (पाँचवीं शतीमें,) राजनीति सिद्धांत, वैज्ञानिक सिद्धांत, वक्तृत्व-कला, चिकित्सा-शास्त्र, दर्शन-शास्त्र, इतिहास आदि के लेखन की शुरूआत हुई...और यह क्रांतिकारी प्रवर्तन सब गद्य में हुआ...और छठी शती के बाद तो दर्शन, इतिहास, चिकित्सा, गणित, धर्म-विज्ञान – प्रभुत्व का विज्ञान– सब कुछ सिर्फ गद्य में ही नियोजित होने लगा। देखें, सिमोन गोल्डहिल, **द इन्वेंसन आफ प्रोज**, ग्रीस एंड रोमरू न्यू सर्वेज इन क्लैसिक्स, न.32, ओ.यू.पी.आक्सफर्ड, 2002, पेज 1-5
74. सच्चिदानन्द वात्स्यायन, (सं), **सीढियों पर धूप में**, ज्ञानपीठ प्रकाशन, दिल्ली, प्रथम संस्करण 1960, पृ.7
75. रवीन्द्रनाथ ठाकुर, **रवीन्द्रनाथ के निबन्ध**, भाग 2, (अनुवाद : अमृत राय)साहित्य अकादमी, नई दिल्ली, तृतीय संसकरण 1990, पृ.24
76. वही, पृ.375

चतुर्थ अध्याय

शमशेर का अनूदित संसार

हम राख हैं जो आईने के मुँह पर मले हुए हैं
क्या उसे माँजने के लिए?

हिन्दी में शमशेर एक कवि के रूप में प्रतिष्ठित हैं लेकिन उन्होंने अनुवाद अधिकांशतःगद्य में किए – पाँच उपन्यास (कामिनी, हुश्शू, पी कहाँः 1948, पृथ्वी और आकाशः1944 तथा आश्चर्य लोक में एलिसः1961), एक कहानी-संग्रह (संसार की प्रसिद्ध कहानियाँः 1938), एक साहित्येतिहास की पुस्तक(उर्दू साहित्य का संक्षिप्त इतिहासः 1955), एवं एक कथेतर गद्य की पुस्तक (षडयंत्रः 1946); कविताओं का अनुवाद उन्होंने छिटपुट ही किये– फ्रांसीसी कवि लुई अरागाँ की कुछ कविताएँ, कुछ जापानी हायकू, भुवनेश्वर की कुछ कविताएँ और कुछ अपनी कविताएँ, बस।

अनुवाद के लिए रचना के चुनाव के पीछे यूँ तो कई कारण होते हैं जिसमें रचनाकार की अपनी पसन्दगी और नापसंदगी भी एक कारण होता है या हो सकता है लेकिन शमशेर के स्रोत-- रचना के चुनाव के पीछे दो स्पष्ट कारण दिखाई पड़ते हैं – एक वैचारिक आग्रह और दूसरा व्यावसायिक बाध्यताएँ। वैचारिक प्रतिबद्धता के कारण ही **षडयंत्र** और **पृथ्वी और आकाश** का अनुवाद हुआ होगा। पृथ्वी और आकाश का अनुवाद शमशेर ने बनारस में सन 1943 में किया। वह दौर शीत युद्ध का था और स्तालिन के रूस में बहुप्रशंसित पोलिस लेखिका वान्दा वैसिल्युस्का (1905-1964) की द्वितीय विश्व-युद्ध में लाल सेना की वीरता पर लिखा उपन्यास **तेच्चा** (1942) का दो वर्ष के भीतर शमशेर द्वारा अनूदित किया जाना, उनके वैचारिक आग्रह को दर्शाता है। यहाँ यह भी उल्लेख करना अप्रासंगिक न होगा कि इस लेखिका को स्तालिन पुरुस्कार तीन बार, 1943, 46, 52 प्रदान किया गया और पूरे सोवियत संघ में उनकी पुस्तकें स्कूलों में नियत थीं (और इस तथ्य का तत्कालीन भारतीय वामपंथी बुद्धिजीवियों पर काफी दबदबा था) लेकिन स्तालिन की मृत्यु के बाद उन्हें पूरी तरह से भूला दिया गया। इसी प्रकार आयरिश कवि एवं नाटककार मायकेल सेयर (1911-2010) तथा लन्दन में जन्मे अमरीकी यहूदी एल्बर्ट यूगीन

काह्न (1912-1979) द्वारा लिखित अंतर्राष्ट्रीय बेस्टसेलर **द ग्रेट कौंसिपायरेसी अगेंस्ट रशिया** को अनुवाद के लिए चुनना, उनके स्पष्ट राजनैतिक आग्रह को संकेतित करता है। यह वही पुस्तक है जो शीत-युद्ध के दिनों में दक्षिणपंथियों के विरुद्ध वामपंथियों का मुख्य अस्त्र था। इस पुस्तक के आरम्भ में ही लेखक-द्वय की घोषणा थीः इस पुस्तक में जो भी घटनाएँ व संवाद हैं वे लेखक-द्वय द्वारा अविष्कृत नहीं हैं। सामग्री विभिन्न दस्तावेजों से इकट्ठा की गई है जिसे पाठ में चिह्नित कर दिया गया है या सन्दर्भ एवं टिप्पणी में बता दिया गया है।[1] क्रांतिकारी रूस के खिलाफ बुर्जुआ योरप के षडयंत्र को इस पुस्तक में उसी प्रकार पर्दाफास किया गया था जिस प्रकार **तेच्चा** में लाल सेना की वीरता के समक्ष जर्मन बर्बरता को अतिरंजित रूप में उजागर किया गया था।

शमशेर के अधिकतर अनुवाद कथा-साहित्य के अनुवाद हैं जिसकी ओर सम्भवतः वे आर्थिक मजबूरियों की वजह से उन्मुख हुए होंगे। मलयज अपनी डायरी में 1-1-78 को लिखते हैं: "पंत जी की मदद से सन् 38 में इंडियन प्रेस में अनुवाद का काम मिला।शमशेर की पढ़ाई-फीस का प्रबन्ध तब बच्चन कर देते थे, पंत जी द्वारा दिलाए अनुवाद के काम से शमशेर का और खर्च चलता था। शमशेर ने अमरीकी तथा अन्य कहानियों का मेहनत से अनुवाद किया जो विश्व की सर्वश्रेष्ठ कहानियों के एक संग्रह के रूप में इंडियन प्रेस से ही छपा।इंडियन प्रेस में जो इस काम के इंचार्ज थे उनसे शमशेर समय-समय पर पैसे लेते रहते थे।एक दफा हिसाब होने पर इंचार्ज ने बताया कि आपको पैसे ज्यादा दे दिये गये। तब रहस्य खुला कि वे चार आना प्रति पृष्ठ अनुवाद का लगा रहे थे।जबकि शमशेर प्रचलित रेट के हिसाब से आठ आना प्रति पृष्ठ समझ रहे थे।तब वे बोले कि छः आना तो हम निराला जी को देते हैं। शमशेर इस जवाब को सुन चुप रह गए थे।"[2] शमशेर ने इंडियन प्रेस के लिए ही 'संसार की प्रसिद्ध कहानियाँ' अनूदित की थी और यह अनुवाद की ही नहीं बल्कि किसी भी विधा में उनकी यह पहली प्रकाशित रचना है।

शमशेर के अनूदित उपन्यासों में कालक्रम की दृष्टि से वांदा वास्लिवास्का का 'पृथ्वी और आकाश' (1944) पहली रचना है और जिसके चार साल बाद रतननाथ 'सरशार' (1845-1902) की 'कामिनी' (1894), 'हुश्शू' और 'पी कहाँ' का अनुवाद प्रकाशित हुआ। पंडित रतननाथ सरशार की प्रसिद्धि 'फिसानए-आजाद' (1880) पर आश्रित है जिसका एक संक्षिप्त अनुवाद हिन्दी में 'आजाद-कथा' के नाम से प्रेमचन्द पहले ही कर चुके थे। 'कामिनी' की भूमिका में प्रकाशक का कथन हैः "'आजाद-कथा' के प्रणेता, उर्दू साहित्य के अमर रत्न रतननाथ 'सरशार' से हमारे पाठक अपरिचित नहीं हैं। 'आजाद-कथा' उनकी हास्य-कृति थी; 'कामिनी' उनकी

गम्भीर रचना है। एक सामाजिक उपन्यास की हैसियत से हम समझते हैं कि आज भी उसका स्थान बहुत उँचा है।...

"कामिनी बहुत बड़ा उपन्यास है और आज के पाठक के लिए, सम्भवतः, वह पुराना विस्तार और शब्द-बाहुल्य बहुत प्रीतिकर न हो। उपन्यास की हमारी धारणा में भी बहुत अंतर हो गया है।इस दृष्टि से अनुवाद के समय उस विस्तार का कुछ अनावश्यक अंश हमने निकाल दिया है।"[3] ठीक यही बात 'पी कहाँ' और 'हुश्शू' की भूमिका में भी दुहरायी गयी है चाहे आजाद कथा हो या कामिनी आप पायेंगे कि यहाँ उन्ही अंशों को सम्पादित किया गया है जो इन्हें 'अंग्रेजी ढ़ंग' के उपन्यास होने से रोकते थे। यह एक सच्चाई है कि हिन्दी और उर्दू में जब उपन्यास का कैनन बन रहा था तब उसकी संरचना को सचेत ढ़ंग से 'अंग्रेजी ढ़ंग' पर ढाला गया; यह देखने की कोशिश नहीं की गई कि स्वयं 'फिसानए-आजाद' पर सर्वेंतिस के जिस 'डान कुइक्जोट' का असर ढूँढा जा रहा था, वह कितना 'अंग्रेजी ढ़ंग' का था।[4] यहाँ यह भी देखने वाली बात है कि स्वयं सरशार ने 'डान कुइक्जोट' का जो अनुवाद 'खुदाई फौजदार' (1894) के नाम से किया था, वह कितना मूल के निकट था और कितना अनुवादक की सम्वेदना के।थोमस वेलबोर्न क्लार्क का कहना सही है कि सरशार में दास्तानगोइ और विक्टोरियन आधुनिकता का घुला मिला रूप दिखाई पड़ता है।[5] कहा जा सकता है कि शमशेर इन अनुवादों में सरशार की 'दास्तानगोई' से परहेज करते दिखाई पड़ते हैं।दास्तानगोई में जो एक प्रकार की लच्छेदार विस्फारित-सी शैली अपनायी जाती है और शेरो-शायरी जिसका एक अनिवार्य घटक है; अनुवादक शमशेर इससे भरसक बचने की कोशिश करते हैं– आश्चर्य नहीं कि इन तीनों ही उपन्यासों में फारसी के अधिकांश शेरों को तो सम्पादित कर ही दिया गया है, कई उर्दू शेर भी हटा लिए गये हैं। हुश्शू के आरम्भिक पाँच पृष्ठों में ही करीब सत्रह शेर उद्धृत हैं जिसे अनुवादक ने छाँट कर आठ कर दिया है।[6] अगर **पी कहाँ** का आरम्भिक अंश पढें और उसका मिलान अनुवाद से करें तो कुछ बातें स्पष्ट हो जाती हैं।मूल का आरम्भ यूँ होता है :

"उधर डाल दी सतखंडे पर कमन्द
इधर पी कहाँ की सदा थी बलन्द

पी कहाँ! पी कहाँ! पी कहाँ! पी कहाँ! मंगल का दिन! और अन्धेरी रात। बरसात की रात दो बज के सत्ताइस मिनट आये थे तीन का अमल सब आराम में। सोता संसार जागता पाक परवरदिगार। सन्नाटा पड़ा हुआ। अन्धेरा घुप्प छाया हुआ। हाथ को हाथ नहीं सूझता था। दो चीजों से अलबत्ता अँधेरा जरा यों ही-सा कम हो जाता था और वह भी चश्म-जदन के लिए। एक तो कौंदे को लौंकने से बिजली चमकी और गायब। दूसरे

जुगनू की रोशनी। नाखून के बराबर कीड़ा मगर दामिनी की दमक से मुकाबला करनेवाला। आसमान पर वह और जमीन पर यह कोई मिनकता भी न था। अगर कोई आवाज आती थी तो पत्तों के खड़खड़ाने की हवा के जन्नाटे के साथ चलने से दरखतों के पत्ते गोया तालियाँ बजाते थे तारे सब गायब। फर्श से अर्श तक एक ही किस्म की तारीकी छाई हुई घटाटोप अँधेरा। अगर हवा तेजी के साथ न चलती होती तो मूसलाधार मेंह बरसता और आलमगीर बारिश होती।

इसी मंगल के दिन एक जंगल में एक बड़े लक्क्-व-दक्क् महल की छत पर एक आलीशान कमरे में एक लड़का पलंग पर खाबे-नाज में था। बहुत ही खूबसूरत लड़का। सिन कोई सोलह बरस का। अभी मसें भी नहीं भीकती [?] थीं। सर के बाल ता बः कमर। सियाह जैसे भँवरा। लखनऊ के छोटे गन्धी की दुकान का सोलह रूपये सेर वाला हिना का तेल पड़ा हुआ।पट्टियाँ जमी हुई चोटी गुंधी हुई। प्यारे प्यारे हाथों में मेहंदी रची हुई। गोरे गोरे पाँव रंगीन। लब मिस्सी मालीदा उन पर रंगे पान। गोया नासिख लखनवी ने उन्हीं होटों की सान में यह मशहूर मतला कहा था।

मिस्सी मालीदा लब पर रंगे-पान है
तमाशा है तहे- आतिश धुआन है
रसीली आँखों में सुर्मे की तहरीर।''[7]

अब शमशेर का अनुवाद देखें:

'' 'पी कहाँ! पी कहाँ! पी कहाँ! पी कहाँ!' मंगल का दिन और अन्धेरी रात; बरसात की रात। दो बज के सत्ताइस मिनट आये थे। तीन का अमल। सब आराम में। सोता संसार, जागता पाक परवरदिगार।सन्नाटा पड़ा हुआ। अन्धेरा घुप्प छाया हुआ। हाथ को हाथ नहीं सूझता था। दो चीजों से अलबत्ता अँधेरा जरा यों ही-सा कम हो जाता था, और वह भी पलक मारने तक को :-- एक तो कौंदे के लौंकने से बिजली चमकी और गायब; दूसरे जुगनू की रोशनी। नाखून के बराबर कीड़ा, मगर दामिनी की दमक से मुकाबला करनेवाला। आसमान पर वह और जमीन पर यह।कोई मिनकता भी न था।अगर कोई आवाज़ आती थी तो पत्तों के खड़खड़ाने की।हवा के जन्नाटे के साथ चलने से दरखतों के पत्ते गोया तालियाँ बजाते थे। तारे सब गायब। जमीन से आसमान तक एक ही तरह का अँधेरा छाया हुआ – घटाटोप अँधेरा। अगर हवा तेजी के साथ न चलती तो मूसलाधार मेंह बरसता और खूब दूर-दूर तक बारिश होती।

इसी मंगल के दिन एक जंगल में एक बड़े लक्क्दक्क महल की छत पर एक आलीशान कमरे में एक नाजुक-सा लड़का पड़ा हुआ मीठी नींद ले रहा था। बहुत ही खूबसूरत लड़का। सिन कोई सोलह बरस का; अभी मसें भी नहीं भीगी थीं। सर

के बाल कमर तक लाम्बे; सियाह जैसे भँवरा। लखनऊ के छोटे गन्धी की दुकान का सोलह रूपये सेर वाला हिना का तेल पड़ा हुआ। पट्टियाँ जमी हुई; चोटी गुँधी हुई। प्यारे-प्यारे हाथों में मेहंदी रची हुई। गोरे गोरे पाँव, रंगीन होंटः मिस्सी के उपर पान का रँग चढा हुआ। रसीली आँखों में सुर्मे की तहरीर।''[8]

इस अनुवाद में दो बातें ध्यान खीचती हैं –एक तो मूल से शेर को हटा देने से और विराम चिह्नों को जोड़ देने मात्र से अनुवाद में वर्णन की शैली काफी बदल गई है; अब यह पुरानी दास्तानगोई के बदले आधुनिक उपन्यास के करीब की शैली जान पड़ती है और दूसरे अरबी-फारसी के मुश्किल अभिव्यंजनाओं का शब्दानुवाद न करके भावानुवाद का सहारा लिया गया है जिससे हिन्दी पाठकों के लिए अनुवाद में प्रवाह की कोई कमी नहीं हो पाई है– जैसे *चश्म-जदन* के लिए **पलक मारने** (वैसे पलक झपकने ज्यादा सही होता) **आलमगीर बारिश** के बदले **खूब दूर-दूर तक बारिश, खाबे-नाज** की जगह **मीठी नींद** ले रहा था जैसे प्रयोग किये गये हैं।

शमशेर के अनुवादों में 'एलिस इन वंडरलैंड' की चर्चा सबसे ज्यादा हुई। यह अनुवाद कहा जाता है कि शमशेर ने बच्चों को सुनाने के लिए किया था और इसीलिए यह समर्पित भी उन्हीं को हैः ''नन्ही नीना को/जो बड़ी रानी बेटी है; /जिसने अपनी 'एलिस इन वंडरलैंड'/बहुत-बहुत मेहरबानी करके/इस पुस्तक को लिखने के लिए दी।/और/रानी बेटी टीना/रानी बेटी मीना/रानी बेटी रश्मि/रानी बेटी उर्मि/रानी बेटी इन्दो/और रानी बेटी सरोज/को/जिनके अद्‌भुत किस्से-कहानिया/ और खेल-कूद की दुनिया से/मैं काम की दो-चार बातें सीख सका।– उनका ताऊजी''[9]

'एलिस इन वंडरलैंड' बाल-साहित्य की पहली किताब है जिसमें उपदेश देने के बजाय फैंटेसी रचने पर जोर है। आश्चर्य नहीं कि इसके अकादमिक अधिग्रहण के बावजूद इसकी माँग लोकप्रिय संस्कृति में रंगमंच, बैले, आपेरा, फिल्म तथा टेलीविजन में लगातार बढ़ती ही गयी है।यह अंग्रेजी साहित्य के पाठ्य क्रम में भी लगातार पढ़ायी जाती रही है और इसीलिए यह एक साथ ही लोकप्रिय एवं साहित्यिक क्लैसिक है। अकारण नहीं कि बायबिल और शेक्सपियर के बाद यह सर्वाधिक उद्धृत होने वाली रचना है। किसी भी क्लैसिक की तरह इसमें कई स्वर हैं– यह महज एक बाल-कथा नहीं है बल्कि इसमें बहुत कुछ ऐसा है जिसे बच्चे नहीं समझ सकते। कहा तो यहाँ तक जाता है कि यह एक परीकथा न होकर उपन्यास है जिसे तत्कालीन धार्मिक और सामाजिक विवादों पर व्यंग्य करने के उद्देश्य से एक अन्योक्ति-कथा के रूप में गढ़ा गया है। कुछ आलोचकों ने यह भी ढूँढ निकाला है कि किस वास्तविक व्यक्ति-विशेष के आधार पर आश्चर्य-लोक के किस प्राणी का विद्रूप रचा गया है; जैसे आक्सफर्ड के डीन के आधार पर चेसायर

कैट का, इंग्लैंड की महारानी के आधार पर क्वीन आफ हार्ट का, आक्सफर्ड के तत्कालीन कुलपति के आधार पर व्हाइट रैबिट का तथा रचनाकार का कपड़ा सिलनेवाले किसी दर्जी पर मैड हैटर की परिकल्पना मानी गई है।[10] अब अनुवाद के हवाले से सवाल यह उठता है कि अगर लक्ष्य-भाषा में ये सारे सन्दर्भ अनुपस्थित हैं (जो कि नितांत स्वाभाविक है) तो अन्योक्ति-कथा का अंतरण क्या सम्भव है? क्या बगैर उस व्यक्ति को जाने, जिस की पैरोडी या कैरिकेचर किया जा रहा है, हम हँस सकते हैं, या रो सकते हैं? अनुवादक के पास रास्ता क्या है– क्या वह लक्ष्य-भाषा में एक समतुल्य सन्दर्भ रचने की कोशिश करे या मूल सन्दर्भ के अंतरण तक ही अपने को सीमित रखे या अन्योक्ति के झमेले में न फँसकर एक सीधी सादी इकहरी, सर्वदेशीय और सर्वकालिक-सी कथा कहने की कोशिश करे।शमशेर ने अपने हिन्दी अनुवाद में यह दूसरा रास्ता अख्तियार किया। शमशेर इस रचना की सारी अन्योक्तिपरक सन्दर्भों को मिटाकर इसे एक शुद्ध बाल-कथा में तब्दील कर देते हैं– वे मूल की अन्योक्तिपरक जटिलता को अनुवाद में लाने की कोई कोशिश करते नहीं दिखाई पड़ते।उदाहरण के लिए आप अनुवाद के आरम्भ और अंत को मूल के आरम्भ और अंत से तुलना करें तो कई बातें साफ हो जाती हैं।मूल का आरम्भ एक कविता से होता है जिसका अंतिम बन्द हैः

एलिस! लो, एक कहानी बचकानी
और, कोमल हाथों से,
रख दो वहाँ बचपन के बुने गये हैं स्वप्न जहाँ
स्मृतियों के मायावी गातों से
जैसे दूरदेश से तोड़ी गई फूलों की हों, मुरझाई मालाएँ
तीर्थयात्री के हाथों से।[11]

और अंत एलिस के स्वप्न को सुनकर उसकी बड़ी बहन के लम्बे अनुचिंतन से होता है : "अंत में, वह कल्पना करती है कि यह उसकी छोटी-सी बहन, उम्रदराज होने पर कैसा दिखेगी, यह सोचती है, कैसे वह ताउम्र अपने बचपन के सरल और स्नेहभरे हृदय को जीवित रख सकेगी; और कैसे वह अपने नन्हे-मुन्हे बच्चों को, कई अनोखी कथाओं से, सम्भवतः प्राचीन समय के आश्चर्य लोक की स्वप्न कथाओं से, उनकी आँखों को प्रज्ज्वलित और जिज्ञासु बनाने में सफल हो सकेगी; और कैसे उन बच्चों के छोटे मोटे दुःखों को महसूस करेगी, और कैसे उनकी छोटी-मोटी खुशियों में– अपने बचपन को याद करते हुए, गर्मी की छुट्टियों के सुखमय दिनों को याद करते हुए– आनन्द प्राप्त कर सकेगी।"[12] कैरोल का आरम्भ और अंत एलिस के आश्चर्यलोक को एक बिल्कुल दूसरे परिप्रेक्ष्य के आलोक से भासमान कर देता है–

स्मृति के मायावी ताने बाने से बुने गये बचपन के स्वप्न और उसे जीवित और कायम न रख पाने की आशंका के बीच झिलमिलाती हुई यह कथा सिर्फ बच्चों की न होकर बच्चों के बारे में भी हो जाती है; जेम्स किनकेड ने लिखा है, एलिस मानवीय निर्बोधता से जुड़े आनन्द एवं खतरे के साथ ही साथ क्रूर अहंवाद एवं क्रूर असंवेदनशीलता (जिसे अक्सर अबोधता मान लिया जाता है) की भी प्रतिनिधित्व करती जान पड़ती है।[13] यहाँ यह जानना दिलचस्प होगा कि शमशेर के अनुवाद में यह दोनों ही अंश –आरम्भ और अंत के – गायब हैं– क्या इसका यह कारण बताया जा सकता है कि वे आश्चर्यलोक में एलिस को शुद्ध बच्चों की कथा बनाना चाहते थे– उसके दूसरे सारे आयामों की अनदेखी करते हुए। शमशेर के अनुवाद में इसके पर्याप्त संकेत हैं – मूल रचना में जब कैटरपिलर एलिस से पूछता है who Are you? और जब वह जवाब देती है 'I—I hardly know, sir, just at present – at least I know who I was when I got up this morning, but I think I must have been changed several times since then'[14] तब यह स्पष्ट हो जाता है कि यह संवाद सिर्फ एलिस की स्थिति- विशेष की न होकर मनुष्य-मात्र की अस्मिता को परिभाषित करने की समस्या पर भी है और यह बात तब कुछ और स्पष्ट हो जाता है जब कैटरपीलर एलिस की बात समझने में अपनी असमर्थता जताते हुए उसे और स्पष्ट करने के लिए कहता है; इसपर एलिस का उत्तर है 'I'm afraid I can't put it more clearly.' Alice replied very politely 'for I can't understand it myself, to begin with; And being so many different sizes in a day is very confusing.'[15] सम्वाद के लहजे और सन्दर्भ से स्पष्ट हो जाता है कि पल-पल परिवर्तन के कारण उत्पन्न होने वाले इस उलझन का कारण कर्ता का महज शारीरिक आकार-परिवर्तन नहीं है लेकिन अनुवाद में सम्भवतः यही आभास होता है:"क्षमा कीजिएगा, मैं अपनी बात को साफ ढ़ंग से कह नहीं पा रही हूँ।मेरी खुद कुछ समझ में नहीं आ रहा है।सुबह से मैं इतनी बार छोटी हो चुकी हूँ कि सब गड़बड़ हो गया है।"[16] आगे एलिस कैटरपिटर के सामने एक और बुनियादी समस्या की ओर ध्यान खींचती है जिसका सम्बन्ध स्मृति की सृजनात्मकता से है, वह कहती है *'well, I've tried to say " How doth the little busy bee " but it all came different!'*'[17] यह जो कहने में बात का बदल जाना है, वह भाषा और भाव के द्वैत को स्थापित तो करता ही है इसके अतिरिक्त कथा में पैरोडी के लिए एक आधारभूमि का भी निर्माण करता है। विक्टोरियन इंगलैंड के स्कूलों में राबर्ट साउदे (1774-1843) की कविता **द ओल्ड मैंस कम्फर्ट** प्रदिष्ट (प्रिस्क्राइब) थी और सभी विक्टोरियन बच्चों से यह अपेक्षा की जाती थी कि इसे कण्ठस्थ करें। कैटरपिलर जब एलिस को यह

कविता सुनाने को कहता है तब एलिस उसे यूँ सुनाती है

'दादा विलियम, दादा विलियम, तोंद तुम्हारी गोल-मटोल;
रहे-सहे सब बाल उड़े-से; उस पर है यह कैसी गत—
जो सर के बल उलटे होकर खड़े हुए हो देही तोल!
अच्छी-भली बुढ़ौती में भी है यह कैसी उलटी मत?'

दादा विलियम बोले – 'बेटा जब कसरती जवानी थी,
एक यही भय था कि पिचककर बुद्धि न जाए कहीं निकल!
ठटरी अब तो खाली मेरी, और खोपड़ी भी गंजी;
इसीलिए निश्चिंत खड़ा रहता हूँ घंटों सर के बल।'[18]

यहाँ मूल साउदे की कविता के दो बन्द तथा एलिस इन वंडरलैंड में उसी अंश की पैरोडी के समक्ष इसको रखकर देखें; साउदे की कविता हैः

You are old, Father William, the young man cried,
The few locks that are left you are grey,
You are hale, Father William, a hearty old man,
Now tell me the reason, I pray.

In the days of my youth, Father William replied,
I remembered that youth would fly fast,
And abused not my health and my vigour at first,
That I never might need them at last.[19]
(The Old Man's Comforts, 1799)

और लुई कैरोल की पैरोडी यूँ हैः

'You are old, Father William', the young man said,
'And your hair has become very white;
And yet you incessantly stand on your head---
Do you think, at your age, it is right?

'In my youth' Father William replied to his son,
'I feared it might injure the brain;
But, now that I'm perfectly sure I have none,
Why, I do it again and again'[20]

यहाँ प्रश्न यह उठता है कि साउदे की कविता को जाने बगैर क्या कोई पाठक पैरोडी के इस अंश का मजा ले सकता है? और अनुवादक के सामने क्या रास्ता है, जिसके पाठक के समक्ष न साउदे की कविता है न लुई कैरोल की, वह मूल स्रोत पाठ की रक्षा कैसे करे?एक तो रास्ता यह हो सकता है कि वह लक्ष्य-भाषा में पैरोडी रचने के लिए, जिसकी पैरोडी की जानी है पहले उसको रचे; यानी पहले साउदे की कविता का लक्ष्य भाषा में समतुल्य ढुँढे फिर स्रोत-पाठ का अनुवाद करे – जाहिर है कि यह बहुत ही मुश्किल और जोखिम-भरा काम है; अव्वल तो लक्ष्य-भाषा में पैरोडी का आधार स्रोत का मिलना ही मुश्किल होगा (प्रस्तुत सन्दर्भ में साउदे की कविता से मिलता-जुलता हिन्दी में कोई कविता) और अगर मिल भी जाय तो फिर उसके पैरोडी बनाने में स्रोत पाठ (एलिस इन वंडलैंड) से उसकी दूरी, विचलन की मात्रा, इतनी अधिक होगी कि अनुवाद न कहकर उसे रूपांतरण की श्रेणी में रखना होगा।खैर शमशेर यह जोखिम ही नहीं उठाते और पैरोडी रचने के बदले बच्चों को हँसाने के हल्के-फुलके नुस्खे का सहारा लेते दिखाई पड़ते हैं , जैसे फादर विलियम की गोल-मटोल तोंद की उनकी कल्पना, जो न तो साउदे के यहाँ है और न कैरोल की रचना में है।

अनुवाद की मुख्यतः दो विधियाँ रही हैं : जर्मन दार्शनिक फ्रीडरिख श्लायरमाखर के शब्द उधार लेकर कहें तो एक विधि यह है जिसमें पाठक को लेखक के करीब ले जाया जाता है जबकि दूसरे में लेखक को पाठक के पास पहुँचाने का प्रयत्न प्रमुख होता है।[21] कहने का तात्पर्य यह है कि अनुवादक के पास दो विकल्प होते हैं, या तो वह रचना की भाषिक और सांस्कृतिक भिन्नता को अनुवाद में बरकरार रखते हुए पाठक को रचना के विदेशीपन से दो -चार होने का अवसर प्रदान करें या फिर उसे लक्ष्य भाषा के सांस्कृतिक परिवेश के अनुसार परिवर्तित कर दे यानी उसका देशीकरण कर दे। आरम्भ से ही इन दोनों ही विधियों का प्रचलन रहा है और यही कारण है कि प्रायः हर भाषा में अनुवाद को लेकर देशीकरण बनाम विदेशीकरण का विवाद होता देखा गया है। अंग्रेजी में मैथ्यू आर्नल्ड अंग्रेज होमर चाहते हैं जबकि फ्रांसिस न्यूमेन, होमर के विदेशीपन को बनाये रखने को आवश्यक समझते हैं। शेक्सपियर का मर्चेंट आफ वेनिस हिन्दी में भारतेन्दु हरिश्चन्द्र द्वारा दुर्लभ बन्धु या वंशपुर का महाजन में बदल जाता है (जिसमें यहूदी शाइलाक जैन शैलाक्ष में परिवर्तित कर दिया गया है) जबकि भारतेन्दु के ही समकालीन आर्या नामक व्यक्ति इस नाटक का अनुवाद वेनिस नगर का व्यापारी करना अधिक उपयुक्त समझता है। वैसे हिन्दी अनुवाद में देशीकरण को ज्यादा तवज्जो मिलता रहा है और जिसका प्रमाण यह है कि यहाँ किसी अच्छे अनुवाद को मानो हिन्दी की कोई मूल रचना हो

कहकर प्रशंसित करने की प्रणाली विकसित हुई लेकिन क्या यह इसी का दुष्परिणाम नहीं है कि हम अपने आदर्श अनुवादों में निर्मल वर्मा, राजेन्द्र यादव, मोहन राकेश की शैली से तो परिचित होते हैं लेकिन इर्शी फ्रीड, यान ओत्वेनाशेक, कारेल चापेक, चेखव, तुर्गनेव, हेनरी जेम्स जैसे रचनाकारों की लेखन-शैली से नावाकिफ ही रह जाते हैं। प्रसेनजित गुप्ता का यह कहना सही नहीं है कि निर्मल वर्मा के अनुवाद विदेशीकरण को तरजीह देते हैं।[22] इस सन्दर्भ में यह उल्लेखनीय है कि तमाम कमजोरियों के बावजूद प्रगति प्रकाशन मास्को के अनुवादकों में रूसी महारथियों के रचना-कौशल की अनन्यता का अनुभव हमें अपने आदर्श अनुवादों से अपेक्षाकृत कहीं अधिक होता है।क्या इसका कारण यह है कि इन अनुवादों में हिन्दीकरण (देशीकरण) के बजाय रूसीकरण (विदेशीकरण) पर जोर दिया गया है; या कहें कि हिन्दी का रूसीकरण किया गया है। अनुवाद के सिद्धांतकार ऐसा मानते हैं कि वह अनुवाद जिसमें विदेशीकरण पर बल दिया जाता है– स्रोत-भाषा के अनोखेपन से प्रभावित होने के लिए लक्ष्य-भाषा को जिसमें खुला, अरक्षित छोड़ दिया जाता है, किसी भाषा के विकास के लिए अधिक स्फूर्तिप्रद होता है।[23]

संसार की प्रसिद्ध कहानियाँ (1938), पृथ्वी और आकाश(1944), षडयंत्र (1946), सरशार के उर्दू उपन्यास (कामिनी, हुश्शू, पी कहाँरू 1948), उसी दौर की गद्य-रचनाएँ हैं जब शमशेर 'नया साहित्य', 'हंस', 'भारत', 'चित्रपट', 'रूपाभ' जैसी पत्रिकाओं में लेख(जो बाद में चलकर 'दोआब' में संकलित हुई), डायरी और 'प्लाट का मोर्चा' की कहानियाँ (रचना-काल 1940-50) लिख रहे थे। यह देखना दिलचस्प होगा कि शमशेर के अनूदित ग्रंथों की गद्य-शैली और उनके मौलिक लेखों और डायरी की गद्य-शैली में क्या कोई फर्क है। 27 मई 40 की लिखी उनकी डायरी हैः

''रात्रि के आसमान का गहरा नील, जिसको मेरा अंतर मानो भली प्रकार जानता है और पसन्द करता है।

''सन्ध्या से कुछ पहलेः वह स्थिर धूमिल विशाल सरोवर– यानी यह आकाश– जिसके तट पर हम खड़े हैं, बहुत दूर।

''बाज-बाज जानवर कब सोते हैं– या सोते भी हैं; पता नहीं। जैसे, थान पर बन्धे हुए डंगर, या घोड़े। कितने घंटे की नींद, अनिवार्य रूप कब, इन्हें जरूरी होती है?''[24]

इसके बरक्स एक सुबह का यह स्केच : "इस समय सरोवर में सूर्य के प्रतिबिम्ब की वह तेजोमय असिधार बीच से दो होकर, बिल्कुल दोनों किनारों से जा लगी है; और जल का प्रशांत नील शरीर अविछिन्न स्वच्छन्द रूप से फिर आर-पार फैल गया है।क्योंकि बादल के और भी टुकड़े इधर-उधर से मिलकर, जमा होकर, रूई के चौड़े- चौड़े गालों की तरह – कि जिन्हें कई-एक तरफ फेंक दिया हो, ताकि

धुनाधुना कर, कत-बुनकर, वह फिर कहीं कभी काम आ जाय– वे बादल के टुकड़े, अब अधिक पास-पास मिलकर फैल गये हैं।...

"किंतु सूर्य के मुख पर से फिर यह आवरण धीरे-धीरे हट रहा है। और फिर... "वह तलवार की धार सहसा और भी चौड़ी हो, सब ओर जल की लहरियों को और अधिक कँपाती हुई पुनः सरोवर के वक्ष पर उगल पड़ी है, वह मोतियों में चांदी की पिघलती, बहती हुई तलवार..."[25]

और इसके समानांतर पृथ्वी और आकाश का यह अंश देखें :

"वह ठिठक गयी, और जिस तरफ को कुर्ट हाथ से दिखा रहा था, उधर देखने लगी। दूर, जहाँ पृथ्वी का नीलापन आकाश के हिमाभ वर्ण में खो जाता था।एक इन्द्रधनुष झिलमिल कर रहा था। रंगों का एक सुलगता हुआ स्तम्भ, जो उपर उठता अस्पष्ट होकर अनंत दूरियों में लीन हो गया था। हरे, नीले, बैंगनी और गुलाबी रंग; एक पारदर्शी मरकत आलोक; शुभ्र और कोमल, जैसे रंग-बिरंगी पशम।

"'इन्द्रधनुष!' आश्चर्य-चकित होकर कुर्ट बोल उठा। 'जाड़ों की ऋतु में इन्द्रधनुष...क्या ऐसी घटनाएँ भी तुम्हारे देश में होती हैं?" पुस्या ने एक क्षण सोचा।

"नहीं, मैं तो नहीं समझती कि होती हैं। कम से-कम मैंने तो ऐसी पहले कभी कोई नहीं देखी।'

"कुर्ट अब भी खड़ा था वहीं। उसकी आँखें रंगों के उस सुलगते स्तम्भ पर जो पृथ्वी और आकाश के उस सुलगते स्तम्भ पर जो पृथ्वी और आकाश के छोर मिला रहा था, टिकी हुई थीं।

"'आओ भी, ठण्ड से मेरे तो पैर अकड़ गये...'

"'लोग कहते हैं कि इन्द्रधनुष एक अच्छा शकुन होता है...'

"आखिरकार पुस्या का सारा धैर्य टूट गया। वह बोल उठीः 'आखिर तो इर्न्द्रधनुष, इन्द्रधनुष ही है' और उसकी आस्तीन खींचने लगी।

"उन कुछ मिनटों में ही वे स्तम्भ उँचे हो गये थे, और दोनों ओर से घूमकर मिल गये थे।अब इन्द्रधनुष पृथ्वी के उपर एक विजय-द्वार की तरह फैला हुआ था।उसके बैंगनी और हरे और गुलाब के रेंज सुनहरी-सी आभा में झिलमिला रहे थे।आकाश शीशे के एक महान गुम्बद के समान पृथ्वी को ढँके हुए था। मानो वह शीशे का कोई विशाल घण्टा हो।चौराहे पर बन्दूकें लिये हुए सिपाही, सिर पीछे को मोड़े हुए इस असाधारण दृश्य की ओर एकटक देख रहे थे।"[26]

गद्य-शैली के पारखी इन तीनों गद्यांशों की एकरूप शैली को सहज ही पहचान पायेंगे – शब्द-चयन से लेकर अभिव्यंजना की भंगिमाओं तक रचना के एकसमान रेजिस्टर होने के पर्याप्त प्रमाण मौजूद हैं; इससे यह निष्कर्ष निकालना अनुचित न

होगा कि शमशेर रचना विशेष की शैली को लक्ष्य-भाषा में पकड़ने के बजाय अपनी शैली में उसे ढालना पसन्द करते हैं। यही कारण है कि शमशेर ने इस उपन्यास का नाम मूल का अनुवाद 'इन्द्रधनुष' न रखकर 'पृथ्वी और आकाश' रखना उचित समझते हैं। अनुवादक के लिए इन्द्रधनुष का महत्व उसका स्वयं में न होकर उसके उस तत्त्व के कारण है जो पृथ्वी और आकाश के छोर मिला रहा था। यहाँ शमशेर के अनूदित गद्य की एक विशेषता यह दिखाई पड़ती है कि वे मूल की आत्मा को, उसकी शैली को यूँ पकड़ना चाहते हैं कि उसमें उनकी, अनुवादक की व्याख्या भी शामिल हो जाती है।

कथेतर गद्य में शमशेर के दो अनुवाद हैं – उर्दू साहित्य का इतिहास और षड्यंत्र। उर्दू साहित्य का इतिहास एजाज साहब के मुख्तसीर तारीख-ए-अदब-ए-उर्दू का अनुवाद है। एजाज साहब निवेदन में कहते हैं "...यह पुस्तक दरअस्ल उर्दू लिपि में लिखी गई थी मगर अब उसे हिन्दी में भी पेश करने की हिम्मत इसलिए की जा रही है कि हिन्दी और उर्दू एक भाषा के दो रूप माने जाते हैं और इसलिए उर्दू की तमाम खूबियों खराबियों से हिन्दी-प्रेमी परिचित होना चाहते हैं।कई विश्वविद्यालयों के हिन्दी पाठ्यक्रम में उर्दू भाषा का इतिहास अनिवार्य विषय है।लेकिन छात्रें को इस सिलसिले में बड़ी दिक्कत होती है।नागरी लिपि में उर्दू भाषा के बहुत कम इतिहास मिलते हैं।जो मिलते भी हैं, वे आमतौर से इतने विस्तृत होते हैं कि पाठक घबड़ा जाता है।मुझे उम्मीद है कि राजकमल प्रकाशन की यह कोशिश बड़ी हद तक उस कमी को पूरा कर सकेगी।

"हिन्दी तर्जुमे का श्रेय मेरे प्रिय शिष्य श्री शमशेरबहादुर सिंह को है, जिनका उर्दू और हिन्दी पर समान अधिकार है।"[27]

पहले अंश में उर्दू साहित्य के इतिहास का नागरी लिपि में न होने की बात कही गई है लेकिन दूसरे अंश में हिन्दी तर्जुमे का श्रेय श्री शमशेरबहादुर सिंह को दिया गया है, जिनका उर्दू और हिन्दी पर समान अधिकार है। यहाँ यह स्पष्ट नहीं हो पाता कि उर्दू या हिन्दी से तात्पर्य उर्दू की लिपि (फारसी लिपि) या हिन्दी लिपि (नागरी लिपि) से है या हिन्दी उर्दू भाषा व साहित्य से है। अगर यह तर्जुमा है तब यह महज लिप्यंतरण नहीं है और अगर लिप्यंतरण है तो तर्जुमा नहीं लेकिन हिन्दी-उर्दू के अनुवादों में अक्सर यह भ्रम बना रहता है।किताब का आरम्भिक पैरा है:

"दो या कई जबानों के मेल-जोल से कभी एक नई जबान पैदा हो जाती है मगर दो-चार साल में नहीं बल्कि सदियों में, उर्दू जबान भी इस कायदे से मुस्तस्ना नहीं, अरबी फारसी और हिन्दुस्तानी जबानों के बाहरी इख्तलात से इसका वजूद जहुर में आया। लेकिन इसका यह मतलब नहीं कि ये इख्तलात जबानों की बुनियादी शक्ल

बदल देता है बल्कि होता यह है कि एक जबान बुनियाद बन जाती है और दूसरी इसमें इजाफा करती हैं। हिन्दुस्तानी के सिलसिले में हिन्दुस्तान की जबान ने बुनियाद का काम दिया। और फारसी अरबी अल्फाज और आवाजों ने इसका दामन वसीअ किया।''[28]

हिन्दी-अनुवाद में पुस्तक के आरम्भ का शीर्षक उर्दू भाषा का जन्म दिया गया है, जिसका आरम्भ यूँ होता है:

''दो या कई जबानों के मेल-जोल से कभी-कभी एक नयी जबान पैदा हो जाती है। मगर दो-चार साल में नहीं, बल्कि सदियों में। उर्दू जबान भी इस कायदे से बाहर नहीं।अरबी, फारसी और हिन्दुस्तानी जबानों के आपस में मिलने से यह पैदा हुई।

''हिन्दुस्तान में आर्य जाति लगभग 1500 वर्ष ई.पू. आयी।यहाँ द्रविड़ जाति फैली हुई थी, जो उससे बहुत पहले हिन्दुस्तान आ चुकी थी। आर्यों ने द्रविड़ों को ढकेल कर पीछे कर दिया, और उनको जीत कर 1000 ई.पू. से 600 ई.पू.तक उत्तरी हिन्दुस्तान में पंजाब से बंगाल तक फैल गये। हिन्दुस्तान में पहले ही से अलग-अलग इलाकों में अलग-अलग बोलियाँ थीं। आर्य लोग जब तक एक इलाके की हद में रहे, उनकी जबान अपनी जगह कायम रही; लेकिन जैसे-जैसे वह फैलते गये, जबान में फर्क आता गया। कुछ आबो-हवा की वजह से, कुछ दूसरी जबानों के मेल-जोल से, बोल-चाल में और लफ्जों में हेर-फेर होता गया; यहाँ तक कि उनकी जबान की वह हैसियत बहुत कम रह गई जो शुरू-शुरु में थी। 600 ई.पू.तक कोशिश हुई, कि जबान को एक ढाँचे में लाकर एक हैसियत दे दी जाय। इस कोशिश को कामयाब बनाने के लिए उसूल यह रखा गया कि मुकामी फर्कों को अलग रख कर सिर्फ ऐसे लफ्जों को टकसाली माना जाय, जो सब जगह चलते हों।इस उसूल से बँधकर लोग एक खास टकसाली जबान इस्तेमाल करने लगे; और यह जबान पाक-साफ यानी शुद्ध होकर संस्कृत कहलायी।''[29]

आप पायँगे कि यहाँ कुछ पंक्तियों को न सिर्फ सम्पादित कर दिया गया है बल्कि जबान, कायदा, लफ्ज, हैसियत, उसूल, मुकामी फर्क जैसे प्रचलित शब्दों को सिर्फ लिप्यंतरित कर दिया गया है। अनुवादक ने किताब में उद्धृत शेरों के कठिन अरबी-फारसी के शब्द अनूदित किए हैं और कई जगहों पर अरबी-फारसी के खासपसन्द शब्दों को कोष्ठकों में ही अनूदित कर दिया गया है; जैसे मजहर जानेजानाँ के बारे में बताते हुए इतिहासकार कहता है: "मिर्जा जानेंजानाँ ने तीस बरस की उम्र तक मदरसों और खानकाहों (आश्रमों) की झाड़ू लगायी और पहुँचे हुए लोगों की सेवा की।''[30] यहाँ अनुवादक ने खानकाहों का अनुवाद कोष्ठक में ही आश्रम कर दिया है लेकिन कई बार तारांकित कर पाद-टिप्पणी में व्याख्यायित भी

किया गया है जैसे उपर उद्धृत वाक्य के ही आगे की पंक्ति हैः "आलिमों से 'हदीस' और 'फिकः' का ज्ञान लिया।...सन 1781 ई. में (10 मोहर्रम को) एक शख्स के हाथ से कत्ल हुए। सौदा ने 'तारीख' कहीः ..."[31] जिसकी व्याख्या पाद-टिप्पणी में यूँ की गई हैः हदीसःपवित्र ग्रंथ, जिसमें हजरत मोहम्मद की फरमायी हुई बातें हैं। फिकः इस्लाम के नीति-आचार का ग्रंथ। तारीख उस पद को कहते हैं जिसके अक्षर को जोड़ने से कोई सन निकलता हो। ('हाय जान-जानाँ मजलूम' के फारसी अक्षरों को जोड़ने से हिजरी सन1195 निकलती है।)"[32]

इस अनूदित पुस्तक के अध्यायों का शीर्षक ही यह बता देता है कि यह अनुवाद और लिप्यंतरण का मिला जुला रूप है (भाग एक, अध्याय एक – कविताःदकनी दौर, अध्याय दोः आरजू और यकरंग का जमाना, अध्याय दसःनया दौर, अध्याय ग्यारहः मौजूदा दौर; भाग दो अध्याय एकः गद्यः गद्य का इतिहास, अध्याय दोः फोर्ट विलियम कालेज के बाहर, अध्याय तीनः गद्य की तरक्की, अध्याय चारः पत्रकारिता और सामयिक निबन्ध, अध्याय पाँचः आलोचना, अध्याय छूहः उपन्यास, अध्याय सातः कहानी, अध्याय आठः हास्यरस की कहानियाँ); अनुवादक ने उर्दू के सिर्फ उन शब्दों का ही अनुवाद करना उचित समझा जिसे समझने में उनके अनुसार हिन्दी पाठक को दिक्कत हो सकती है, जैसे दौरे-जदीद (नया दौर), दौरे-हाजिर (मौज़ूदा दौर), दौर की खुसिसयात (गद्य की तरक्की), मकालातो-सहाफत (पत्रकारिता और सामयिक निबन्ध), तनकीद (आलोचना), तंजो-मजाह (हास्य-रस की कहानियाँ) वरना अधिकतर शब्दों को लिप्यंतरित ही किया गया है और उर्दू के लहजे को ज्यों का त्यों बरकरार रखा गया है।

शमशेर ने लुई अरागाँ (1897-1982) की कविता का अनुवाद अंग्रेजी से किया; शमशेर के काव्यानुवाद का शीर्षक है, गुलेलाला और गुलाब के फूल, कविता यूँ है :

फ्रांस के फूलों के बाग मुझे कभी न भूलेंगे
बिछे हुए रंगीन पत्ते उन शताब्दियों के, जो बीत गये पर भी बहुत कुछ है
न ही शाम के धुँधलके में फूलों की वह अस्त-व्यस्तता, वह श्लेष पूर्ण हिंस्र मौन

हम जिधर-जिधर से होकर गये, हमारे रास्ते गुलाब ही गुलाब से भरे थे
वे फूल जो मुँह चिढ़ा रहे थे उन फौजियों का
जो भय और आतंक के मानो पर लगाकर उड़े जा रहे थे
आतंक जो हवा की तरह उन्हें पीछे से भगा रहा था और वे खिलखिला रहे थे
पागलों सी उन पुश-बाइकों पर और

तोपों के मुँह पर और ढचर-मचर काफिलों पर शरणार्थियों के

लेकिन एक बात जो मेरी समझ में नहीं आती, यह है कि —यह तूफान
यादों का, हमेशा ही, उसी एक केन्द्र-बिन्दु पर आकर रुक जाता है, वहीं
साईं मार्थे में...कोई जनरल है...एक काला-काला -सा धब्बा
नार्मन युगों से बसा-चला आया छोटा-सा एक नगला,
वहीं पर जंगल की हद खत्म होती है।
सब शांत है यहाँ...दुश्मन का पड़ाव रात में विश्राम कर रहा है
और पेरिस ने हथियार डाल दिये हैं, यही तो अभी हमने सुना

मैं कभी न भूलूँगा वे गुलेलाला, वे गुलाब
वे दो प्यार जिनका लुट जाना हमने सहा है।

वे पहले दिन के उपहार के गुलदस्ते, गुलेलाला के, फ्लैंडर्स के लाले
छायाओं-जैसे नाजुक गाल, जिन पर मौत के हाथ ने जैसे पौडर मला हो
और वो तुम, हमारी पराजय की भेंट, नाजुक-नाजुक गुलाब के फूल
के गुलदस्तो, जिनसे रंग का चटकीलापन टपक रहा है
दूर युगों के कहीं, युद्ध और संघर्ष का, अतीत आँजू के गुलाब के फूलों का।[33]

इस अनुवाद को मूल फ्रांसिसी से हिन्दी में किये अनुवाद के सामने रख कर देखें तो कई बातें स्पष्ट होंगी। मूल फ्रांसिसी से हेमंत जोशी के किये अनुवाद में कविता का शीर्षक हैः **'लिली और गुलाब'**, और पूरी कविता यूँ है :

ओ फूलों के खिलने के मौसम ओ मौसम रूपान्तरण के
बिन बदली का मई और जून कंटीले
नहीं भूल पाउँगा कभी वह फूल लिली और गुलाब के
न जिन्हें वसन्त आगोश में अपनी संभाले

नहीं भूलूँगा कभी वह त्रासद भ्रम
शव, भीड़, धूप और क्रंदन
स्नेहवश जो गाड़ियाँ बख़्तरबंद दे गया बेल्जियम
काँपती हवा और राह वह जिसमें हर तरफ भंवरों का गुंजन
विवेकहीन विजय जो आती है लड़ाई के बाद
रक्त जो पूर्वाभास है किरमिजि रंग में चुम्बन का

और सब जो बुर्ज में खड़े मरना चाहते है एक-दूसरे के बाद
लिली से घिरे हुए बदरंग लोगों का

नहीं भूलूँगा मैं कभी फ्राँस के बागीचों को
बिसरे हुए युगों के दागों का सैलाब
न शाम की मुसीबत न खामोशी के रहस्य को
तय की हुई राह भर गुलाब ही गुलाब
संत्रास की हवाओं में फूलों का झूठ
सैनिक जो गुजरते हैं भय के पंखों पर
उन्मादी साइकिल सवारों को, विडम्बना भरी तोपों को
नकली डेरेवालों का दयनीय साजोसामान

पर मैं नहीं जानता क्यों यह अशांत छवियां
मुझे लौटा लाती हैं उसी ठहराव में
सैंत-मार्त में एक जनरल काले पत्तों सा बना
जंगल के किनारे एक विला नोरमाँद
सब खामोश है दुश्मन छाया में सुस्ता रहा
हमें बताया गया शाम को पेरिस दुश्मन ने जीत लिया

मैं नहीं भूलूँगा कभी लिली और गुलाब
और न वह दो प्रेम जो हमसे बिछड़ गए

पहले दिन का गुलदस्ता लिली लिली फ्लांद्र की
छाया की मिठास जहाँ मृत गालों का करते हैं श्रृंगार
और तुम्हारे वापसी के गुलदस्ते के गुलाब कोमल
आगजनी का रंग दूर और आँजू के गुलाब।[34]

फ्रांसिसी भाषा जाने बगैर यह कहना मुश्किल है कि इन दोनों अनुवादों में मूल के करीब कौन अधिक है लेकिन काव्य - पाठक के लिए यह पहचानना मुश्किल नहीं होगा कि काव्यत्व कहाँ अधिक है?दोनों अनुवाद एक-दूसरे से इतने भिन्न हैं कि कवि के दो अलग-अलग मसौदों की तरह जान पड़ते हैं – आखिर "शाम के धुँधलके में फूलों की वह अस्त-व्यस्तता, वह श्लेष पूर्ण हिंस्र मौन" और "नहीं भूलूँगा कभी वह त्रासद भ्रम" के बीच किस प्रकार की समानता की कल्पना की जा सकती

है; इसी प्रकार "साईं मार्थे में...कोई जनरल है...एक काला-काला-सा धब्बा/नार्मन युगों से बसा-चला आया छोटा-सा एक नगला, /वहीं पर जंगल की हद खत्म होती है।" और "सैंत-मार्त में एक जनरल काले पत्तों सा बना/जंगल के किनारे एक विला नोरमाँद" दो भिन्न शब्दार्थ हैं और "छायाओं-जैसे नाजुक गाल, जिन पर मौत के हाथ ने जैसे पौडर मला हो" की सम्वेदमा "छाया की मिठास जहाँ मृत गालों का करते हैं श्रृंगार" से भिन्न धरातल पर अवस्थित हैं– कविता सिर्फ शब्दार्थ नहीं है इसका बोध अनुवाद के क्षेत्र में ही सर्वाधिक होता है। बाशो (1644-1694) के एक प्रसिद्ध हायकू का अनुवाद शमशेर यूँ करते हैं :

एक पुराना तालाब
और उछलते मेढ़क की आवाज
पानी के भीतर (बीच)?[35]

अज्ञेय ने इसी हायकू का अनुवाद इस प्रकार किया हैः

ताल पुराना
कूदा दादुर
गुड़प।[36]

मूल जापानी में यह हायकू यूँ है :

furu ike ya
kawazu tobikomu
mizu no oto [1686]

और अंग्रेजी में इसे यूँ अनूदित किया गया हैः

The old pond
A frog jumps in
Plop.[37]

मूल जापानी में आठ शब्द हैं और अंग्रेजी अनुवाद में भी आठ शब्द हैं लेकिन शमशेर के अनुवाद में बारह तथा अज्ञेय में पाँच; हायकू की प्रकृति को देखते हुए, जो मितकथन और घनत्व की कला है, अनुवादक के रवैये और कौशल के बारे में पता चलता है। यह भी विचारणीय है कि शमशेर ने कविताओं के अनुवाद बहुत ही कम किये; इसका कारण सम्भवतः यह हो कि एक कवि होने के नाते उनको कविता के अनुवाद की असम्भाव्यता का अनुभव कुछ ज्यादा ही तीव्रता से हुआ हो।

शमशेर ने अपनी कुछ कविताओं का भी अनुवाद किया है, कुछ अँग्रेजी से हिन्दी

में और कुछ हिन्दी से अँग्रेजी में। उनकी डायरी में स्वयं की कई कविताओं के अँग्रेजी और हिन्दी प्रारूप मिलते हैं– जिसमें दी गई तारीख से पता चलता है कि कौन किसका अनुवाद है! **कहीं बहुत दूर से सुन रहा हूँ मैं** संग्रह में छपी रूप देवी कविता के अंग्रेजी प्रारूप पर 2/10/55 तथा 4/10/55 तारीख पड़ी है। हिन्दी प्रारूप की तारीख 4/10/55 है। स्पष्ट है कि कविता पहले अंग्रेजी में लिखी गयी थी और प्रकाशित कविता उसका अनुवाद है। डायरी में अँग्रेजी कविता कुछ यूँ दर्ज है[38]:

That Devi like stature
An owned
Softness
            Of eveningrapt
Dew...brilliant, still, immortal.
A still portrait
Of night's
Rich breast
An ode
Fresh and most ancient like some
Constellation
Reality   In the core
Of my own self.

कहीं बहुत दूर से सुन रहा हूँ मैं में कविता का प्रकाशित रूप यह है:

रूप, देवी
        तुहिन कोमलता
समेटे
        प्राण
सन्ध्या
    चित्र
विभा-वैभव का
शांत
            अमर
                गीत
शुभ्रतम
आदिम
नक्षत्र /ओ महत्तम
मेरे स्वप्न की
    सत्य सम्भावना[39]

इसी प्रकार चुका भी हूँ मैं नहीं काव्य-संग्रह में एक नये कवि से कविता का अँग्रेजी प्रारूप पहले लिखा गया– To a New Poet:

O young Poet-Apollo of Action
Young Mind, swift and
Sure like an arrow:
A life dedicated to the
Meaning of Beauty.

Did I see some counterpart of
My own shy restless youth---
A very restless, very shy poet's
Youth in you just now
Across the ages---to renew
My spirit?
Or was that an early window---
Flash opened again
In your face for me to peer into...
Into the eyes of my love
Of my lost lost loves?

O do bear my youth...but o
Bear it with
Passion, honour and a
Secret religion
That only intimate poets follow.[40]

हिन्दी में यह कविता यूँ है:

देखता हूँ आज क्या मैं
फिर वही अपना शवाब!
वही तुम बेताबियों से भरे शर्मीले मिजाज
बहुत शर्मीले बहुत बेताब!

किन जमानों का भला तुम आइना बन कर
आज मेरे सामने हो?
—या अचानक कौंध कर खुल गयी
एक खिड़की बिजलियों की जहाँ
यह चेहरा तुम्हारा

सामने आ गया
लिए अपनी दृष्टि में वो झाँकियाँ
जो खो चुका हूँ
जमाना हुआ!
नये हो तुम।
आज के हो तुम।
फिर भी क्यों
तुम
लिए हुए मेरा शबाब आये...!
आओ
लिए हुए वही जोश आओ
वही गर्व
और वही आत्मा का धर्म जो कि
बहुत निजी कवियों का होता है![41]

स्पष्ट ही ये दोनों ही कविताएँ काव्यानुवाद न होकर रूपांतरण हैं– कवि अपनी कविता से पूरी छूट ले सकता था; उसे स्रोत पाठ से निष्ठावान बने रहने की कोई बाध्यता भी नहीं थी– यह कवि की एक ही सम्वेदना की दो भिन्न रूपाकृतियाँ कही जा सकती हैं। जहाँ हिन्दी में रूपदेवी भव्य एवं उदात्त हैं (चित्र विभा-वैभव का) वहीं अँग्रेजी में उनका रूप श्रृंगारिक (इरोटिकःअ स्टिल पोट्रेट/आफ नाइट्स/रीच ब्रेस्ट) बन गया है। इसी प्रकार अँग्रेजी में नया कवि सकर्मक – तीर की तरह निश्चित एवं सत्वर (अपोलो आफ एक्सन/यंग माइंड, स्विफ्ट एंड /स्योर लाइक एन ऐरो) है जबकि हिन्दी में शर्मीला तथा बेतावःअँग्रेजी में नये कवि का जीवन, सौन्दर्य के अर्थ-सन्धान के प्रति समर्पित है जबकि हिन्दी में नया कवि ऐसा कोई दावा नहीं करता! आश्चर्य नहीं कि भुवनेश्वर की अँग्रेजी कविताओं का हिन्दी में जब शमशेर अनुवाद करते हैं तो उसे वे अनुवाद न कहकर रूपांतरण ही कहते हैं। क्या यह सच नहीं कि एक सफल काव्यानुवाद एक सफल रूपांतरण ही हो सकता है 'हम राख हैं जो आईने के मुँह पर मले हुए हैं/क्या उसे माँजने के लिए?'[42]।

सन्दर्भ एवं टिप्पणी

1. मायकेल सेयर्स, अल्बर्ट यूगीन काह्न, **द ग्रेट कांसेपायरेसी**, लिटिल ब्राउन एंड कम्पनी, बोस्टन, 1946
2. नामवर सिंह (सं), **मलयज की डायरी**, राजकमल प्रकाशन, दिल्ली, प्रथम संस्करण, 2000, पृ. 80
3. रतननाथ सरशार, **कामिनी**, भूमिका, सरस्वती प्रेस, बनारस, 1951, पृ.6
4. "सरशार पर सर्वेंटीज का इतना गहरा प्रभाव था कि उन्होंने अपनी सभी बड़ी-बड़ी पुस्तकों में इस प्रभाव के चिह्न छोड़े हैं" एहतेशाम हुसैन, **उर्दू साहित्य का आलोचनात्मक इतिहास**, लोकभारती प्रकाशन, इलाहाबाद, संस्करण 1984, पृ. 222
5. देखें, थोमस वेलबोर्न क्लार्क, **द नोवेल इन इंडिया**, यूनिवर्सिटी आफ केलिफोर्निया प्रेस, बर्कले, जार्ज एलेन एंड अनविन लिमिटेड, 1970, पेज 110-117
6. रतननाथ सरशार, **हुश्शू**, सीमांत प्रकाशन, नई देहली, पेज 5-9
7. पंडित रतन नाथ सरशार, **पी कहाँ**, सीमांत प्रकाशन, नयी देहली, 2006, पेज 5
8. रतननाथ सरशार, अनुवादकः शमशेर बहादुर सिंह, **पी कहाँ**, सरस्वती प्रेस, इलाहाबाद, प्रथम संस्करण, 1981, पृ.5
9. लुई कैरोल, **आश्चर्य लोक में एलिस**, अनुवादकः शमशेर बहादुर सिंह, प्रथम राधाकृष्ण प्रकाशन, दिल्ली, 1993, पृ.6
10. देखें, केरोलिन सेग्लर, (एडि.), **अल्टरनेटिव एलिसेस**, द यूनिवर्सिटी प्रेस आफ केंतुकी, 1977
11. लुई कैरोल, **एलिस एड्वेंचर इन वंडर्लैंड एंड थ्रू द लुकिंग ग्लास**, ओक्सफोर्ड यूनिवर्सिटी प्रेस, वर्ल्ड क्लैसिक्स पैपरबैक, 1982, पेज 3
12. वही, पेज 110
13. जेम्स आर.केन्केड, **एलिस इन्वेजन आफ वंडरलैंड**, पी एम एल ए, 88, न.1, जनवरी 1973, पेज 92-99
14. लुई कैरोल, **एलिस एड्वेंचर इन वंडर्लैंड एंड थ्रू द लुकिंग ग्लास**, वही, पेज 40-41
15. वही, पेज 41
16. लुई कैरोल, **आश्चर्य लोक में एलिस**, अनुवादकः शमशेर बहादुर सिंह, वही, पृ.56-57

17. लुई कैरोल, **एलिस एड्वेंचर इन वंडलैंड एंड थ्रू द लुकिंग ग्लास**, वही, पेज 42 18.

18. लुई कैरोल, आश्चर्य लोक में एलिस, अनुवादकः शमशेर बहादुर सिंह, वही, पृ.58-59

19. राबर्ट साउदे, **द पोयटिकल वर्क्स आफ राबर्ट साउदे**, ए एंड डबल्यू गेलिनेनी 1829, पेज 135 (गूगल इ-बुक)

20. लुई कैरोल, **एलिस एड्वेंचर इन वंडलैंड एंड थ्रू द लुकिंग ग्लास**, पेज 43

21. "अनुवाद के दो ही तरीके हैं– या तो अनुवादक लेखक को जितना सम्भव है, शांतिपूर्वक उसे अपनी हाल पर छोड़ देता है और पाठक को उसके करीब लाने की कोशिश करता है; या पाठक को जितना सम्भव है, शांतिपूर्वक उसे उसकी हाल पर छोड़कर लेखक को उसके करीब पहुँचाने की कोशिश करता है" मोना बेकर, (एडिटर), **रूतलेज इनसाइक्लोपीडिया आफ ट्रांसलेशन स्टडीज**, रूतलेज, लंदन, रीप्रिंट 2004, पेज 242

22. देखें, प्रसेन्जित गुप्ता, **इण्डियन एरण्ट**, इंडियालाग पब्लिकेशन, दिल्ली, फर्स्ट पब्लिश्ड, 2002

23. देखें, इत्तमार इवन-जौहर, **पेपर्स इन हिस्टोरिकल पोयटिक्स**, द पोर्टर इंस्टिट्यूट एंड सिम्योटिक्स, तेल अवीव यूनिवर्सिटी, तेल अवीव, 1978

24, मलयज, (सं) **शमशेर बहादुर सिंह की कुछ गद्य-रचनाएँ**, सम्भावना प्रकाशन, हापुड़, प्रथम संस्करण, 1989, पृ.287

25. वही, 247

26. वांदा वास्लिवास्का, **पृथ्वी और आकाश** (मूल पोलिश, तेच्चा, अंग्रेजी शीर्षकः द रेनबो), सरस्वती प्रकाशन, इलाहाबाद, 1944

27. डॉ.एजाज हुसैन, **उर्दू साहित्य का इतिहास**, अनुवादकः शमशेर बहादुर सिंह, राजकमल प्रकाशन, दिल्ली, प्रथम संस्करण 1957, पेज 5-6 28. डॉ.एजाज हुसैन, मुख्तसीर तारीख-ए-अदब-ए-उर्दू, उर्दू किताब घर, देहली, तीसरा संस्करण 1964 29. डॉ.एजाज हुसैन, उर्दू साहित्य का इतिहास, वही; पेज 1

30. वही.पेज 49 31.वही

32. वही, पादटिप्पणी

33. रंजना अरगड़े (सं), **कुछ और गद्य-रचनाएँ**, राधाकृष्ण प्रकाशन, प्रथम संस्करण, 1992, पृ.62

34. .http://www.kavitakosh.org/kk/index.php?

35. गोविन्द रजनीश(सं), **हिन्दी काव्य पिछला दशक**, देवनगर प्रकाशन, जयपुर

36. अज्ञेय, अरी **ओ करूणा प्रभामय**, भारतीय ज्ञानपीठ, दिल्ली, द्वितीय संस्करण 1980, पृ.108

37. एक अन्य अंग्रेजी अनुवाद में यह हायकू यूँ है:*An Ancient pond/A frog jumps in/The splash of water*
http://en.wikipedia.org/wiki/Matsuo_Basho
38. शमशेर की अप्रकाशित डायरी, रंजना अरगड़े के सौजन्य से प्राप्त सूचना के आधार पर
39. शमशेर बहादुर सिंह, **कहीं बहुत दूर से सून रहा हूँ**, राधाकृष्ण प्रकाशन, दिल्ली, प्रथम संस्करण 1995 , पृ.19
40. शमशेर बहादुर सिंह, **चुका भी हूँ मैं नहीं**, राधाकृष्ण प्रकाशन, दिल्ली, द्वितीय संस्करण 1981, पृ.136
41. वही, पेज 29
42. शमशेर, **इतने पास अपने**, राजकमल प्रकाशन, दिल्ली, 1980, पेज 58

पंचम अध्याय

शमशेर का चित्र-संसार

*"जीवन की तरह कला भी प्रतीति के लयात्मक लीला को प्रस्फुटित करता है।"**

*"कला अराजकता से पलायन है।"***

शमशेर के अधिकांश चित्रों का रचना-काल सन 1935-52 का कालखंड है।भारतीय चित्रकला के इतिहास में यह काल-खंड कई दृष्टियों से महत्वपूर्ण है। जिस प्रकार भारत के विभिन्न भाषाओं के साहित्य में वह दौर स्वछ्न्दतावाद (रोमैंटिसिज्म) और यथार्थवाद के बीच संघर्ष का दौर था उसी प्रकार चित्र-कला में भी बंगाल स्कूल के राष्ट्रवादी पुनरुत्थानवादी सौंदर्यशास्त्र और कलकत्ता समूह (1942-43) एवं बम्बई के प्रगतिशील कलाकार समूह (प्रोग्रेसिव आर्टिस्ट ग्रूप, 1947) द्वारा घोषित अंतराष्ट्रीयतावाद के बीच यह संघर्ष का काल कहा जा सकता है।

बंगाल स्कूल का सम्बन्ध किसी कालखंड या क्षेत्रीय गतिविधि से न होकर एक शैली विशेष से है और इस शैली की अधिकांश महत्वपूर्ण कृतियाँ 1895-1947 के बीच रची गईं।[1] अवनींद्रनाथ ठाकुर, असितकुमार हालदार, समरेन्द्रनाथ गुप्ता, सारदाचरण उकील एवं नंदलाल बसु के चित्र-मुहावरे को यूरोपियन कला के प्री-रैफलाइट दौर से तुलनीय मानते हुए सुनील कुमार भट्टाचार्य ने लिखा है कि ये सभी कलाकार तरल रैखिक लालित्य, रंग के सपाट प्रतिपादन और रचना में तत्वों के बेलबूटेदार चित्रण का सहारा लेते हैं। अवनींद्रनाथ ने तो अपने चित्रों में पुरातन रंग देने के लिए जापानी रंग-कौशल को आयात किया। चित्र के विषय मुगल-इतिहास से लेकर प्राचीन राजपूत राजाओं के दरबारी वैभव, रामायण, महाभारत और बुद्ध के जातक-कथाओं से लिए गए हैं।इन कलाकारों को भारतीय कला का प्रगीत कवि कहा जा सकता है क्योंकि वे रंगों में रोमेंटिक भावनाओं को प्रतिबिंबित करते हैं, उनके रूप (फार्म) शैलीकृत हैं जिसे उनकी लम्बी उँगलियों, मृगनयनों और सर्वांगपूर्ण शारीरिक संरचनाओं के निरूपण में देखा जा सकता है।[2] चित्रकला के प्रचार-प्रसार एवं बंगाल स्कूल की मान्यताओं के विकास के लिए

अवनीन्द्रनाथ ठाकुर के शिष्यों ने भारत के विभिन्न क्षेत्रों में नये-नये स्कूल खोले। के. वेंकटप्पा ने मैसूर में, देवीप्रसाद रायचौधरी ने मद्रास में, असित कुमार हालदार लखनऊ में, शैलेन्द्रनाथ दे ने राजस्थान में, पुलिन बिहारी दत्त ने बम्बई में, समरेन्द्रनाथ गुप्त ने पंजाब में और शारदाचरण उकील ने दिल्ली में चित्रकला के स्वतंत्र केंद्र स्थापित किए। दिल्ली के इसी केंद्र में शमशेर बहादुर सिंह ने चित्रकला सीखने के लिए सन् 1935 में दाखिला लिया। वे इस स्कूल में दो वर्षों तक रहे लेकिन बंगाल स्कूल की रूढ़ 'गीतिमयता, 'भावुकता, एवं 'साहित्यिकता का असर उनकी कुछ ही कृतियों में लक्षित किया जा सकता है। यह सच है कि बंगाल स्कूल के अधिकांश चित्र पुनरूत्थानवाद से इतने बोझिल हैं कि उसमें कलाकार की निजी संवेदना एवं उनके अपने समय की कोई खरोंच को ढूँढ पाना प्रायः मुश्किल है लेकिन क्या 'नाक-नक्श(35) 'भक्कू (48) 'सुकेशिनी-2 (48) 'श्रीमती सावित्री'(48) जैसे बंगाल-स्कूल से प्रभावित शमशेर के चित्रों के बारे में भी यही कहा जा सकता है? क्या शमशेर के इन चित्रों के बारे में भी यह कहा जा सकता है कि वह रवींद्रनाथ ठाकुर की रचनाओं का रूपंकर प्रतिरूप है जैसा कि धुर्जटि प्रसाद मुखर्जी ने बंगाल स्कूल की कृतियों के बारे में कहा है।[4]

यह भी एक उल्लेखनीय तथ्य है कि शमशेर के एक भी चित्र पौराणिक विषयों पर आधारित नहीं है। बंगाल स्कूल से शमशेर ने जो सीखा वह है रेखांकन एवं जल रंगों को बरतने का कौशल। अपने राष्ट्रवादी उत्साह में बंगाल स्कूल ने तैल्य माध्यम का बहिष्कार करते हुए लघुचित्रों के तकनीक एवं जापानी 'वाश' का पुनरुद्धार किया था।[5] अकारण नहीं कि लघुचित्रों से प्राप्त कोमल एवं सुनम्य रेखाएँ और वाश तकनीक बंगाल स्कूल की पहचान बन गई थीं। नन्दलाल वसु ने लिखा है कि "अवनीन्द्रनाथ के चित्रों में रेखाएँ अजंता या मुगल-फारसी चित्रों की तरह सपाट (फ्लैट) या लेखांकित (कैलिग्रेफिक) नहीं हैं। उनके चित्रों की ड्राईंग बहुत कुछ विलायती चित्रों जैसी प्रवृत्तवादी(नेचुरलिस्टिक) हैं, सादृश्यमूलक (रीप्रजेंटेशनल) नहीं। फलस्वरूप उनकी रेखाएँ मूलतः आकृति का गठन या नमूना (माडलिंग) दिखलाने के लिए ही हैं। ठीक मुगल-चित्रों की तरह।"[6] यही बात शमशेर के रेखांकन के बारे में भी कमोबेश कही जा सकती है।

आनन्द कुमारास्वामी ने बंगाल स्कूल को, जिसे वे कलकत्ता के भारतीय चित्रकारों का आधुनिक स्कूल कहते हैं, राष्ट्रीय पुनर्जागरण का एक चरण माना है।उनके अनुसार जहाँ उन्नीसवीं शती के आरम्भिक सुधारकों का उद्देश्य भारत को इंग्लैंड बनाना था वहीं बाद के कर्त्ता एक ऐसे समाज की स्थापना या पुनर्स्थापना

करना चाहते थे जिसमें भारतीय संस्कृति के अंतर्निहित या अभिव्यक्त आदर्श सांस ले सके।[7] स्पष्ट ही इसकी परिणति 'पुनरुत्थान' में ही होनी थी। रवीन्द्रनाथ ठाकुर (1861-1941) ने इस खतरे को समझते हुए बड़ी तिक्त टिप्पणी की : "जब हम भारतीय कला के नाम पर पिछली पीढ़ी की आदतों से उपजी कट्टरता को बड़ी उद्धत आक्रामकता से पोसते हैं तब हम दफ्न शताब्दियों की राख से निकाली हुई विलक्षणता तले अपनी आत्मा का गला घोंट रहे होते हैं।ये जीवन के पल-पल परिवर्तित खेल के प्रति असंवेदित विकृत मुखाकृतियों वाले मुखौटों की तरह हैं।"[8] बंगाल स्कूल के पुनरुत्थानवाद के कटु आलोचक सिर्फ रवीन्द्रनाथ ही नहीं थे बल्कि देवेंद्रनाथ ठाकुर (1867-1938), यामिनी राय (1887-1972) और अमृता शेरगिल (1913-41) अपने-अपने तरीके से बंगाल स्कूल की सीमाओं को उजागर कर रहे थे। अमृता शेरगिल ने तो स्पष्ट कहा कि बंगाल पुनरुत्थान जैसा कि नाम में ही निहित है, भारतीय चित्रकला में पुनर्जागरण

नाक-नक्श — भक्कू — श्रीमती सावित्री

(रिनेसाँ) ले आने का दावा करता है लेकिन समकालीन भारतीय चित्रकला में जो आज निष्क्रियता छाई हुई है उसका जिम्मेवार वही है। बंगाल स्कूल की मान्यताएँ सृजनात्मक चेतना को कुंठित एवं अपंग करने वाली साबित हुई हैं।[9] अमृता शेरगिल की मृत्यु के बाद कलकत्ता के आठ कलाकारों (मूर्तिकार प्रदोष दासगुप्त, कमला दासगुप्त एवं चित्रकार निरोद मजूमदार, शुभो ठाकुर, गोपाल घोष, परितोष सेन, रथिन

मैत्र, प्राण किशन पाल) ने बंगाल स्कूल के पुनरुत्थानवादी सौंदर्य-शास्त्र को छिन्न-भिन्न करते हुए विधिवत घोषणा-पत्र तैयार किया जिसमें कहा गया कि, ''कला को अंतराष्ट्रीय एवं अन्योन्याश्रित होना चाहिए। दूसरे शब्दों में, हमलोग कभी भी प्रगति नहीं कर सकते अगर हम हमेशा अपने प्रचीन गौरव को ही याद करते रहें और किसी भी मूल्य पर अपनी परम्परा से चिपके रहने को आवश्यक समझें। संसार के उस्ताद-कलाकारों द्वारा निर्मित कला की विपुल नयी दुनिया जो अनंत विस्तार एवं समृद्धि लिए हुए है, हमें इशारा करती हैं...हमें उन सभी का गम्भीर अध्ययन करना होगा, उनकी प्रशंसा करने की कला का विकास करना होगा और उससे हमें हर वो चीज ग्रहण करनी होगी जिससे हम अपनी परम्परा एवं आवश्यकता के अनुसार उचित संश्लेष कायम कर सकें। यह हमलोगों के लिए इसलिए और भी आवश्यक है क्योंकि हमारी कला अट्ठारहवीं शती से ठहरी हुई है। कला की दुनिया में भारत के बाहर पिछले दो सौ सालों में शिल्प और तकनीक के क्षेत्र में युगांतकारी अविष्कार हुए हैं। अतः हमलोगों के लिए यह परम आवश्यक है कि पश्चिमी अविष्कारों से फायदा उठाते हुए अपने इस गतिरोध को दूर करें।''[10] यह सोच सिर्फ बंगाल समूह के कलाकारों की ही नहीं थी बल्कि कहा जा सकता है कि उस वक्त की यह सामान्य सोच थी जिसे भारतीय पुनर्जागरण की विशेषताओं के रूप में लक्षित किया गया है। कलकत्ता समूह की बम्बई में सन 44 एवं45 की प्रदर्शनी से प्रेरित 'प्रगतिशील कलाकार समूह' की पहली प्रदर्शनी (1949) की विवर्णिका में फ्रांसिस न्यूटन सूजा ने लिखा कि ''हम में किसी स्कूल या कला आन्दोलन को पुनः जागृत करने की कोई भी महत्वाकांक्षा नहीं है। एक प्रबल रचनात्मक संश्लेषण तक पहुँचने के लिए हम मूर्तिशिल्प और चित्रकला की विभिन्न शैलियों का अध्ययन कर चुके हैं।''[11] यह एक उल्लेखनीय तथ्य है कि प्रगतिशील कलाकार समूह के अधिकांश कलाकार (सूजा, आरा, रजा, हुसैन, गाडे, बाकरे) आरम्भ में वामपंथी थे और शमशेर इन्हीं दिनों (45-46) बम्बई में कम्युनिस्ट पार्टी के कम्युन में रहते हुए 'नया साहित्य' का सम्पादन कर रहे थे।यूँ तो शमशेर के बम्बई प्रवास में उनके चित्र - कला-कर्म के बारे में कोई सूचना नहीं मिलती लेकिन क्या इसे महज संयोग कहा जाय कि जब कृष्णाजी हावलाजी आरा फूलों और सैरों की अपनी जानी-पहचानी दुनिया को छोड़ कर 'सनकी' लोगों को चित्रित कर रहे थे ठीक इसी समय शमशेर के चित्र-लोक में 'पागल कलाकार (1940), 'विक्षिप्त कवि (1949) जैसी कृतियों का प्रवेश हो रहा था। धूसर एवं गहरे रंगों से शमशेर ने इन चित्रों में कलाकार की मनोव्यथा एवं उसके अंतरद्वन्द्व को बड़ी गहरी अनुभूति से उभारा है। चारकोल के

बीच में नीले एवं पीले रंग की रेखाओं का जो संयोजन है वह अजीब-से तनाव का अहसास कराती है। पीला रंग अपनी प्रकृति में ही विस्तार को अभिव्यंजित करने वाला रंग है जबकि नीला संकेन्द्रन का। चार-कोल के गहरे काले रंगों के बीच में इन दोनों रंगों को संयोजित कर शमशेर ने एक कवि-कलाकार के अस्तित्वगत तनाव को 'पागलपन' एवं 'विक्षिप्ति' के रूप में, बड़ी करुणा से अभिव्यंजित किया है। प्रगतिशील कलाकार समूह का मूल्यांकन करते हुए कैलास वर्मा ने ठीक ही कहा है कि ''समकालीन भारतीय कला को **पैग** की सबसे महत्वपूर्ण देन यह है कि उसमें कला को राष्ट्रीय दायरे से बाहर निकाला और पाश्चात्य कला की तकनीक एवं अभिव्यक्ति के समानांतर कला को अंतर्राष्ट्रीयतावाद से पूर्णतया जोड़ दिया।''[12] 'कलकत्ता समूह' की जो अंतर्राष्ट्रीयतावादी आकांक्षा थी वह पैग यानी 'प्रगतिशील कलाकार समूह' में फलीभूत हुई। कला में अंतर्राष्ट्रीयतावाद का अर्थ था प्रभाववाद, अभिव्यंजनावाद, घनवाद, अमूर्तनवाद और अतियथार्थवाद से प्रभाव ग्रहण करना और इस दौर के सभी कलाकार अपने-अपने

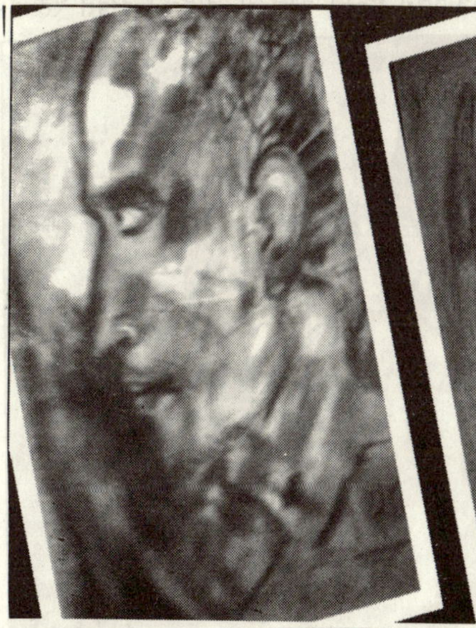

पागल कलाकार (2-9-40) विक्षिप्त कवि (49-50)

निजी मुहावरों की तलाश में 'पश्चिमी अविष्कारों' से प्रतिश्रुत हो रहे थे।यह 'प्रतिश्रुति' भारतीय कला के विकास में कितनी सहायक या बाधक हुई, यह एक अलग प्रश्न है लेकिन यह सच है कि शमशेर भी अपने अन्य समकालीन

चित्रकारों की तरह, पश्चिमी कला के किसी आन्दोलन या प्रवृत्ति विशेष से पूर्णतया एकाकार होने के बजाय 'पश्चिमी अविष्कारों'से अपने कला-कौशल को सँवारने की कोशिश कर रहे थे। पश्चिमी कला में 'प्रभाववाद' कई अर्थों में इतालवी पुनर्जागरण के बाद सर्वाधिक महत्वपूर्ण अविष्कार था। प्रकृति की पल-पल परिवर्तित लीला को रंगीन प्रकाश और छाया के क्षणभंगुर खेल में पकड़ने का जो कौशल प्रभाववादियों ने अर्जित किए, वे अभूतपूर्व थे।यह विवाद का मुद्दा हो सकता है कि उनकी कृतियाँ जिस रंग-विज्ञान पर आधारित हैं वे कितनी सही हैं या गलत हैं[13] लेकिन इसमें कोई दो राय नहीं कि वे देखने की, अवबोध की भिन्न प्रकृति की उपज थीं।प्रभाववादी अवबोध को आर्नल्ड हाउजर ने जार्ज मर्जेस्की के हवाले से यूँ समझाया है कि अगर किसी वस्तु को सामने रखे पर्दे के छोटे से छेद से देखें(जो छेद इतना बड़ा हो कि रंग तो दिखे लेकिन इतना भी बड़ा नहीं कि रंग के साथ-साथ वस्तु से उसके सम्बन्ध भी दिख जाय) तो जो हमें दिखाई देगा वह एक अनिश्चित, मँडराता आभास होगा और यह उस रंग-प्रकृति से बिल्कुल भिन्न होगा जो हम आदतन किसी वस्तु से जोड़कर देखते रहे हैं।

झूसी में गंगा के किनारे एक तथ्य-फलक (1952-53)

और इस दृष्टि से, अग्नि का रंग अपनी दीप्ति, रेशम का रंग अपनी कांति और जल अपनी पारदर्शिता खो देता है। प्रभाववादियों के यहाँ रंग किसी वस्तु का ठोस गुण न होकर एक अमूर्त, अशरीरी, अभौतिक घटना की तरह प्रकट होते हैं मानो वे स्वयं-में-रंग

हों।[14] शमशेर के दो ऐसे चित्र मिलते हैं जिसमें इस प्रकार के प्रभाववादी तकनीक का बखूबी प्रयोग हुआ है– 'झूसी में गंगा के किनारे एक तथ्य-फलक' (1952-1953) और 'आइने में शमशेर' (1950) में रंग और प्रकाश का वही नेत्रपटलीय परिणाम दिखाई पड़ता है जिसे प्रभाववादी चित्रकार अपना लक्षय मानते थे।

आइने में शमशेर (1950)

हिस्पानी चित्रकार गोया (1746-1828) का कहना था कि "प्रकृति में रेखा कहाँ है? मुझे तो केवल प्रकाशित व अप्रकाशित आकार दिखाई देते हैं– -समतल जो निकट हैं और समतल जो दूर हैं। मुझे रेखाएँ एवं बारीकियाँ दिखाई नहीं देती।मैं व्यक्ति के सिर के बालों को नहीं गिन सकता, न उसके कोट के बटनों को।मुझे जो दिखाई नहीं देता वह देखने का मेरी कूची को कोई अधिकार नहीं।"[15] शमशेर के इन दोनों चित्रों को देखकर एद्वार माने (1832-83) के उस कथन का याद आता है जब किसी मित्र ने उनके व्यक्तिसमूहों के एक चित्र को देखकर उनसे पूछा था कि इस चित्र में आपने किस व्यक्ति को सर्वाधिक महत्व दिया है तब उनका कहना

था कि "किसी भी चित्र में सबसे प्रमुख व्यक्ति होता है प्रकाश।"[16] प्रकाश की इसी केन्द्रीयता को रेखांकित करते हुए हर्बट रीड ने कहा है कि प्रभाववाद प्रकृति की प्रगीतात्मकता या उसके रूपरंग की पूर्ण अभिव्यक्ति है, उस सौन्दर्य के, जो पलछिन प्रकाश में अवतरित और तिरोहीत होते हैं।[17] शमशेर के इन चित्रों का सौन्दर्य पलछिन प्रकाश में अवतरित और तिरोहीत होने वाला सौन्दर्य है। लेकिन जहाँ प्रभाववादियों के प्रिज़्म प्रकृति के सातो रंगों की छटा और वैभव से निर्मित दिखाई देता है, आइने में शमशेर महज दो रंगों के माध्यम से प्रतिबिम्बित होते देखे जा सकते हैं। क्या यह कम बड़ी उपलब्धि है? पश्चिमी कला का विकास, यूरोपीय पुनर्जागरण एवं प्रभाववाद के बाद इस महत्वकांक्षा से हुआ कि प्रकृति की अनुकृति के बजाय उसकी पुनर्रचना की जाय। सेजाँ (1839-1906) के यहाँ प्रकृति की पुनर्रचना है।घनवादियों ने प्रकृति को विच्छेद कर विश्लेषण करने का काम किया।अतियथार्थवादियों ने प्रकृति के बाहरी यथार्थ को भेदकर उसके आंतरिक सत्य को उद् घाटित करने की कोशिश की। दादावादी स्वप्नों, दिवास्वप्नों और फंतासियों की दुनिया में नये मील के पत्थर ढूंढते रहे।अमूर्तनवादियों ने रूप और रंगों की अमूर्त बनावट के सहारे प्रकृति की अपनी नितांत निजी व्याख्या प्रस्तुत की।भविष्यवादियों ने चित्र की सामान्यतः स्थिर कला में देश और काल को अभिव्यक्त करने का प्रयास किया।[18]

शमशेर के अभिव्यंजनावादी चित्र

भारतीय कलाकारों का अभिव्यंजनावाद से परिचय जर्मन अभिव्यंजनावादियों द्वारा हुआ।[19] भारतीय कलाकारों का पश्चिमी कला से परिचय आरम्भ में मूलकृतियों के बजाय प्रतिकृतियों के माध्यम से हुआ लेकिन सन'22 में कलकत्ता में जर्मन अभिव्यंजनावादियों की एक प्रदर्शनी आयोजित हुई थी।यह भारत में यूरोपीय कला के गैर-अंग्रेज उस्तादों की मौलिक कलाकृतियों की पहली प्रदर्शनी थी।[20] अगर प्रभाववादियों का संसार उल्लास और आनन्द का संसार था तो अभिव्यंजनावादियों की दुनियाँ भय, खौफ आतंक और विकृतियों से भरी हुई थी। आश्चर्य नहीं कि कलकत्ता-समूह और प्रगतिशील कलाकार समूह के कलाकारों ने बड़े पैमाने पर अभिव्यंजनावादी मुहावरों को हस्तगत करने का प्रयास किया क्योंकि ये भी अपनी स्थिति, जहाँ तक भाव-दशा और सामाजिक अलगाव का प्रश्न है ड्रेसड्न के *डाय ब्रयूके* और म्युनिक के *डर ब्लौ रायटेर* के समान समझते थे।[21]

अभिव्यंजनावाद कला की एक प्रवृत्ति भी है और यूरोपीय कला के इतिहास का एक दौर भी।प्रवृत्ति के रुप में यह आत्मनिष्ठ कला है जो भावात्मक प्रभाव के लिए विरूपण और अतिरंजना का सहारा लेती है।यह आधुनिक यूरोपीय कला की वह प्रवृत्ति है जहाँ कलाकार अपनी आंतरिक सम्वेदना को अभिव्यक्त करने के लिए अप्राकृतिक तीखे रंगों और विरूपित रूपाकारों का सहारा लेते हैं।यह प्रवृत्ति वान गो (1853-90) से मानी जाती रही है और इस अर्थ में यह उन्नीसवीं शती के प्रकृतवाद के खिलाफ बगावत भी कही गई।सीमित अर्थ में इसे जर्मन कला-आन्दोलन विशेष के रूप में भी चिह्नित किया जा सकता है जो 1905 से लेकर 1930 तक सक्रिय रहा।[22] शमशेर इन चित्रों में प्राकृतिक रूपाकारों को अपनी भावनाओं के अनुरूप विरूपित करते दिखाई पड़ते हैं और अभिव्यंजनावादियों की तरह बेहद तीखे एवं आक्रमक रंगों के प्रयोग से भी नहीं हिचकते।नीले, काले एवं धूसर रंगों से शमशेर यहाँ किसी वस्तुगत यथार्थ को प्रस्तुत नहीं करते और न ही उस पर आधारित कोई अमूर्त धारणा का निरूपण ही करते जान पड़ते हैं बल्कि उनका उद्देश्य है अपनी आत्मगत सम्वेदनाओं को अभिव्यंजित करना। एडवार्ड मुंख (1863-1944) के चित्रों की तरह इनमें कलाकार के अंतर्मन की आवाजें हैं और जिसमें वाह्य रूपाकार का कोई महत्व नही। आश्चर्य नहीं कि अभिव्यंजनावाद ने अपना अगला कदम अमूर्तन की दुनिया में रखा था और इस ओर पहला कदम उठाने वालों में वासिली कान्दिंस्की (1866-1944) थे जिन्होंने न सिर्फ अमूर्त अभिव्यंजनावादी कृतियाँ रचीं (उनकी

कृतियाँ संगीत की रूपंकर समतुल्य मानी गई हैं[23])बल्कि इसका एक मुकम्मल सौन्दर्यशास्त्र भी रचने का प्रयास किया।'कला में आध्यात्मिकता एवं 'समतल में रेखा और बिन्दु नामक पुस्तक में कान्दिंस्की ने प्राकृतिक वस्तुओं को सृजानात्मक स्वतंत्रता के लिए बाधक सिद्ध करते हुए यह मत प्रतिपादित किया कि "रंगों व आकारों की सुसंगति का आधार मानवीय आत्मा से सोद्देश्य सम्पर्क ही हो सकता है।"[24]

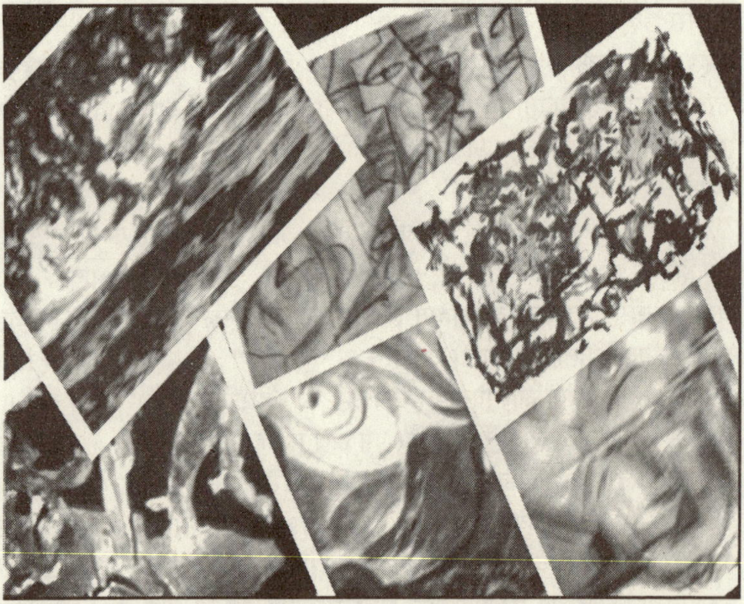

शमशेर के अमूर्त चित्र

शमशेर भी कहते हैं, "अमूर्त का विधान लेने वाली कला खास तौर से हमारे मन की अंदरुनी सच्चाइयों के जितना निकट होती है, उतना -- उस ढ़ग से-- मूर्त यानी साफ सीधी सामने नजर आने वाली सच्चाई नहीं होती क्योंकि हम अपनी भावनाओं में बहुत कुछ अपने अन्दर का ही जीवन जीते हैं।

"सामने नजर आने वाली चीज को देखते हुए हम दरअस्ल उसको देखते नहीं बल्कि अपने अंदर की संज्ञा या चेतना से पकड़ते हैं और जिस रूप में हम सामने नजर आने वाली चीज को पकड़ते हैं वह रूप हमारे मन और मस्तिष्क के लिए ज्यादा अर्थपूर्ण होता है।

"इसीलिए जब कलाकार उस सामने नजर न आने वाली अन्दर की छाप को हमारे सामने लाता है– रंगों के ताल-मेल रेखाओं की तरंगों और बहावों और गतियों में – तो वह हमें चीजों के ज्यादा नजदीक ले आता है।हमें खुद अपनी छिपी हुई चेतनाओं से अधिक परिचित कराता है।"[25]

चित्र संख्या एक

शमशेर के अधिकांश अमूर्त चित्र आकृतिमूलकता के प्रत्यक्ष निषेध से उत्पन्न नहीं हुए हैं बल्कि वे किसी वस्तु, स्थिति या भाव-दृश्य के प्रत्यय का साक्षात्कार जान पड़ते हैं। यही वजह है कि उनके चित्रों में रंग और रेखाओं के हार्मनी से एक ऐसा अवकाश उभरता दिखाई देता है जो स्वयं में एक संदर्भ होता है, किसी प्राकृतिक आकृति का प्रतिरूपात्मक चित्र नहीं। 'पूजा का एक संभव रेखागणित (1950), 'एक आँसू की अगवानी में, (1951), 'कोंपल और कलियाँ (50-51), 'गोधूलि की बेला में दूर देहात का एक रेलवे स्टेशन' (48-50), 'चाँद की आँख और रक्तिम अधर (1952), 'शकुन्तला के परी लोक में' (48-50), 'तपती चट्टानों को बाँधती एक कोमल जल-धारा(1952), 'एक बहुमंजली इमारत, चाँद और धावक' (55) जैसी कृतियों में सिर्फ शीर्षक ही दर्शक को

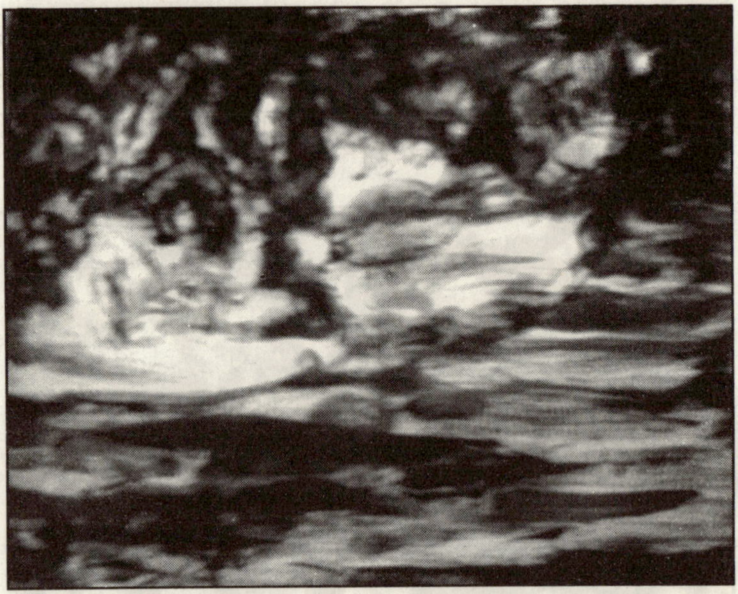

चित्र संख्या दो

किसी प्राकृतिक वस्तु के प्रत्यय या अवबोध से जोड़ सकता है नहीं तो शमशेर के अधिकांश ऐसे चित्र हैं जिसमें न कोई शीर्षक है और न पहचानने योग्य कोई प्राकृतिक वस्तु का आभास। क्या यह अनुमान लगाया जा सकता है कि चित्र संख्या एक का शीर्षक है 'श्रोता और दर्शक (50-51), और चित्र संख्या दो का 'शकुंतला के परी लोक में (48-50)। इस सन्दर्भ में हर्बर्ट रीड का यह कथन ध्यान देने योग्य है कि, "यथार्थवाद अभिव्यक्ति का स्वीकारात्मक रूप है जिसमें जीवन के त्रासदी तत्व को स्वीकार का भाव है लेकिन अमूर्तन एक ऐसे व्यक्ति की प्रतिक्रिया है जो शून्यता की नरक से लड़ रहा है, यह तीव्र व्यथा की ऐसी अभिव्यक्ति है जो आवयविक सिद्धांत पर अविश्वास करती है और मानव मन की सृजनात्मक स्वतंत्रता को स्वीकार करती है।[26] भारतीय कला में अभिव्यंजनावादी अमूर्तन के साथ ही साथ अतियथार्थवादी दौर भी गुजरा। रवीन्द्रनाथ ठाकुर के बाद कलकत्ता समूह के हेमंत मिश्र एवं मद्रास समूह के के.सी.एस. पनिकर तथा के.सी.पाईन यहाँ अतियथार्थवाद के अगुआ माने जा सकते हैं। 'अतियथार्थवाद' का आरम्भ पेरिस में 1924 में हुआ। इसके प्रथम घोषणा-पत्र में आन्द्रे ब्रेतों ने स्वप्न और यथार्थ जैसे प्रतीयमानतः परस्पर-विरोधी अवस्थाओं को भविष्य में अतियथार्थ (सुर्रियल) में एकरूप हो जाने की परिकल्पना की थी। उनके अनुसार अतियथार्थवाद एक प्रकार के शुद्ध मानसिक

स्वयं-चालन का नाम है जिसके माध्यम से सोचने की वास्तविक प्रणाली को –सौन्दर्यशास्त्रीय व नैतिक तथा बुद्धि के किसी नियंत्रण से परे सिर्फ सोच से संचालित प्रणाली को अभिव्यक्त किया जा सकता है।[27] यह यूरोप में फ्रायड के मनोविश्लेषण का उत्थान काल था और कलाकार यथार्थ को अतिक्रमित कर सकने वाले अवचेतन की बिम्ब-निर्माण क्षमता से अभिभूत थे।आश्चर्य नहीं कि इसकी प्रथम प्रदर्शनी की सूची में पाब्लो पिकासो, पाल क्ली, मेनरे, ज्याँ आर्प, मैक्स अर्न्स्ट, डी शिरिको जैसे चित्रकार शामिल हुए और बाद में चलकर ईवे तांग्वी, आन्द्रे मास्सो, जान मायरो, साल्वाडोर डाली जैसे कलाकारों ने इसे अपनाया। यह यूरोपीय कला में, हर्बर्ट रीड के शब्दों में कहें तो विस्मय के पुनर्जीवन की स्थापना थी।[28]

शमशेर के अतियथार्थवादी चित्र

अतियथार्थवादियों ने कला में विस्मय के तत्व को दो तरह से अर्जित किया–एक यथार्थ को अयथार्थ ढ़ंग से प्रस्तुत कर और दूसरे अयथार्थ को यथार्थवादी अंकन कर के। जहाँ पहले के उदाहरण के रूप में मायरो, आन्द्रे मांस्सो की रचनाएँ रखी जा सकती है जिसमें फूलों को आँख हैं और पेड़ों को कान ('जोता हुआ खेत') हैं वही दूसरा ढ़ँग डाली एवं तांग्वी का है जहाँ जलता हुआ जिराफ है ('जलता जिराफ'), सूखने के लिए डाले गये कपड़े की तरह लटकती हुई घड़ियाँ हैं ('स्मृति का आग्रह'),

विचित्र किस्म के कुकुरमुत्ते एवं जादुई वनस्पत्तियाँ हैं जो काफ्काई संसार के प्रतिबिम्ब जान पड़ते है। वैसे अधिकांश अतियथार्थवादी कृतियों में इन दोनों शैलियों को मिश्रित ढ़ंग से बरता गया है। भारतीय चित्रकला में अतियथार्थवाद का विकास सन सत्तर के दशक में हुआ विशेषकर जसवंत सिंह, सुल्तान अली, अनिल करंजिया, इश्वर सागरा, जे.स्वामीनाथन, गुलाम शेख, गनेश पाइन, जोगेन चौधरी, विकास भट्टाचार्य, ए.रामचन्द्रन, भुपेन खक्कर की रचनाओं में; लेकिन शमशेर के अधिकांश सुर्रियल चित्रों की रचना सन अड़तालीस से लेकर चौवन के बीच हुई है। शमशेर आरम्भ से ही अतियथार्थवाद से बेहद प्रभावित थे। उन्होंने एक स्थल पर स्वयं कहा है : ''...योरोप के जो चित्रकार थे और जो आन्दोलन अतियथार्थवाद का वहाँ पर चला था, उसने बहुत गहराई से मुझको प्रभावित किया..''[29] एक दूसरी जगह भी उन्होंने स्वीकार किया है कि "...यह जो सुर्रियलिस्ट पेंटर्स आते हैं हमारे यहाँ, मेरे दिमाग पर छा जाते हैं। वह हर्बर्ट रीड का जो सुर्रियलिस्ट संग्रह है, उसमें पच्चासो जो प्लेट्स हैं, वे न मालूम कितनी बार दिमाग से गुजरी होंगी, घूमी होंगी, बसी होंगी दिमाग में।"[30] आश्चर्य नही कि शमशेर के काव्यलोक एवं चित्रलोक – दोनों में अतियथार्थ बिम्बों की इतनी बहुलता है। शमशेर की रचनाओं में, 'एक सुर्रियलिस्ट चेहरा' (1951), 'एक फ्रेम और उसके चारों ओर' (1950) 'पिजड़े के अंदर तोता रानी' (1950), 'बंदी गृह में एक जोड़ा गोरे वक्ष' (1950), 'रक्षक और तोता' (1950) जैसी कुछ रचनाओं को छोड़कर बाकी अतियथार्थवादी चित्र शीर्षकहीन हैं। इन चित्रों में सीने से खुलती हुई खिड़कियाँ हैं, गुलाबी तोते का बिल्लीनुमा नीलमुँहा रक्षक है, खूनी बालों वाला भेड़ियानुमा जानवर है, नाक और आँख के बीचोबीच गालों पर दांत की पंक्तियाँ है, बन्द गाढ़े गुलाबी होठों में प्रवेश को आतुर नागमणि है और स्वप्न की कई स्थितियाँ हैं। वस्तुतः शमशेर के ये चित्र मानव अंतर्मन के गुह्यान्धकार के प्रतीक हैं। यहाँ अगर 'बंदी गृह में एक जोड़ा गोरे वक्ष' (1950), और 'रक्षक और तोता' (1950) पर विचार करें तो इन दोनों चित्रों में उस ड्रामे की प्रतीकात्मक अभिव्यंजना भी दिख सकती है जिसे नारी के अहं (इगो), एवं उसकी वास्तविक स्थिति के बीच होने वाले अंतर्विरोध से प्रायः उत्पन्न मान लिया जाता है। पिंजड़े में बंद पक्षी और उसके पास खड़ी स्त्री के बीच कई स्तरों पर हो रहे संवाद का अनुमान लगाया जा सकता है। रक्षक और पक्षी दोनों की नियति मानो उसके 'अस्तित्व' से अलग है और स्थिति की विडम्बना यह है, जैसा कि नारीवाद के सिद्धांतकार बताते हैं परतन्त्रता को स्वीकार करके ही जैसे स्वतंत्रता हासिल की जा सकती है।[31]

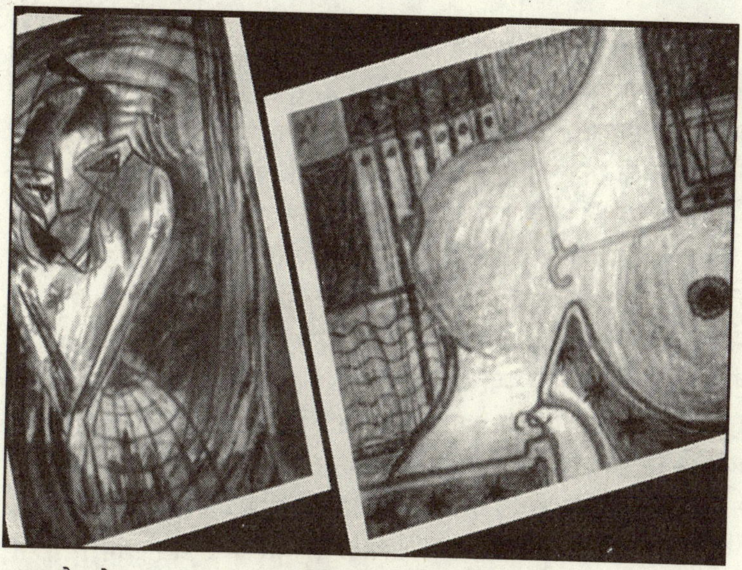

रक्षक और तोता बन्दीगृह में एक जोड़ा गोरे वक्ष

पिंजड़े में कैद पक्षी की दुनिया स्त्री की अंदरूनी दुनिया है और 'बंदी गृह में एक जोड़ा गोरे वक्ष' जिसकी शारीरिक अभिव्यक्ति है। यह बंदीगृह जितना बाहरी है उतना ही अन्दरुनी भी, जितना रंगीन है उतना शायद आकर्षक भी, जितना चेतन है उससे अधिक अवचेतन है... पितृतंत्रात्मक समाज में नारी की नियति को अभिव्यक्त करने का यह शमशेर का नितांत सुर्रियल मुहावरा है।

*** ******* ***

शमशेर के लगभग तीन सौ चित्र एवं रेखांकन हैं जिसमें सतहत्तर माउंट किए हुए हैं एवं एक सौ पच्चास सादे कागज पर बिना माउंट एवं फ्रेम के हैं; इसके अलावे डायरी की दो कापियों में पच्चास के आसपास चित्र एवं रेखांकन हैं।[32] इन चित्रों को मुख्यतः तीन आधारों पर वर्गीकृत किया जा सकता है— विषय-वस्तु के आधार पर, शैली के आधार पर और माध्यम के आधार पर।विषय-वस्तु के आधार पर मानव-मुख-चित्र, व्यक्ति-चित्र (पोर्ट्रेट), आत्म-चित्र(सेल्फ-पोर्ट्रेट), निश्चल-चित्र(स्टिल-लाइफ), निर्वसन-चित्र (न्यूड्स), भू-दृष्य-चित्र (लेंडस्केप्स) एवं अमूर्त-चित्र; शैली के आधार पर यथार्थवादी, अतियथार्थवादी, अभिव्यंजनावादी तथा माध्यम के आधार पर जल-रंग व स्याही से बने चित्र, पेस्टल - क्रियोन से बने चित्र तथा पेंसिल व पेन से बने रेखाचित्र के रुप में वर्गीकृत करके शमशेर के चित्रलोक को समझा जा सकता है।

*** ******* ***

लियोनार्दो द विंसी ने कहा है कि एक अच्छे कलाकार का उद्देश्य दो चीजों का निरूपण करना होता है – एक मनुष्य और दूसरे उसकी आत्मा के अभिप्राय।[33] शमशेर के अधिकांश चित्र मनुष्य-केन्द्रित हैं और मनुष्य की आत्मा के अभिप्रायों को वे शरीर की भाव-भंगिमाओं के बजाय मुखांकन (फेस-मैपिंग) के सहारे पकड़ने की कोशिश करते हैं। मुखांकन के कलाकार के सामने सबसे बड़ी समस्या यह होती है कि वे वाह्य-सादृश्यता पर जोर दें या चरित्र की आंतरिक प्रकृति को अभिव्यंजित करने का प्रयत्न करें। कहा जाता है कि कैमरे के अविष्कार ने वैसे भी व्यक्ति-चित्र के 'रेट्रस्पेक्टिव फंक्शन' को निःशेष कर दिया था इसलिए अब तो चित्रकारों के सामने यही बचा था कि व्यक्ति के बाह्य रूपाकारों का यथार्थपरक अनुकरण के बजाय उसके आंतरिक दुनिया को अभिव्यक्त करें। फ्रायड के अवचेतन सिद्धांत का सहारा लेते हुए वियना में फ्रायड के समकालीन कलाकारों ने– आर्नल्ड सोनबर्ग, रिचर्ड गेर्सल, इगान सिले ने ठीक यही काम किया था जब वे व्यक्ति-चित्र-कला के 'प्रस्पेक्टिव फंक्शन' पर जोर दे रहे थे।[34] शमशेर कहते हैं : "पेंटिंग में कुछ नहीं रखा है। मुख्य बात है कि जो चीजें आपको प्रभावित करती हैं उसके भाव को आप अपने पेंटिंग में ले आएँ – रेखाओं के करेक्टनेस पर कोई जोर नहीं। मुख्य बात है भाव का आना उस पेंटिंग में।"[35] और यह भाव आए कैसे चित्र में? शमशेर अपने गल्प-चरित्र रामजीवन के माध्यम से यह नुस्खा प्रस्तावित करते हैं : "देखो यह दुनिया तुम्हारे पहचानने के लिए एक आइनाखाना है। ग़ौर से इसमें हर तरफ देखो, रूक-रूक कर। ध्यान जमाकर। हिम्मत और सब्र और खुशी लेकर। देखो, इन आइनों के अंदर तुम्हारा अपना रूप किस-किस शक्ल में नजर आता है। क्या-क्या रंग, क्या-क्या चाल-ढाल, क्या-क्या छुपाव-बनाव, उठाव, उभार और गहराव, उसके हर-हर अंदाज हैं।– और फिर आँखें बन्द कर लो। भवों के बीच में निगह का एक बिन्दु बनाकर, उसके साथ अपनी निगह के साथ अन्दर-अन्दर - वहीं डूब जाकर गहरे, और गहरे, और गहरे– दूर तक जहाँ तक भी जा सकते हो, जाओ– ।"[36] क्या यह भारतीय या प्राच्य कला-दृष्टि है जिसे यूरोपीय कला-दृष्टि से बिल्कुल अलग माना गया है। हैवेल ने लिखा है कि यूरोपीय कला अकादमियों में छात्रों की अनुकरण शक्ति विकसित करने के लिए आँख की बड़ी कष्टदायक प्रशिक्षण की व्यवस्था है जबकि प्राच्य कलाकार अपनी रचनात्मक शक्ति के अभ्यास द्वारा ही अनुकरण क्षमता अर्जित कर लेता है। मॉडल को देखकर चित्र बनाने के बजाय वह मन की आँख से चित्र बनाने की आदत डालता है।[37]

मानव-मुख-चित्र

शमशेर के मुखांकनों को तीन कोटियों में बाँटा जा सकता हैं– मानव-मुख-चित्र, व्यक्ति-मुख-चित्र और आत्म-मुख-चित्र। जिस प्रकार साहित्य में उपन्यास, जीवनी और आत्म-जीवनी की विधा है जहाँ यथार्थ व कल्पना की प्रकृति का अलग-अलग अनुपात और मिश्रण नियत होता है; चित्रकला की इन उपकोटियों में भी आत्म-निष्ठता और वंस्तु-निष्ठता, यथार्थ व कल्पना, अभिव्यंजना और सम्प्रेषण का एक ही अनुपात नहीं होता।मानव-मुख-चित्र और उपन्यास का विषय सामान्य व्यक्ति है, व्यक्ति-चित्र और जीवनी के केन्द्र में व्यक्ति-विशेष होता है, वहीं आत्म-जीवनी और आत्म-चित्र का आधार स्वयं सर्जक है। स्पष्ट ही मानव-मुख -चित्र की तुलना में व्यक्ति-चित्र और आत्म-चित्र में विषय की, वाह्य-यथार्थ की सादृश्यता वाले पक्ष की कम अनदेखी की जा सकती है। अगर व्यक्ति-चित्रों में 'अश्क' (50), 'राजेश्वर प्रसाद सिंह' (माया-सम्पादक) (51), 'नरेश मेहता' (49), 'सिरोही साहब' (49), 'निगम'(49), 'भैरव प्रसाद गुप्त' (50), 'प्रेमलता वर्मा' (51), 'नागार्जुन' (8), 'रंजना अरगड़े'(84), के रेखाचित्रों की तुलना 'नायिका', 'भक्कू', 'मैडम हेयर डू', 'रूप-लुटेरा', 'नाक-नक्श', 'गायक', 'साँवले नाक-नक़्शः एक सौन्दर्य' जैसे मानव-मुख-चित्रों से करें तो यह स्पष्ट हो जाता है कि चित्रकार के लिए व्यक्ति-विशेष या सामान्य व्यक्ति (मनुष्य-मात्र) दोनों क्रमशः विशिष्ट या सामान्य-दर्पण की तरह हैं जहाँ 'आत्मा के अभिप्रायों' को अलग-अलग तरीके से बेलौस होते देखा जा रहा है।

व्यक्ति-चित्र

व्यक्ति-चित्र में जहाँ विशेष से सामान्य की ओर जाने का प्रयत्न है, वहीं मानव-चित्रों में, सामान्य में विशेष की तलाश है। वस्तुतः इन चित्रों में सभी चेहरे चित्रकार की भावनाओं में आलोकित एक व्यक्तित्व लिए हुए है। व्यक्ति-चित्र-कला में व्यक्ति को, एक विषय को, वस्तु में बदलना होता है और सभी कलाकार इसे अपने-अपने ढ़ग से करते हैं। अगर हेनरी मतिस (1869-1954) विषय के प्रति कलाकार के पूर्ण तादात्म्य.की माँग करते हुए यह कहते हैं कि किसी रचना की अनिवार्य अभिव्यंजना आवयविक शुद्धता के बजाय इस बात पर निर्भर करती है कि कलाकार की विषय के प्रति भावनाएँ प्रक्षेपित हो पायी हैं या नहीं[38] तो दूसरी ओर सेजाँ के बारे में कहा जाता है कि उसने व्यक्ति-चित्रों और आत्म-चित्रों दोनों में व्यक्तिनिष्ठता (सब्जेक्टिविटी) के बजाय विषय को वस्तु के रूप में देखा – उसने अपने सर को भी एक खोपड़ी या एक सेव की तरह बरता है[39]; क्या इन दोनों के बीच का भी कोई रास्ता हो सकता है?

आदर्श व्यक्ति-चित्र-कला की पारम्परिक धारणा पर विचार करते हुए आनन्दकुमारास्वामी ने लिखा है कि भारत मे दो भिन्न प्रकार की व्यक्ति-चित्र-कला रही है– एक में अलौकिक, याजकीय और आदर्श व्यक्ति चित्रित हुआ है तो दूसरी में सांसारिक और भाव-प्रवण।[40] शमशेर के चरित्र सांसारिक और भाव-प्रवण हैं लेकिन वे अपनी पूरी सहानुभूति प्रदान करने के बावजूद चरित्र के आंतरिक सच

को उजागर होने से नहीं रोकते – अश्क आत्मस्थ होने के बावजूद अपनी दुनियादारी कहाँ छुपा पा रहे हैं न प्रेमलता वर्मा अपनी आशंकाएँ; नरेश मेहता चिंतनग्रस्त हैं तो रंजना अरगड़े दयाद्र जान पड़ती हैं।

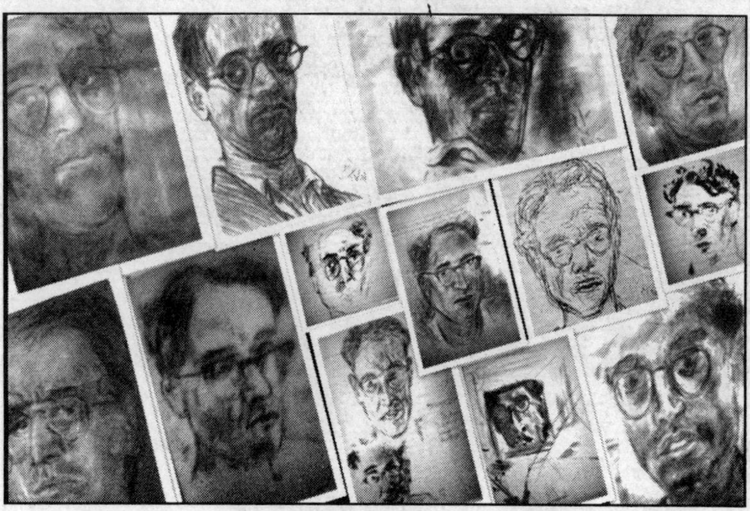

आत्म चित्र

शमशेर चरित्र के व्यक्तित्व, भाव एवं प्रवृत्ति के सहारे व्यक्तिनिष्ठता को उजागर करना चाहते हैं।यह एक उल्लेखनीय तथ्य है कि शमशेर के सभी व्यक्ति-चित्र साहित्यकारों के हैं और आत्म-चित्र तो खैर एक अनोखे कवि, गद्यकार एवं शिल्पी के हैं ही! क्या इसलिए ये सभी चरित्र दर्शकों को बेधक देखने के बजाय उनमें खुद को देखते जान पड़ते हैं– विशेषकर आत्म-चित्रों में शमशेर की डूबी हुई-सी, बाहर के बजाय अंतर्मुखी, सोचती हुई- सी उदास आँखें दर्शकों को देर तक उद्वेलित कर सकती हैं और सबसे बड़ी बात तो यह है कि इस उद्वेलन का कारण चेहरे की 'भावमयता' नहीं बल्कि चेहरे की रेखाओं में उपस्थित आसपास का वह 'पर्यावरण' (एयर) है जिसे रोलाँ बार्थ ने अपनी अंतिम पुस्तक ''केमरा लुसिडा'' में किसी व्यक्ति-चित्र के महत्ता की सबसे बड़ी कसौटी माना है; वे कहते हैं कि अगर चित्र विषय के आसपास के 'पर्यावरण' को नहीं पकड़ पाता तो वह एक मुखौटा के अलावा और कुछ नहीं।[41] शमशेर के आत्म-चित्र सभी एक ही काल के हैं इसलिए उनमें रेम्ब्राँ के आत्म-चित्रों की भाव-यात्रा ढूँढना बेकार होगा।

आत्म चित्र

कला - इतिहास में दो चश्मी के बजाय एकचश्मी व्यक्ति-चित्र(प्रोफाइल) ज्यादा पसंद किये जाते रहे हैं। इसका कारण यह माना जाता है कि एकचश्मी व्यक्ति-चित्र सादृश्यता को ज्यादा शुद्धता से अंकित करने की क्षमता रखता है। शमशेर के अधिकांश चित्र एकचश्मी नही हैं, एकचश्मी आत्म-चित्र तो एक भी नहीं है। वे शुद्ध सादृश्य के बजाय व्यक्तित्व के किसी अनोखेपन को या जिसे 'स्व का अदृष्य कोना'[42] कहा गया है, उसको उजागर करना चाहते हैं। इस अर्थ में शमशेर चेतन से अधिक अवचेतन के कलाकार के रूप में सामने आते हैं। यहाँ यह याद करना उपयोगी हो सकता है कि योरप में नोवेल और पोट्रेट का उद्भव लगभग एक साथ ही हुआ और दोनों कला-रूपों का विकास मूलतः चरित्रों को क्रमशःसतह से गहराई (देह से मन, चेतन से अवचेतन) में पकड़ने की यात्रा रही है।[43]

आधुनिक पश्चिमी कला में अनावृत- चित्र (न्यूड्स) बनाने की एक परम्परा रही है और वहाँ नेकेड (नग्न) और न्यूड(अनावृत) में फर्क किया जाता रहा है।केनेथ क्लार्क न्यूड पर अपने विख्यात अध्ययन में कहते हैं, "नग्न (नेकेड) होने का अर्थ है विवस्त्र होना और इस शब्द में वह शर्म भी शामिल है जिसे उस स्थिति विशेष में हम सब महसूस करते हैं जबकि दूसरी ओर अनावृत (न्यूड) शब्द के परिष्कृत मुहावरे में ऐसी कोई असुविधा हम महसूस नहीं करते–

उघारपन

हमारे मन में इससे जो एक धुंधला बिम्ब उभरता है वह किसी निरीह देह के गठ्ठर का नहीं होता बल्कि एक सन्तुलित, समृद्ध एवं आश्वस्त करने वाली देह का, एक पुनर्गठित देह का होता है।"[44] देह का पुनर्गठन (द बाडी री-फोर्म्ड) ही अनावृत चित्र के मूल में है और भारत जैसे देश में जहाँ नग्न माडल को देखकर अनावृत चित्र बनाने की कोई परम्परा न हो; यह जुमला और भी मानीख़ेज हो जाता है।

वह लड़की

शमशेर के अनावृत- चित्र भी हैं और रेखांकन भी; स्त्री के भी हैं और पुरुष के भी। शमशेर के 'कुँआरा बदन' श्रृंखला के पुरुष- शरीर पारम्परिक यूनानी देह की उर्जा और करुणा के बजाय भारतीय देह की प्रामाणिक सुभेद्यता और लोच को दर्शाते लेकिन स्त्री- देह पश्चिमी उस्तादों के अल्बम से निकले जान पड़ते हैं, उनकी

देह-भाषा और आकृति परायी सी लगती है– 'वह लड़की' की देह-भाषा ही नहीं बल्कि मुखाकृति तक 'पश्चिमी' है और 'उघारपन' का शरीर देह का चित्र न होकर, ऐसा लगता है कि देह के बारे में है। यह भी एक उल्लेखनीय तथ्य है कि शमशेर के अधिकांश अनावृत चित्र सिरविहीन हैं और जिनके सर हैं भी उनकी आँखें नहीं हैं और जिनकी आँखें हैं भी ('वह लड़की', 'उघारपन' या 'सुकेशिनी-दो' के) वे मानो देखनेवालों को देखने के बजाय किसी भी सम्भावित दर्शक की सम्भावना को ही इंकार करती जान पड़ती हैं। संक्षेप में कहें तो वे महज स्वतंत्र जैविक देह नहीं हैं।

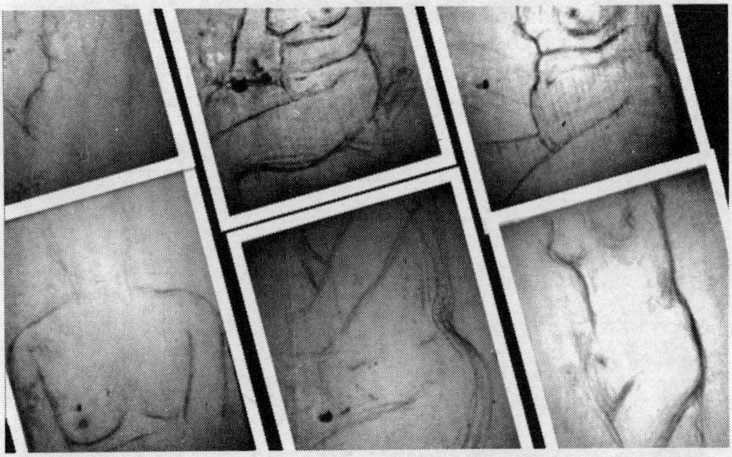

अनावृत- रेखांकन

'कुँआरा बदन' श्रृंखला के चित्रों को देखने पर शमशेर की 'मकई से वे लाल गेहुएँ तलवे' कविता की ये पंक्तियाँ कौंध जाती हैं: "सूखी भूरी झाड़ियों में व्यस्त/चलती-फिरती पिंडलियाँ।... (मोटी डालें, जाँघों से न अड़े!)"[45] कहाँ मातिस के रस्सी या खम्बा पकड़े या सीढ़ियों पर खड़े अनावृत बलशाली एक्शन हीरो[46] और कहाँ शमशेर के चित्र-नायकों का "यह वन शिव का स्थान।/शांत ज्योति में लय है ध्यान।/ नभ-गंगा की शक्ति/सदा बरसती यहाँ।..."[47] शमशेर की निर्वसनाएँ जितनी आयातित लगती हैं पुरूष बदन उतना ही प्रामाणिक और प्राणवान– रेखाएँ मानो बदन को छू रही हों।

व्यक्ति-चित्र की 'पृष्ठभूमि' जब 'अग्रभूमि' बन गई तब पश्चिम में निश्चल-जीवन (स्टिल-लाइफ) का उदय हुआ।[48] जिन मेज, कुर्सियों, चित्रों, फल की टोकरियों, किताबों, फूल-पत्तियों, खाद्य-अखाद्य सामग्रियों (सेव, नाशपाती, मरी हुई बत्तखें, मछलियाँ आदि-आदि) के बीच मनुष्य बैठता था उसे वैसा ही छोड़कर वह चुपचाप

कहीं चला गया था – अब केन्द्र में मनुष्य नहीं बल्कि जड़ संसार था। चित्रों की दुनियाँ में इसका आकर्षण प्रतिरूपात्मक चित्रण के कारण नहीं बल्कि नये नये आशयों (मोटिफ) और नये रूप की अभिव्यंजना के कारण था। इ.एच. गोम्ब्रिक का कहना सही है कि "सेव का कोई भी पेंसिल रेखांकन वास्तविक सेव की तरह नहीं दिखता और न ही पेंसिल के धूसर रंग को हम उदासी की अभिव्यंजना मानते हैं।दूसरे शब्दों में, माध्यम की अंतःशक्ति का ज्ञान भी उतना ही महत्वपूर्ण है जितना कि आशय का ज्ञान। स्टिल-लाइफ का कभी भी जन्म नहीं हुआ होता अगर चित्र को देखते हुए आरम्भिक संग्रहकत्ताओं ने शिल्प की अपेक्षित सीमाओं को नजरअंदाज कर विषय की संरचना को मन में नहीं बिठाया होता। दृष्टि-भ्रम के क्षेत्र से निकलकर कला की दुनिया में किसी रसिक को तभी प्रवेश मिलता है जब वह कलाकार के कौशल में साझीदारी कर पाता है।"[49]

निश्चल-जीवन (स्टिल-लाइफ)

शमशेर के दो स्टिल लाइफ का ताल्लुक इलाहाबाद के एलेनगंजवाले उनके मकान के कमरा से है –एक चित्र में कमरे के बन्द कपाट के अन्दर लकड़ी के मेज पर चाय की केतली, एक बड़ा सा कप, ग्लास और चीनी का एक छोटा सा डिब्बा है; किनारे किसी चीज पर रखा एक अधखुला बक्सा दिख रहा है; दूसरे चित्र में वही कमरा है वही मेज, वही कुर्सी लेकिन अब मेज से चीजें हटा ली गई हैं और कुर्सी को मेज के पीछे से हटाकर आगे कर ली गई हैं और जिसके पीठ पर अब तौलिया पड़ा है; दृष्य की संरचना अपेक्षाकृत वाइड ऐंगेल से होने के कारण पहले जहाँ एक

ही बन्द कपाट दिख रहा था अब दोनों दिख रहा है और इसलिए अब किनारे बिस्तर का थोड़ा सा किनारा भी दिखने लगा है। दोनों ही चित्रों में एक सूनापन है

निश्चल जीवन

मानो किसी के आने की उत्कट प्रतीक्षा और तदनुसार बेचैनी है। ये दोनों ही चित्र सन् उनचास के हैं और उसी वर्ष की उनकी लिखी एक कविता 'आओ!' की कुछ पंक्तियाँ हैंः तुम आओ, गर आना है /मेरे दीदों की वीरानी बसाओ;/शे'र में ही तुमको समाना है अगर/जिन्दगी में आओ, मुजस्सिम.../बहरतौर चली आओ।/ तुम आओ, तो खुद घर मेरा आ जाएगा/इस कोनो-मकाँ में, /तुम जिसकी हवा हो, /लय हो।[50] मानो इन पंक्तियों की ही दृश्यात्मक प्रस्तुति हो ये चित्र! एक अन्य निश्चल जीवन के चित्र में बोतल में रखा फूल है और दूसरे में फल और सब्जी की एक टोकरी है। यूँ तो स्टिल-लाइफ की पूरी परम्परा ही पश्चिमी है और भारत के लिए आयातित ही कही जायगी और सम्भवतः इसीलिए आनन्दकुमारास्वामी जैसे कला-आलोचक इस परम्परा की बेतरह आलोचना भी करते हैं[51] लेकिन यहाँ गोया के स्लायसेस, देलाक्रा के लोबस्टर, सेजाँ के सेव और नाशपातियाँ, कूर्बे के अनार, पिकासो के ब्रेड की जगह भारतीय प्याज, केला, सेव, तरबूज, दशहरी आम, मूली आदि दिखाए गए हैं।

भूदृश्य

शमशेर के भूदृश्य भी खालिस भारतीय शहरी मध्यवर्गीय जीवन से वाबस्ता हैं— इनमें इलाहाबाद और सुरेन्द्रनगर के उनके रिहाइशी घर है(या मकान हैं),

आँगन है, कुछ पेड़ हैं, आँगन में सूखते हुए कपड़े हैं, दुआर पर खड़ी एक चारपाई है, हाता और बिजली के खम्भे और तार हैं और पेड़ का एक ठूँठ है– कमरे के अन्दर जीवन अगर उदास और निश्चल था तो बाहर भी बहार नहीं आई हुई है। इटैलियन रिनेसाँ मास्टर्स के लैंड्स्केप में जो भव्यता, कवित्व, उदात्तता व ऐश्वर्य की चर्चा होती है[52] उसका यहाँ दूर-दूर तक नामो-निशान नहीं है।सच तो यह है कि योरप में लैंड्स्केप पेंटिंग अनिवार्यतः एक रोमैंटिक कला के रुप में विकसित हुआ[53] जबकि इन चित्रों का आकर्षण इसका स्वतंत्र सौन्दर्य न होकर इसमें जिये जाने वाले जीवन का सौन्दर्य है। कवि की ही पंक्तियाँ हैंः "मकानात हैं मैदान/किस कदर उबड़-खाबड़ /मगर/एक दरिया/और हवाएँ/मेरे सीने में गूँज रही हैं।"[54]

शमशेर के चित्र-संसार में त्रिलोचन के प्रस्तावित काव्य-ग्रंथ 'मुक्ति के स्वर" पर बनाये दो आवरण-चित्र भी मिलते हैं। त्रिलोचन का यह काव्य-ग्रंथ न इस नाम से कभी प्रकाशित हुआ और न इन आवरण-चित्रों का अन्यत्र कहीं उपयोग ही हुआ लेकिन ये चित्र, मित्र के प्रति कवि के स्नेह के साथ-साथ, चित्रकार के आवरण-कला की समझ को भी सामने लाते हैं। आवरण आकल्पन या कवर डिजाइन पुस्तक-चित्रांकन (बुक इलस्ट्रेशन) जैसी कला है जहाँ चित्रांकन स्वायत्त नहीं होता बल्कि पुस्तक की अंतर्वस्तु से निर्मित होता है।[54] यही नहीं बल्कि शब्द एवं चित्र के रंगों की दृष्टिगोचरता, कैनवस के सीमित आकार, इस कला-रूप की व्यावहारिक सीमाएँ बन जाती हैं।आवरण के आकल्पन का मुख्य ध्येय शब्दांकन (लेटरिंग) एवं रेखांकन (ग्राफिक्स) व चित्रांकन (पेंटिंग) का ऐसा संयोजन ढूँढना होता है कि दर्शक का सहज ही ध्यानाकर्षण हो सके। शमशेर यहाँ हस्त-शब्दांकन की सहजता तथा जल-रंग के हल्केपन के सहारे त्रिलोचन की कविता के उस गुण को सम्भवतः उजागर करना चाहते हैं, जिसे उन्होंने स्वयं 'सामान्य', 'सपाट'(स्ट्रेट), 'स्पष्ट' जैसे विशेषणों से समझने की कोशिश की थी लेकिन इस स्थापना के साथ कि, ''यह कवि जो सामान्य में ही असामान्य का दर्शक है, तो वह इसलिए कि इस असामान्य के माध्यम से पुनः सामान्य को और अच्छी तरह समझ सकें।[55] यह जो सामान्य में असामान्य और असामान्य से सामान्य की यात्रा है क्या इन आवरण चित्रों के बारे में भी यही कहा जा सकता है?

शमशेर के अधिकांश चित्र सामान्य कागज पर बनाये गये हैं।छोटे भाई तेज बहादुर सिंह के उपन्यास के बचे हुए कवर के पीठ पर कुछ चित्र बनाये गये हैं।

जाहिर है चित्रकार को उपयुक्त कागज का भी अभाव था।कैनवस पर उनके एक भी चित्र नहीं हैं। जो दो तैल-चित्र हैं भी वे भी उसी उपन्यास के कवर के पीठ पर बनाये गये हैं।रंग के लिए चारकोल, क्रियोन, सूखे पेस्टल , जल-रंग एवं स्याही काम में लाये गये हैं। पेस्टल, क्रियोन, चारकोल के रंग को बरकरार रखने के लिए विशेष साज- सँभार की जरूरत होती है क्योंकि चित्र में एक बार धूल पड़ जाने पर बगैर उसे क्षति पहुँचाये हटाया नहीं जा सकता और किसी के साथ सटने पर इसके रंग भी चिपक जाते हैं इसलिए उसे तत्काल शीशे के अन्दर इस प्रकार बँधाया जाता है कि वह शीशे से भी न सटे। जल-रंग के लिए लाइनेन रैग-पेपर को उपयुक्त माना जाता है और वातावरण की नमी से बचाने के लिए शीशे में इसे बँधाने की जरूरत होती है।[55] लेकिन जहाँ सामान्य कागज भी उपलब्ध न हो और चित्र उष्णकटिबन्धीय वातावरण में वर्षों बगैर किसी साजोसँभार के यूँ ही पड़े रहे हों; यह अनुमान लगाना मुश्किल नहीं कि समय और वातावरण ने इसके साथ क्या सुलूक किया होगा और फिर चित्र-कला के उपकरण महज साधन नहीं होते – कविता आप पेंसिल से लिखें या स्याही कलम से कोई फर्क नहीं पड़ता लेकिन यही बात चित्र-कला के बारे में नहीं कही जा सकती। उल्टे अब तो कहा यह जा रहा है कि "चित्रकला में आज मुद्दा मूर्त बनाम अमूर्त, ज्यामितिक बनाम आवयविक का नहीं रह गया है बल्कि आज चित्र-कला को नये ढंग से परिभाषित करने के एक नये-युग का आरम्भ हो रहा है। यहाँ तक कि स्पेस का मुद्दा जो चित्र-कला का अनंत-काल से शाश्वत मुद्दा रहा है, केन्द्र से हट चुका है। अब चित्र-कला की नयी अभिव्यंजना का स्रोत चित्रकला के उपकरण और उसका हस्तकौशल है।"[56] ऐसे में शमशेर की चित्र-कला के उपकरणों की सीमाएँ स्वतःसिद्ध है और सम्भवतः इसे समझकर ही चित्रकार ने रेखांकन को अपना मुख्य अस्त्र बनाया होगा। यह सच है कि एक चित्रकार के रूप में शमशेर अपने रंगों के लिए नहीं बल्कि रेखाओं के लिए ही जाने जायेंगे लेकिन उनके रेखांकन पारम्परिक अवधारणा के अनुसार चित्र-कला के पूर्व-रंग नहीं हैं बल्कि अपने में पूर्ण हैं। हर्बर्ट रीड ने एक बार रस्किन के हवाले से इतालवी उस्तादों के रेखांकनों पर विचार करते हुए बहुत सही टिप्पणी की थी कि जिस प्रकार शार्टहैंड को लेखन कला की उपयोगी तैयारी के रूप में नहीं देखा जा सकता उसी प्रकार रेखाँकन को भी चित्र-कला सीखने की तय्यारी के रूप में नहीं देखा जा सकता।[57] शमशेर के यहाँ भी रेखांकन एक स्वतंत्र कला के रूप में उभरती दिखाई देती है। रेखांकन अपनी प्रकृति में ही अपेक्षाकृत मितव्ययी कला है और यह शमशेर की 'बात बोलेगी' प्रकृति के अनुकूल है। अगर आप कुँआरा बदन श्रृंखला की रेखाएँ देखें तो वे चुनिन्दा रेखाओं के सहारे ही देह की लय को पकड़ लेते हैं लेकिन इससे रेखा-चित्र

की संरचना से उनका ध्यान हट-सा जाता है। अधिकांश रेखांकनों में वे सीधी रेखाओं के बजाय वक्र रेखाओं का सहारा लेते हैं। भारत के प्राचीन चित्रकारों ने ऐसी ही गुनगुनाती हुई रेखाओं से संगीत की अवस्था को प्राप्त कर लिया था।यहाँ शमशेर के रेखांकनों पर विख्यात चित्रकार मकबुल फिदा हुसैन की एक टिप्पणी याद की जा सकती है, उनका कहना था, ''जिस आदमी ने ये रेखाएँ बनाई हैं और एक ही बार की उठी हुई कलम से बनाई है – और रेखाओं में जो संतुलन और सधाव है, वो उसे कमजोर तो नहीं साबित करता।''[58] संतुलन और सधाव के अलावे शमशेर के रेखांकन की एक और बड़ी विशेषता है उसकी स्वतःस्फूर्तता। रेखाएँ न सिर्फ बड़ी उर्जस्वी हैं बल्कि वे कहीं भी अनम्य नहीं हैं और इनमें 'दृष्टि का वह सकेन्द्रन' भी दिखाई पड़ता है जो किसी भी प्रामाणिक रेखांकन की विशिष्टता मानी जाती है।[59]

पिकासो के एक एलबम को देर तक देखते रहने के बाद शमशेर ने एक कविता में पिकासोई कला को कुछ यूँ परिभाषित किया हैः ''जीवन की तुला में/प्राणों का संयमन/सहजतम एक अद्भुत व्यापार/सरलता का हमारी ही तरह / कैसा दुरूहतम स्पष्टतम...'' यहाँ दुरूहतम, स्पष्टतम का विलोम नहीं है बल्कि उसका विशेषण है या दोनों ही सरलता के विशेषण हैं जो सहजतम का पर्याय है।कविता के इस अंश में सहजता, सरलता, दुरुहता, स्पष्टता का जो समीकरण इंगित किया गया है वह स्वयं शमशेर की कला के लिए काम्य रहा है और जिसे प्राप्त करने के लिए किये गये प्रयास को ही वे कला मानते रहे हैं। शमशेर की चित्र-रचनाएँ उक्त समीकरण का संधान कर रहे उद्यम की परिणतियाँ ही कही जा सकती हैं। अकारण नहीं कि वे अपनी एक कविता में जोर देकर कहते हैंः "कला प्रयास, प्रयास/केवल प्रयास प्रयास प्रयास है..."[60] क्या शमशेर की चित्र-कला केवल प्रयास है या इसे एक सार्थक प्रयास कहा जा सकता है?

सन्दर्भ एवं टिप्पणी

*मुल्क राज आनन्द, पेंटर **रवीन्द्रनाथ टैगोर**, अभिनव पब्लिकेशंस, डेल्ही, 1985, पेज 19 पर उधृत

हर्बर्ट रीड, **द मीनिंग आफ आर्ट, रूपा एंड कम्पनी, कलकत्ता, 1992, पेज 42-43

1. जया अप्पासामी, **अवनिन्द्रनाथ टेगोर एंड द आर्ट आफ हिज टाइम्स**, ललित कला अकादमी, न्यू डेल्ही फर्स्ट एडिसन1968 पृ1-2.
2. सुनील कुमार भट्टाचार्य, **ट्रेंड्स इन मोडर्न इंडियन आर्ट**, एम.डी.पब्लिकेशन प्रायवेट लिमिटेड, न्यू डेल्ही, फर्स्ट पब्लिश्ड 1994, पृ.15
3. "1935 में पत्नी की मृत्यु के बाद मैं दिल्ली चला आया और यहीं पर शारदा उकील कालेज 'ज्वाइन' कर लिया। बँगाल स्कूल की नींव शारदा चन्द्र उकील ही ने डाली थी।कालेज में वही मुख्य चित्रकार थे। वह हृदय से भक्त कलाकार थे।उस समय उन्होंने महाभारत प्रसंग पेंट किए। 'कर्ण-तपस्या' शीर्षक से एक पेंटिंग बनाई।लक्ष्मी नारायण मन्दिर भी उन्होंने पेंट किया।" शमशेर, **आजकल**, 1993, पृ.18
4. विनायक पुरोहित, **आर्ट्स आफ ट्रांजिसनल इंडिया**, वोल्यूम टू, बोम्बे पोपुलर प्रकाशन, बोम्बे, 1988, पृ.726 पर उद्धृत
5. विवान सुन्दरम, द ट्रेडिशन आफ़ द मोडर्न, इन जोसेफ जेम्स (एडिटेड) **आर्ट एंड लाइफ इन इंडिया**, आइ.आइ.ए.एस.शिमला एंड बी.आर पब्लिशिंग कोर्पोरेशन, डेल्ही, फर्स्ट पब्लिश्ड, 1989. पृ.71
6. नन्दलाल वसु, **दृष्टि और सृष्टि**, विश्वभारती ग्रंथन विभाग, कलकत्ता, प्रकाश भाद्र 1398 बंगाब्द, पृ.129-30
7. आनन्द कुमारास्वामी, **आर्ट एंड स्वदेशी**, मुंशीराम मनोहरलाल पब्लिशर्स प्रायवेट लिमिटेड, न्यू डेल्ही, सेकेंड एडिसन, 1994, पृ.116
8. प्राण नाथ मागो, **कंटेम्पोररी आर्ट इन इंडिया**, नेशनल बुक ट्रस्ट, इंडिया, फर्स्ट एडिशन 2001, पृ.60 पर उद्धृत
9. वही पृ.63
10. वही पृ.63-64
11. **समकालीन कला**, नवम्बर'84/ मई'85, संख्या 3-4, पृ.13 पर कैलाश वर्मा का आलेख प्रोग्रेसिव आर्टिस्ट ग्रूप : एक मूल्यांकन

12. वही, पृ.16
13. हर्बर्ट रीड, **द फीलासफी आफ मोडर्न आर्ट**, रूपा एंड कम्पनी, कलकत्ता, 1992, पृ.75
14. आरनोल्ड हाउजर, **द सोसल हिस्ट्री आफ आर्ट**, वोल्यूम फोर, रूतलेज एंड कगान पाल, लन्दन मेल्बोर्न एंड हेंले, 1962, पृ.163
15. र.वि.साखलकर, **आधुनिक चित्रकला का इतिहास**, राजस्थान हिन्दी ग्रंथ अकादमी, जयपुर, प्रथम संस्करण, 1971, पृ.59 पर उद्धृत
16. वही
17. हर्बर्ट रीड, **द मीनिंग आफ आर्ट**, रूपा एंड कम्पनी, कलकत्ता, 1992, पृ.194
18. प्राण नाथ मागो, वही, पृ. 9
19. वही, पृ.81
20. शंखो चौधरी, **इन रेट्रोस्पेक्ट**, जोसेफ जेम्स(एडिटेड), वही, पृ.139
21. विनायक पुरोहित, वही, पृ.732
22. इयान सिलवर्स, **डिक्शनरी आफ आर्ट एंड आर्टिस्ट्स**, ओ.यू.पी.फोर्थ एडिशन, 2009. पृ.210.
23. हर्बर्ट रीड, वही, पृ.229-230
24. र.वि.साखलकर, वही, पृ.224 पर उद्धृत
25. रंजना अरगड़े (सं), **शमशेर बहादुर सिंह की कुछ और गद्य रचनाएँ**, राधाकृष्ण प्रकाशन, दिल्ली, प्रथम संस्करण 1992, पृ.166
26. हर्बर्ट रीड, **द फीलासफी आफ मोडर्न आर्ट**, पृ.93.
27. वासिलिकी कोलोकोंत्रोनी, जेन गोल्डमेन, ओल्गा ताक्सीद्यु (सं), **माडर्निज्मः एन एंथोलोजी आफ सोर्सेस एंड डाक्युमेंट्स**, एडिनबरा यूनिवर्सिटी प्रेस, 1998, में आन्द्रे ब्रेतों, सुर्रियलिज्म, पृ.308-309
28. हर्बर्ट रीड, वही, पृ.141
29. शमशेर, **मैं, मेरा समय और रचना-प्रक्रिया**, सापेक्ष, अंक 30, पृ.इक्कीस बाइस,
30. नेमिचन्द्र जैन और मलयज से शमशेर की बातचीत, अशोक वाजपेयी, (सं), **पूर्वग्रह**, जनवरी-अप्रेल 1976, पृ.19
31. "द ड्रामा आफ वुमन लाइज इन दीस कंफ्लिक्ट बिट्वीन द फंडामेंटल एस्प्रेसन आफ एवरी सबजेक्ट (इगो)– हू आल्वेज रेगार्ड्स द सेल्फ एज द एशेंसियल– एंड द कम्पल्संस आफ सिचुएशन इन व्हिच सी इज द इनइशेंसियल (पेज29) "सी चुजेज टू डिजायर हर इंस्लेवमेट सो आर्डेंटली दैट इट विल सीम टू हर द एक्सप्रेशन आफ हर लिबर्टीःसी विल ट्राय टू राईज एबव हर सीचुएशन एज इनीशेंसियल आब्जेक्ट बाय फूल्ली एक्सेप्टिंग इट...." (पृ.653)

    सीमोन द बुआ, द सेकेंड सेक्स, पीकाडोर क्लैसिक पैम बुक्स, 1988.

32. ये सभी चित्र प्रो. रंजना अरगड़े के पास हैं लेकिन शमशेर जी की जीवन-स्थितियों को देखते हुए कहीं और भी कुछ चित्रों की मौजूदगी से इंकार नहीं किया जा सकता।श्री नरेन्द्र शर्मा के पास भी रेखाचित्रों का एक अलबम है जो उनके विवाह के अवसर पर शमशेर जी ने उन्हें भेंटस्वरुप दिये थे।

33. आनन्द कुमारास्वामी, **आर्ट एंड स्वदेशी**, मुंशीराम मनोहरलाल, पब्लिशर्स प्रायवेट लिमिटेड, दिल्ली, 1994, पृ.60 पर उद्धृत

34. एलिजाबेथ डायटोर(सं), **लूकिंग इंटू पेंटिंग**, फेबर एंड फेबर, लंडन, 1989, पृ.121

35. प्रस्तुत पंक्तियों के लेखक से एक अप्रकाशित साक्षात्कार से उधृत

36. शमशेर बहादुर सिंह, **प्लॉट का मोर्चा**, न्यू लिटरेचर, इलाहाबाद, प्रथम संस्करण, 1951, पृ-73

37. आर.दे.एल.फुर्तादो, **थ्री पेंटर्स**, धूमीमल रामचन्द, न्यू डेल्ही, 1960, पृ.10 पर उद्धृत

38. जे.क्लेन, **मातिस पोर्ट्रेट्स**, येल यूनिवर्सिटी प्रेस, न्यू स्वेन, 2001, पृ.23

39. एस.प्लाजमेन, **इंट्रूडक्शन टू सेजाँः द सेल्फ पोर्ट्रेट्स**, यूनिवर्सिटी आफ केलिफोर्निया प्रेस, बर्कले, 2001, पृ.10-11

40. आनन्द कुमारास्वामी, **क्रिश्चियन एंड ओरियंटल फिलोसोफी आफ आर्ट**, मुशीराम मनोहरलाल पब्लिशर्स प्रायवेट लिमिटेड, देल्ही, 1994, पृ.118

41. रोलाँ बार्थ, **कैमरा लुसिडा**ःरेफ्लेक्शंस आन फोटोग्राफी, फेरर, स्ट्रास एंड गिरोक्श, न्यू योर्क, पृ.65

42. सिंथिया फ्रीलेंड के अनुसार कोई व्यक्ति-चित्र विषय को चार तरीकों में किसी भी एक तरीके से अभिव्यंजित कर सकता है– शुद्ध सादृश्य के सहारे, उपस्थिति के साक्ष्य के सहारे, व्यक्तित्व के आस्वान के सहारे या व्यक्तित्व के किसी अनोखेपन को उजागर करके। देखें, सिंथिया फ्रीलेंड, **पोर्ट्रेट्स इन पेटिंग एंड फोटोग्राफी**, फिलोसोफिकल स्टडीज, 2007, पृ.100

43. हर्बर्ट रीड, **द मीनिंग आफ आर्ट**, वही, पृ.43-46

44. केनेथ क्लार्क, **द न्यूडः स्टडी इन आइडियल फोर्म**, प्रिंस्टन यूनिवर्सिटी प्रेस, प्रिंस्टन, 1984,

45. शमशेर बहादुर सिंह, **उदिता**, वाणी प्रकाशन, दिल्ली, प्रथम संस्करण, 1980, पृ.49

46. लेज्लि बोस्ट्रोम एंड मार्लिन मलिक, **री-व्यूइंग द न्यूड**, आर्ट जर्नल, वोल्यूम 58, नम्बर 1, स्प्रिंग, 1999, पृ.43

47. शमशेर बहादुर सिंह, वही

48. देखें, चार्ल्स **स्टर्लिंग, स्टिल-लाइफ पेंटिंग फ्राम एंटिक्युटि टू द प्रजेंट टाइम**, इंगलिस एडिसन, पियरे तिसने, पेरिस, 1959

49. इ.एच.गोम्ब्रिक, **मेडिटेशंस आन ए हाबी होर्स**, फायदन प्रेस, लंडन, 1963, पेज.न.99

50. शमशेर बहादुर सिंह, **कुछ कविताएँ व कुछ और कविताएँ**, राधाकृष्ण प्रकाशन, दिल्ली. 1984, पृ.68-69
51. देखें, आनन्द कुमारास्वामी, वही, पृ.126-127
52. इ.एच.गोम्ब्रिक, **सिम्बालिक इमेजेज स्टडीज इन द आर्ट आफ द रिनेसाँ**, फायदन प्रेस, लंडन, 1972, पेज.न.129-30
53. हर्बर्ट रीड, वही, पेज.163
54. शमशेर बहादुर सिंह, **चुका भी हूँ मैं नहीं**, राधाकृष्ण प्रकाशन, दिल्ली, द्वितीय संस्करण, 1981, पृ.17
55. देखें, राफेल दोक्तोर, **पेंटिंग टेक्निक्स**, पर्नासस, वोल्यूम 10, न. 7, पृ.28-32
56. सांती शाविंसकी, **एबाउट द फीजिकल इन पेंटिंग**, लियोनार्दो, वोल्यूम 2, न.2, पृ.127
57. हर्बर्ट रीड, वही, पेज.131
58. त्रिलोचन कहते हैं, शमशेर की एक किताब कुछ कविताएँ जगत शंखधर ने जब छापी, तो ऐसे ही सामने बैठे थे एम.एफ. हुसैन। तो वो किताब उलटते उलटते उनकी रेखाएँ ही केवल दीख गईं उन्हें, और रेखाओं के बनाव पर इतने मुग्ध हुए कि उन्होंने पूछा इस किताब का दाम क्या है? त्रिलोचन से रामकुमार कृषक की बातचीत, **कल के लिए**, शमशेर स्मृति अंक, मार्च 94, पृ.66
59. हर्बर्ट रीड, वही, पेज.132
60. शमशेर बहादुर सिंह, **चुका भी हूँ मैं नहीं**, राधाकृष्ण प्रकाशन, दिल्ली, द्वितीय संस्करण, 1981, पृ.82

परिशिष्ट एक

शमशेर की जीवन-यात्रा

शमशेर बहादुर सिंह का जन्म तेरह जनवरी उन्नीस सौ ग्यारह को देहरादून में हुआ। उनके पिता का नाम बाबू तारीफ सिंह तथा माता का नाम प्रभुदेई था। पिता कलक्टरी में चीफ रीडर के पद पर काम करते थे और नौकरी के दौरान मुख्य रूप से गोंडा, देहरादून और बुलन्दशहर में रहे। शमशेर का बचपन इन्हीं जगहों में गुजरा। उनकी आठवीं तक की शिक्षा देहरादून में हुई और मेट्रिक की परीक्षा उन्होंने उन्नीस सौ अट्ठाईस (1928) में गोंडा से उत्तीर्ण किया। अगले वर्ष इनका विवाह धर्मदेवी जी से हुआ। इंटर की परीक्षा इन्होंने उन्नीस सौ इकत्तीस (1931) में देहरादून से तथा बी.ए. की परीक्षा उन्नीस सौ तैंतीस (1933) में इलाहाबाद से पास किया। इलाहाबाद में ही इनकी मित्रता नरेन्द्र शर्मा, केदारनाथ अग्रवाल एवं वीरेश्वर से हुई और इनका साहित्यिक संस्कार बनना आरम्भ हो गया। 'सहन-सहन बहता है वायु' (32) 'मैं भारत गुण-गौरव गाता' (33) 'नव कवि का आह्वान' (33) जैसी कविताएँ इसी समय लिखी गई। सन् उन्नीस सौ पैंतीस में पत्नी की यक्ष्मा से मृत्यु हो गई।शमशेर उन दिनों को याद करते हुए कहते हैं: ''मेरी पत्नी का नाम विद्यावती था।हाई स्कूल में शायद नाइंथ या टेंथ में पढ़ रही थी कि उनका बुखार का औसत नक्शा रोजाना ऊपर ही की तरफ जा रहा था।... बहरहाल, बुलन्दशहर से हम लोग शिमला की ओर (धर्मपुर) चल दिए।वहाँ एक वैद्यराज थे, जो पिताजी से घनिष्ठ परिचय रखते थे।जब तक वो बुलन्दशहर में रहीं, करीब तीन महीने, मेरा भी धर्म उनके साथ रहने का बन्ध गया था।धर्मपुर गाँवनुमा बस्ती है, जिसमें अब डाक्टरों ने सेनेटोरियम खोल लिए हैं और टी.बी. का महँगा इलाज होता है।ये बात मेरी समझ में अच्छी तरह आ चुकी थी कि टी.बी. के मरीज का बिस्तर रोजाना कीटनाशक साबुन से घुलना चाहिए और भोजन यथासम्भव उबला हुआ।और ताजा हवा। पौष्टिक गिजा दूध आदि।...फायदा कुछ भी नहीं हो रहा था, बुखार की तेजी बढ़ती ही जा रही थी और अब जो संकेत लगभग साफ साफ ही था कि अब आगे के इलाज के लिए कहीं और देखो। धर्मपुर में उन दिनों एक पारसी डाक्टर थे जहाँ हम पत्नी को ले गये। उन्होंने

बहुत उम्मीद का इशारा नहीं किया। ... तीन दिन हम लोग नानावटी के मेडिकल तम्बू में डेरा डाले रहे। हमको बता दिया गया था कि अब ज्यादा दिन गिनना ठीक नहीं।अंत आ पहुँचा है।...खैर। मुख्तसर सा समान था, जल्दी ही हम लोग हरिद्वार पहुँच गये।और वहाँ अपने आगे की यात्रा का प्रबन्ध करने लगे। हमनें चिता नहीं जलायी, प्रवाहित भर कर दी।कुछ देर आँखों के सामने कोई चीज डूबती और उतराती रही। फिर इस दृश्य का भी पटाक्षेप हो गया।''[1]

शमशेर दिल्ली चले आये और शारदाचरण उकील द्वारा स्थापित कला-विद्यालय में चित्रकला सीखने के लिए दाखिला ले लिया। लेकिन जब इस विद्यालय की एक शाखा देहरादून में स्थापित हुई तो वे देहरादून लौट आये, पर हरिवंश राय बच्चन' की प्रेरणा से एम.ए. करने उन्नीस सौ सैंतीस (1937) में इलाहाबाद पहुँचें। बच्चन लिखते हैं: ''शमशेर के जीवन में जो आँधी आई थी उसने उनका भी नीड़ ध्वस्त कर दिया था। उनकी पत्नी का भी देहावसान टी.बी. से बड़ी करूण परिस्थितियों में हुआ था।पढ़ाई छूट गई, प्रयाग के प्रिय संगी-साथी छूट गए, घर की बदली परिस्थितियों ने वहाँ टिकने न दिया, चित्रकार बनने की सनक ने दिल्ली की खाक छनवाई, जीवन अस्त-व्यस्त हो गया, भविष्य अन्धकारपूर्ण; और शमशेर ने यह सारी विपदा एकाकी, मौन झेली। देहरादून में वे जिन साहब के साथ रह रहे थे वे उनके मौसिया ससुर थे; घर में उनकी पत्नी थीं, जिन्हें वे मौसीजी कहते थे; मौसी जी के पाँव में कोई तकलीफ थी जिससे वे एक प्रकार से अपाहिज-सी थीं। उनके कोई संतान न थीं।घर में उदासी का वातावरण था। डिस्पेंसरी जिससे कि अच्छी आमदनी होती थी।वृद्ध दम्पती के जीवन-निर्वाह की साधन थी, जिसे चला सकना अब मौसा जी के बस की बात न थी। जिस घर में डिस्पेंसरी था वह काफी बड़ा और निजी था। शमशेर को उन्होंने अपने पास इसलिए रख लिया था कि वे उनकी दुकान की और उनकी भी, देख-रेख करें। शमशेर को भी पाँव टिकाने के लिए किसी जगह की जरूरत थी।इस मजबूरी में उन्होंने साहित्य-प्रेम, कलाभिरुचि, काव्य-सृजन सबसे अनिच्छापूर्वक मुँह मोड़कर कम्पाउंडर, प्राविजनल यानी हाली या कच्चे दत्तक-पुत्र अथवा बिन घरनी घरजमाई– सो भी सगे नहीं – की अपनी विद्रूपात्मक नियति स्वीकार कर ली थी। कहना चाहिए फिलहाल स्वीकार कर ली थी, क्योंकि वे अपनी स्थिति से न प्रसन्न थे, न संतुष्ट, बल्कि हर समय एक घुटन-सी महसूस करते थे, वे वहाँ से भाग जाना चाहते थे, पर भागकर जाएँ कहाँ?''[2]

खैर वे भागकर इलाहाबाद पहुँचे और उन्नीस सौ अड़तीस (1938) में एम. ए. प्रीवियस अंग्रेजी में किया। लेकिन अगले वर्ष फाइनल न दे सके। अगले वर्ष उन्नीस सौ उनचालीस (1939) में सुमित्रनंदन पंत की पत्रिका 'रूपाभ' में कार्यालय सहायक

के रूप में उन्होंने काम करना प्रारम्भ किया। इसी पत्रिका में उनकी 'फिर भी क्यों' (1938) नामक कविता प्रकाशित होकर चर्चित हुई और इसी कविता को उनकी प्रथम प्रकाशित कविता माना जाता है। इस पत्रिका के बंद हो जाने के कारण वे सन् चालीस में बनारस चले गये जहाँ वे त्रिलोचन के साथ मिलकर 'कहानी' नामक पत्रिका का सम्पादन किया।यहाँ कुछ दिनों के लिए वे रामेश्वरी कन्या महाविद्यालय में अध्यापन का भी काम किया।नरेन्द्र शर्मा कहते हैं, "1940 के अंतिम मास की पहली तारीख को शमशेर मेरे बुलावे पर बनारस आए।हम मिल भी न पाए थे कि उसी दिन सांयकाल, मैं वायसराय के नजरबंदी अध्यादेश के अंतर्गत गिरफ्तार कर लिया गया। शमशेर बनारस में मेरी जगह दो वर्ष स्थानापन्न रहे।"[3] मलयज इन दिनों के शमशेर के बारे में अपनी डायरी 6 मई 1979 को में नोट करते हैं, "शमशेर जी जब बनारस में थे – रामेश्वरी देवी गर्ल्स कालेज में नरेन्द्र शर्मा की एवजी में वहाँ मास्टरी करते हुए – तब वे पिस्ता देवी की लड़कियों के सम्पर्क में आए होंगे। पिस्ता देवी बनारस की एक समाज सेविका थीं, सामाजिक कार्यकर्त्री। उनकी चार लड़कियाँ थीं – रामेश्वरी देवी, मनोरमा, सरला और कमला। रामेश्वरी देवी प्रकाश चन्द्र गुप्त की पहली पत्नी बनीं, बाद में उनकी मृत्यु के बाद सरला का विवाह भी प्रकाश चन्द्र गुप्त से हुआ।प्लाट का मोर्चा में जिस 'कमो का जिक्र आता है वह बहुत सम्भव है कमला ही हो।

"बनारस का जीवन शमशेर जी के जीवन में महत्वपूर्ण समय रहा होगा– इमोशनली।वहीं वे शिवदान सिंह चौहान के सम्पर्क में भी आए। त्रिलोचन के साथ यहीं रहकर 'कहानी' का सम्पादन भी किया।"[4]

अगले दो वर्ष – 1942-43, अपने मामा श्री लक्ष्मीचंद जी के साथ जबलपुर में रहे जहाँ इन्होंने स्थानीय कम्युनिस्ट पार्टी की गतिविधियों में हिस्सा लिया। इसी दौरान उन्होंने 'यादें', 'करण रेखा तिलक', 'गीत गाये गये', 'लेकर सीधा नारा', जैसी कविताएँ लिखीं। सन् उन्नीस सौ चवालीस (1944) में वे अपने श्वसुर साहब के इलाज के सिलसिले में बम्बई गए जहाँ वे 'इप्टा' के सम्पर्क में आये। अगले दो वर्ष (1945-46) वे कम्युनिस्ट पार्टी के कम्युन में रहते हुए पार्टी की पत्रिका 'नया साहित्य' का सम्पादन किया। इस पत्रिका का विशेषांक 'निराला अंक', काफी चर्चित रहा। 'माई', 'शाम होने को हुई', 'सागर-तट', 'बात बोलेगी', 'वाम-वाम दिशा' जैसी, कविताएँ इसी दौर की उपज है। रामविलास शर्मा कहते हैं: "वे बहुत ही पक्के किस्म के मार्क्सवादी थे, और मार्क्सवाद के लिए उन्होंने मार भी खायी थी। कम्युनिस्ट पार्टी के दफ्तर पर हमला हुआ था तो वे वहाँ मौजूद थे। वे जनयुग में काम करते थे। उनको भी चोट लगी थी। उनका सिर पट्टियों से बन्धा हुआ

था।उनका चित्र 'जनयुग' के प्रारम्भिक पृष्ठ पर छपा था।''[3] शमशेर उन दिनों को यूँ याद करते हैं: ''द्वितीय विश्व-युद्ध का दौर था। उसमें कम्युनिस्ट पार्टी एक तरफ थी और फारवर्ड ब्लाक सोशलिस्ट व कांग्रेस दूसरी तरफ थी। शाम को (बम्बई में) चौपाटी पर जनता की भीड़ को सम्बोधित करते हुए जलसे होते थे। जलसे के बाद लौटते हुए फारवर्ड ब्लाक वाले, सोशलिस्ट व काँग्रेसी रास्ते में क्म्युनिस्ट पार्टी के दफ्तर के पास हँगामा करते थे। कम्युनिस्ट पार्टी के कार्यकर्ता और हमलोग भी तैयार रहते थे। पार्टी के दफ्तर को जला देने, सदस्यों को जला देने की कोशिश होती थी। पर वे कामयाब न हो पाते थे।उसी में यह हमला हुआ था। कई लोग घायल हुए थे।हमला काफी बड़ा था।दूसरी बड़ी लड़ाई को क्म्युनिस्ट पार्टी ने 'लोकयुद्ध' घोषित कर रखा था, इस वजह से पार्टी से नाराजगी थी।''[5]

राजीव सक्सेना लिखते हैं: ''यूँ बम्बई में जब हम दोनों क्म्युनिस्ट पार्टी के केन्द्रीय कार्यालय में काम करते थे (1945-47) तब कविता सम्बन्धी दृष्टिकोणों पर आपसी टकराव के कई मौके आये।वह अमरीकी कवि ई.ई.कमिंग्स के बड़े प्रशंसक थे जो अभिव्यक्ति लाघव के कौशल से हमें प्रभावित करते।मैं अमरीकी कवि वाल्ट ह्विटमैन का बड़ा प्रशंसक था जिसके रिह्टोरिक में मुझे प्रगतिशील कविता धारा का भविष्य दिखाई देता था।''[6]

सन् सैंतालीस (1947) में वे वापस इलाहाबाद लौट आये और अगले सत्रह वर्ष तक यहीं रहे। पहले वे 'माया', में सहायक सम्पादक के रूप में 1948-54 के बीच, काम किया फिर 'नया पथ', तथा 'मनोहर कहानियाँ', के सम्पादन से जुड़े। इस बीच उनकी इक्कीस कविताएँ प्रख्यात संग्रह 'दूसरा सप्तक', (1951) में प्रकाशित हुई। प्रथम काव्य संग्रह 'कुछ कविताएँ', उन्नीस सौ उनसठ (1959) में तथा दूसरा काव्य-संग्रह 'कुछ और कविताएँ', उन्नीस सौ इकसठ (1961) में भी इसी दौरान प्रकाशित हुआ। शमशेर पर अधिकांश संस्मरण इसी दौर के आधार पर लिखे गए हैं– वह चाहे श्रीराम वर्मा का जस्ट फिट हो या दूधनाथ सिंह का लौट आ ओ धार या प्रेमलता वर्मा का इब्ने-मरियम हुआ करे कोई या रेखा जैन का शमशेर जी।यहाँ तक कि छोटे भाई तेजबहादुर चौधरी की लिखी उनकी जीवनी ' मेरे बड़े भाई शमशेर जी का भी सर्वाधिक मार्मिक अंश इसी कालावधि ने घेरा है।यह है भी शमशेर जी के जीवन का सर्वाधिक संघर्ष एवं उत्फुल्ल रचनात्मकता का काल।इसी दौर में मलयज-परिवार से उनका मैत्रीपूर्ण सम्बन्ध बना जो आजीवन बना रहा, विशेषकर मलयज, और प्रेमलता वर्मा से।प्रेमलता वर्मा ने लिखा भी है: ''माँ, पिता, मलयज भाई और शमशेर जी--मेरे जीवन–भारतीय जीवन के यही चार बुनियादी चेहरे !''[7] लेकिन आर्थिक रूप से यह काल शमशेर के लिए बहुत कठिनाई भरा था। तेज

बहादुर चौधरी इस दौर में शमशेर के आर्थिक तंगहाली के कई दृश्य उपस्थित करने के बाद, निष्कर्ष रूप में कहते हैं, "यह तंगी इलाहाबाद के पूरे प्रवास में भय्या के उपर छाई रही।और जब वहाँ से दिल्ली पहुँच गये तभी यह पाप कटा।मगर इस तंगी ने भय्या को इतना तपाया, इतनी कठोर परीक्षा ली और इतना झकझोर कर रख दिया कि उनके अन्दर एक ऐसा संतोष और सब्र का प्रकाश आ गया कि उनके लिए अमीरी और गरीबी में यदि किसी को वरीयता देने को कहा जाता तो यह निश्चित है कि वे गरीबी का ही पक्ष लेते।"[8]

सन चौंसठ (1964) में अपने घनिष्ट मित्र गजानन माधव मुक्तिबोध की बीमारी के सिलसिले में वे दिल्ली आये और सन् इक्यासी (1981) तक यहाँ रहे। 1965-77 के बीच वे दिल्ली विश्वविद्यालय के उर्दू विभाग में विश्वविद्यालय अनुदान आयोग की एक परियोजना के अंतर्गत 'उर्दू-हिन्दी-कोष' के हिन्दी सम्पादक रहे। उन्नीस सौ सतहत्तर में उनके काव्य संग्रह 'चुका भी हूँ नहीं मैं' को साहित्य अकादमी पुरस्कार मिला। अगले वर्ष उन्नीस सौ अठहत्तर (1978) में वे सोवियत संघ की यात्रा के लिए निकले। इस दौर के शमशेर जी यानी अपने ताऊ जी के बारे में शोभा सिंह (मलयज की छोटी बहन) लिखती हैं : "पहली बार इलाहाबाद से दिल्ली मैं ताऊ जी के साथ आयी।1965 के आसपास उन्होंने ही अपने कुछ दोस्तों के साथ जाकर सरकारी स्कूल में मेरा नाम लिखवा दिया। दिल्ली में बड़ी दीदी (प्रेमलता वर्मा) के साथ ई-4/22, माडल टाउन में कुछ समय रह कर हम लोग सी-12 , माडल टाउन में आ गए। भैया (मलयज), ताउ जी और मैं। वहाँ लम्बे समय तक हम लोग साथ रहे।...मेरी बड़ी बहन प्रेमलता जब विदेश जाने लगीं, तब मैं और ताऊ जी दक्षिण दिल्ली में डिफेंस कालोनी में आ गये।दीदी के बाहर चले जाने पर हम लोग लाजपत नगर-4 की दयानन्द कालोनी में 1970 में आ गए। मेरे पिता से ताऊ जी ने कह दिया कि यह मेरी बेटी है, इसे आप मुझे दे दें। पिता ने कहा, यह तो आप के साथ ही है।...जब बच्चे थोड़े से बड़े हुए, हमलोग माडल टाउन में जी-3/28 नम्बर मकान में आ गए।...ताऊ जी के लिए विक्रम विश्वविद्यालय, उज्जैन (म.प्र.) में प्रेमचन्द सृजन पीठ का अध्यक्ष बनने का प्रस्ताव आया। ताऊ जी पसोपेश में थे। मुझे छोड़कर जाना नहीं चाहते थे। अजय उस समय लखनऊ में अमृत प्रभात अखबार में नौकरी कर रहे थे। एक दिन नागार्जुन जी आए। उन्होंने ताऊ जी को उज्जैन जाने के लिए बहुत समझाया।दोबारा भी आए, घंटों बातचीत होती रही। ताऊ जी के अन्य दोस्तों व त्रिलोचन जी का कहना था कि वे उज्जैन चले जाएँ। उनकी दुविधा देख मैंने भी कहा, कुछ साल की बात है, चले जाइए, मैं बच्चों के साथ छुट्टियों में आपके पास आउँगी। फिर ताऊ जी उज्जैन चले गए।"[9]

विक्रम विश्वविद्यालय, उज्जैन के 'प्रेमचंद सृजनपीठ' के अध्यक्ष के रूप में वे सन् 1981--1985 तक रहे और यहीं उनकी आत्मीयता रंजना अरगड़े से हुई। 'वह दरिया है'में रंजना जी लिखती हैं : "शमशेर जी का उज्जैन आना बहुत महत्वपूर्ण रहा एक तरह से।कम से कम मेरे लिए तो। मेरा काम पूरा हुआ और एक पृष्ठ की बायोग्राफिकल सूचना परिचय में बदलती चली गयी– परिचय आत्मीयता में। यह आत्मीयता जब मेरे व्यक्तित्व का भी हिस्सा बनने लगी तब– तब मैं भूल गई कि मैंने शमशेर जी की कविताओं पर काम किया है।और सच बताऊँ कई बार यह भूलना भी अच्छा लगता है।"[10] इस के बाद शमशेर अंत तक इन्हीं के साथ गुजरात में रहे– पहले सुरेन्द्रनगर, फिर वल्लभ विद्यानगर और अंत में अहमदाबाद, जहाँ उनका देहान्त बारह मई उन्नीस सौ तिरानवे (1993) को हुआ।[11]

सन्दर्भ एवं टिप्पणी

1. **तद्भव**, (सं.अखिलेश), अंक 23, पृ.50
2. बच्चन, **नीड़ का निर्माण फिर**, राजपाल एंड संस, दिल्ली तथा दूधनाथ सिंह, एक शमशेर भी है, राजकमल प्रकाशन, दिल्ली, प्रथम संस्करण 2011, पृ.289-290
3. नरेन्द्र शर्मा, आलोचना (सं अरूण कमल), सहस्त्रब्दी अंक सैंतीस, पृ.9-10
4. एक अन्य इन्दराज में (अगस्त 1979) वे नोट करते हैं : पिस्ता देवी की बेटियाँ : रामेश्वरी देवी, धन्नो देवी, मनोरमा, सरला, लक्ष्मी, कमला रामेश्वरी देवी और बाद में सरला प्रकाशचन्द्र गुप्त की पहली और दूसरी पत्नियाँ बनीं। मनोरमा ने रुस्तम सैटिन से शादी की।पिस्ता देवी की ये बेटियाँ तत्कालीन भारतीय समाज में बड़ी 'प्रगतिशील' मानी जाती थीं। रुस्तम सैटिन से शमशेर की दोस्ती थी। नरेन्द्र शर्मा पिस्ता देवी द्वारा स्थापित रामेश्वरी गर्ल्स कालेज में कुछ अरसे तक पढ़ाते रहे। बाद में जब वे जेल गए तब उनकी एवजी पर शमशेर काम करते रहे। शमशेर का 'इंवाल्वमेंट कमला से था ...प्लाट का मोर्चा में कमो कमला ही है, कई कहानियाँ उन दिनों की हैं।यानी बनारस के उन दिनों की।

   मलयज की डायरी, नामवर सिंह(सं), राजकमल प्रकाशन, दिल्ली.प्रथम संस्करण 2000, पृ.183
5. शमशेर से अजय सिंह की बातचीत, **कल के लिए**, (सं. जयनारायण), मार्च 1994, पृ.69
6. राजीव सक्सेना, **सापेक्ष**, शमशेर विशेषांक (सं. रंजना अरगड़े), अंक 30, पृ.205-206
7. प्रेमलता वर्मा, **बहुबचन**, (सं अशोक वाजपेयी) अंक 8, पृ.
8. **मेरे बड़े भाई शमशेर जी**, साहित्यवाणी, इलाहाबाद, प्रथम संस्करण, 1995, पृ.198
9. शोभा सिंह, शमशेरः मेरे ताऊ जी, **एक शमशेर भी है**, दूधनाथ सिंह(सं), राजकमल प्रकाशन, दिल्ली, प्रथम संसकरण, 2011, पृ.234-238
10. रंजना अरगड़े, वह दरिया है, **साक्षात्कार**, अंक 81-84, अगस्त-नवम्बर1986, सोमदत्त(सं), पृ. 100
11. रंजना जी ने इस बीच काल, **तुझसे होड़ है मेरी** (1988) कविता संग्रह एवं **शमशेर बहादुर सिंह की कुछ गद्य रचनाएँ** (सं.मलयज, 1989), **शमशेर बहदुर सिंह की कुछ और गद्य रचनाएँ** (1992) का चयन, सम्पादन व संयोजन का काम किया और मृत्युपरांत कहीं **बहुत दूर से सुन रहा हूँ** (1995) काव्य-संग्रह का संकलन तैयार किया। इन दिनों वे **शमशेर रचनावली** के सम्पादन के काम में लगी हुई हैं।

परिशिष्ट दो

शमशेर से एक साक्षात्कार

सन् 1988 के अक्टूबर माह में यह बातचीत रिकार्ड की गयी थी। गुजरात में उन दिनों गरबों का मौसम था। सुरेन्द्रनगर में उनके निवास स्थान के सामने भी आसपास की औरतें नृत्य में मशगूल थीं और पूरे बातचीत के दौरान उसकी कुछ लड़ियाँ हवाओं के साथ तैरती हुई कमरे में अक्सर चली आती थीं। शमशेर जी एक लम्बी बीमारी के बाद उठे थे लेकिन उनके चेहरे से ऐसा कुछ नहीं लगता था। उनकी स्मृतियाँ भी बीमारी के असर से मुक्त थीं और प्रायः हर प्रश्न के उत्तर में उनका स्वर एवं उनकी आंखें स्मृतियों में गहरे डूब जाती थीं और कभी-कभी ऐसा होता था कि उन स्मृतियों के संसार में पहुँच जाने के बाद मेरा पूछा गया प्रश्न भी बिल्कुल अप्रासंगिक-सा लगने लगता था मानो वह एक स्वायत्त दुनिया हो जहाँ से उन्हें लौटा लाना भी कभी-कभी बड़ा अपवित्र सा कर्म जान पड़ता था... जैसे आप किसी को उसके सृजन के क्षणों में ही रोक रहे हों। इसके बावजूद इस पूरी बातचीत के दौरान डा. रंजना अरगड़े मेरे साथ थीं, मैं उनका आभारी हूँ।

प्रश्न : संग्रहों में जो आपकी सबसे पुरानी रचना संकलित है बह सन् 32 की है: ''सहन-सहन बहता है वायु'' क्या यह आपकी पहली रचना है या पहली प्रकाशित रचना है?

उत्तरः पहली रचना तो मेरी प्रकाशित हुई हो या न हुई हो लेकिन वो सन् 32 के पहले की है। सन् 28 में मैंने हाईस्कूल किया... उन दिनों हम गजल कहते थे और हिन्दी में लिखने की कोशिश करते थे.. छंदोबद्ध। ''माधुरी'' हमारे यहाँ आती थी, ''सुधा' फिर आने लगी तो उसकी नकल पर कविताएँ चुन-चुन कर एक कापी बुक थी, जिसमें हम उतार लिया करते थे बहुत अच्छी हैंडराइटिंग में। उसमें गोपाल शरण सिंह मुझे बहुत अच्छे लगते थे। एक तो उन्होंने सवैया-धनाक्षरी के रंग में कविताएँ लिखी हैं जिसमें उर्दू के बोलचाल, उसके मुहावरे का शुद्ध रूप मौजूद है। बहुत अच्छा लगा मुझे। फिर कोर्स में जो अंग्रेजी की कविताएँ थीं उसे पढ़ने में बड़ा मजा आता था। उसे बार-बार पढ़ता था... उसके ''रिद्म'' उसके ''मीटर'' को समझने की कोशिश करता था– टेनिसन उन दिनों मेरा बड़ा प्रिय कवि था। बाद में भी रहा, बड़ा शिल्पी तो है ही, छंदोबद्ध कविता का। अंग्रेजी में उससे बड़ा शिल्पी

या तो कीट्स है या शेक्सपीयर। हाईस्कूल का छमाही एग्जाम था, हमने बताया कि दो प्रश्न छूट गए, पिताजी ने फौरन ताना दिया, शेर लिखने लग गये होगे। मुझे इतना गुस्सा आया कि जितनी कविताएँ लिखी हुई थीं, फाड़ डाली.... मेरे अंदर एक स्वाभाविक झिझक थी। अभी भी गई नहीं वो, एक इन्फेरियारिटी काम्पलेक्स। एक दफे जो बात बचपन में बन जाती है न... "शायरी नहीं", "यह नहीं", "वह नहीं" - पिताजी तथा और भी लोग थे कहने वाले... मैंने फाड़ दिया। इंटरमीडिएट में जब आया तो काफी उर्दू कविताएँ लिख चुका था, एक बड़ा बंडल सा हो गया था। तभी छोटे भाई तेजबहादुर बीमार पड़े थे। उनके कमरे में खुरमा रखा था, मुझे बेइंतहा पसंद था वह। मैं बकर-बकर खाने लगा।उनको बहुत गुस्सा आया। वो मेरे कमरे में गये...एक स्टोव जल रहा था। मेरी सब कविताएँ लीं और उसके ऊपर रख दीं। मैं उन दिनों वीतराग-सा हो गया था। ठीक है बहुत अच्छी कोई कविता नहीं थी, फिर आयेंगी... अभी तक तेज बहादुर को याद है, कुछ ही दिनों पहले उसने पत्र लिखा थाः पश्चाताप के स्वर में कि मैंने तेरी सारी कविताएँ जला दी थीं।

एम. ए. प्रीवियस में जब था एक फिल्म देखकर लौटा था- "सायन आफ द क्रास" वो इसाइयों की आरम्भिक प्रचार की फिल्म थी.... मुझ पर बहुत असर पड़ा। मैंने अपने को कहा, जो तुम लिख रहे हो सब बेकार है। ऐसा नहीं लिखो, कुछ अच्छी चीज लिखो उस समय तक जितनी लिखी थी– अंग्रेजी की, हिन्दी की सब फाड़कर फेंक दिया। बाद में अफसोस भी हुआ। उसमें कुछ बहुत अच्छी चीजें भी थीं। उर्दू में मुक्त छंद में एक लम्बी कविता थी जबकि उस समय कोई इसे लिखता नहीं था। एजाज साहब उसकी तारीफ करते थे, इसे वे देख चुके थे। हमने अपने तीनों उस्तादों- डा. सैयद, एजाज साहब और डा. फैजल को उसे दिखाई थी। तीनों ने उसकी बड़ी तारीफ की थी।

प्रश्नः आपकी उर्दू कविता के बारे में एक प्रश्न यह उठता है कि यह इतना पारम्परिक क्यों है जबकि आप हिन्दी कविता में बहुविध प्रयोग कर रहे थे

उत्तरः मैंने उर्दू में भी कुछ प्रयोग किए हैं लेकिन वो छपने के स्तर की नहीं है। उस जमाने में हम विद्यार्थी थे, जिसकी एक सीमा होती है.. सोच की, मानसिकता की, फिर हम इलाहाबाद से दूर गोंडे में पड़े थे जहाँ यह माहौल भी बना नहीं था। जब मैं इलाहाबाद आया तब वहाँ की हवाओं में चिरैया कोटी और रवीन्द्रनाथ का असर बसने लगा था और फिर वो छायावाद का दौर...

प्रश्नः आपकी जो शुरुआती दौर की रचनाएँ हैं वे सब छायावादी बोध से ग्रसित हैं जबकि उस समय कुछ नये कवि बच्चन, अंचल, भगवतीचरण वर्मा, नरेन्द्र शर्मा छायावादी वायवीयता से पीछा छुड़ाने की कोशिश कर रहे थे। आप में ऐसी कोई

भावना नहीं थी या आप कविताओं का छायावादी माडेल ही उपयुक्त मानते थे?

उत्तरः मेरे सामने पंत जी का और निराला जी का माडल था। खासतौर से पंत जी का। कविता में जो क्रिएटिव आरिजनालिटी होती है वो निराला जी में ही थी। पंत जी में जो स्वर की कोमलता है; काव्य में कोमलता का जो पक्ष है वह उन्हें सीधे कालिदास से जोड़ती है। ये जो कवि थे– पंत जी, निराला जी, महादेवी जी इन लोगों के सामने कालिदास, रवीन्द्रनाथ प्रेरणा के रूप में थे। सन् 13 में नोवेल पुरस्कार मिलने पर रवीन्द्रनाथ छाये हुए थे काव्य-परिदृश्य पर। निराला जी ने उनकी कुछ कविताओं का अनुवाद किया था, वो बेजोड़ हैं। मैंने निराला जी की कुछ कविताओं का अनुवाद अंग्रेजी में उन्हीं दिनों किया था। नागरी प्रचारिणी सभा की "हिन्दी रिव्यू" के दो अंकों में वह अनुवाद छपा था।

प्रश्नः यानी कि आप भी उस माहौल के प्रभाव का दबाव महसूस कर रहे थे?

उत्तरः हाँ हाँ, खुशी-खुशी महसूस करता था। अपने को उस धारा में डाल देने की, हमारे लिए तो वह नशा था।

प्रश्नः फिर सन् '36 का माहौल, जो छायावाद के विरोध में था, प्रगतिशील लेखक संघ की स्थापना होती है... प्रेमचंद का अध्यक्षीय भाषण... यह सब साहित्य में यथार्थवाद की प्रतिष्ठा का आरम्भ था। आप पर इस सबका क्या असर हुआ?

उत्तरः मैं उसके साथ था बिल्कुल।

प्रश्नः रचना के स्तर पर?

उत्तरः रचना के स्तर पर नहीं, पर रचना के स्तर पर कोशिश करने लगा था।

प्रश्नः क्या यह कोशिश करने से संभव है? मैं जानना चाहता हूँ कि लेखक का विश्वास या उसकी विचारधारा रचना में कैसे फलित होती है?

उत्तरः बादल जब छा जाते हैं या घिर जाते हैं तो किसी न किसी झोंके में वो बरसते भी हैं। आकाश में तूफान भी ले आते हैं। साहित्यकार या कलाकार का जो व्यक्तित्व है वो एक स्पंज की तरह है और चारों तरफ की तरी, जो हवा में है वो सोखता है। विचारधारा से रचनाकार का संबंध वैसा ही सहज होना चाहिए जैसा कि आम आदमी का संबंध तीज-त्यौहारों से है कि वो उसकी जिंदगी का एक हिस्सा है। वो अगर ऊपरी तौर से ग्रहण करता है तो बेकार उसका श्रम जाता है। एक शेर हैः "इस दुनिया को न बेगानावार देख/है देखने की चीज इसे बार-बार देख"... कि समाज को बेगाने तौर पर न देखना चाहिए, उसे बार-बार देखना चाहिए। समाज की जो यति है, गति है उसका जो कल्पनालोक है समाज जो उसमें जीता है। मेरे एक भाई हैं तेजबहादुर चौधरीः डाक्टर हैं। मुझसे दो साल छोटे हैं। उनका दिल बहुत भावुक है सबकी मदद करते हैं हालांकि वो बहुत धार्मिक आदमी हैं। रोज सुबह उठकर रामचरित मानस

का पाठ करते हैं फिर डिस्पेंसरी में बैठते हैं जहाँ रोगी उनका इंतजार करते रहते हैं। वो गांव के सब व्यक्तियों से इस तरह परिचित हैं जैसे उपन्यासकार अपने पात्र से।. ... जब किसी का घर जलता है तो उसकी जो प्रतिक्रिया होनी चाहिए उसके लिए लेसन सीख के आने की जरूरत नहीं है कि क्या किया जाए। परिस्थिति स्वंय खुद उसे बतायेगी- अरे दौड़ो। पानी लाओ, बुझाओ, लोगों को जगाओ तो यही बात यहाँ भी लागू होती है।

प्रश्नः यानी आप कहना चाहते हैं कि सहजानुभूति ज्यादा महत्त्वपूर्ण है।

उत्तरः बिल्कुल यही कहना चाहता हूँ। जैसे निराला जैसे घोर अहंवादी, व्यक्तिवादी, वेदांती आदमी ''बादल-राग'', ''मास्को डायलाग्स'', ''कुकुरमुत्ता'', ''महगू महंगा रहा'' जैसी कविताएँ लिख सकता है।

प्रश्नः क्या इस सहजानुभूति के मार्ग में विचारधारा बाधक भी हो सकती है? आप अपनी रचनाओं के संदर्भ में इसे कैसे देखते हैं?

उत्तरः आपको कैसा लगा? आपने मेरी सारी चीजें पढ़ी हैं, कैसा लगा है? यह प्रश्न मेरे लिए भी दिलचस्प है। मेरे संदर्भ में आप क्या कहेंगे?

प्रश्नः आपकी सभी रचनाओं में तो नहीं लेकिन कुछ रचनाओं में विचारधारा और सहजानुभूति के बीच एक प्रकार का तनाव दिखाई पड़ता है लेकिन मैं तो आपसे जानना चाहता था कि रचना के लिए सृजन-प्रक्रिया के दौरान विचारधारा बाधक है या सहायक?

उत्तरः बाधक तो कभी नहीं है, बाधक वो कभी नहीं होता। लेकिन मैं इसको दूसरे एँगल से देखता हूँ। पहली बात तो यह कि साहित्य और कला की रचना, जिस तरह से इनका निर्माण होता है उसमें ये काफी स्वतंत्र हैं, स्वभाव से। आप ऊपर से जो चाहे थियोरी लाद दें लेकिन कला और साहित्य की जो अपनी अनुभूत वाणी है, अनुभूत स्वर हैं उसको दबाना मैं गलत समझता हूँ। गलत इसलिए समझता हूँ कि अक्सर यह देखा गया है कि उसको बहुत ही यॉत्रिक तरह से लोग शामिल करते हैं। अगर कहानी होगी तो जरूर उसमें ट्रेड यूनियन आयेगा, ट्रेड यूनियन का कार्यकर्ता आएगा, जो हीरो होगा, पीड़ित जनता के प्रतिनिधि के रूप में आदि-आदि। तो क्या सिर्फ यही यथार्थ है, इतना ही। कहने का मेरा मतलब है कि मेरा अलग दृष्टिकोण रहा है। दूसरा सप्तक के वक्तव्य में लिखा भी है मैंने, जिसे रघुवीर सहाय ने उद्धृत किया है। दो चीजें जरूरी हैं एक आक्सीजन; दूसरे मार्क्सवाद। आक्सीजन कैसे प्राप्त होता है, एक तो खुले में रहने से; बंद-बंद जगहों में बंधे-खिंचे रहने से वह प्राप्त नहीं होता; जैसा कि होना चाहिए। देहात में रहने वाले इसीलिए कमजोर चाहे दिखें लेकिन उनके पंजर में एक गर्मी, एक आग एक अजब स्वास्थ्य की लहर

होती है। दूसरे मार्क्सवाद, जो बौद्धिक मानसिक स्वास्थ्य के लिए आवश्यक है। वो आधुनिक भारतीय की गीता है और आधुनिक मुस्लिम के लिए कुरान की आयतें हैं। मेरा मार्क्सवाद में विश्वास है लेकिन मार्क्सवाद के इतने स्कूल है, इतनी किस्में हो गयी हैं कि मैं किन्हीं में अपना नाम दर्ज नहीं कराना चाहता।

प्रश्नः शमशेर जी, उन दिनों विवाद का एक विषय यह भी था कि जनता का साहित्य किसे कहेंगे... उसकी कसौटी क्या सिर्फ यह हो कि जो जनता के समझ में आये या जो जनता के लिए हो?

उत्तरः जो जनता के लिए हो और जनता के समझ में भी आए।

प्रश्नः आपने बहुत पहले कहीं लिखा भी था कि काव्य का मेरा आदर्श है कि जिसको सभी लोग एकदम आसानी से आंख पड़ते ही समझ लें और एक अनपढ़ तक भी बात जल्द पहुँच जाए।

उत्तरः यह बहुत कठिन आदर्श है और आदर्श ही रह जाता है।

प्रश्नः उसी के आसपास मुक्तिबोध ने भी अपने एक लेख 'जनता का साहित्य किसे कहते हैं' में यह मत प्रतिपादित किया था कि जनता का साहित्य वह है जो जनता के हित में है, भले ही उसे जनता न समझ सके। जाहिर है मुक्तिबोध की यह धारणा आपके आदर्श से भिन्न है। आज आप क्या सोचते हैं?

उत्तरः आप जो भी कहें अल्टीमेटली आदर्श तो वही है क्योंकि उस आदर्श में चलने पर आप अपने शिल्प को और अधिक ऊंचा उठाते हैं। सरल लिखने के लिए कितनी मेहनत करनी पड़ती है, कितना काटकर दोबारा लिखना पड़ता है तब आपको लगेगा कि हाँ अब यह स्ट्रेट जा रहा है, हाँ अब यह बात दिल में बैठी। कम्युनिस्ट मेनिफेस्टो देखिए इतना पतला एवं संक्षिप्त किताब है मार्क्स की, इसमें इतने छोटे-छोटे वाक्य इतने सिम्पल सेन्टेन्स हैं– एक भाव के लिए एक ही वाक्य; चार वाक्य में लाकर नहीं कहे गये हैं। उसकी भाषा देखिए एकदम स्पष्ट।

प्रश्नः लेकिन कविता में तो अमूर्तन भी होता है और एम्बीग्युटी भी, यह बात आपसे ज्यादा और कौन जानता होगा?

उत्तरः एब्सट्रेक्शन को एब्सट्रेक्शन के नाम पर डिफेंड करना ठीक नहीं है। एब्सट्रेक्शन की वकालत ठीक नहीं। एब्सट्रेक्शन है क्योंकि कोई चारा नहीं है कोई दूसरा रास्ता सामने था नहीं। कोई दूसरा कवि हो सकता है वह चीज ले आये जिसे वह बगैर एब्सट्रेक्शन के नहीं ला पाया।

प्रश्नः हो सकता है फिर वह चीज ही दूसरी हो जाय ?

उत्तरः यह भी संभव है लेकिन अपनी अभिव्यक्ति में दोनों भिन्न हैं मूलतः तत्व,